Cantos de Alabanza y Adoración

HIMNARIO BILINGÜE • BILINGUAL HYMNAL

Songs of Praise & Worship

EDITORIAL MUNDO HISPANO
7000 Alabama Street, El Paso, TX 79904, EE. UU. de A.
www.editorialmh.org

Nuestra pasión: Comunicar el mensaje de Jesucristo y facilitar la formación de discípulos por medios impresos y electrónicos.

Las citas bíblicas de este himnario son tomadas de tres versiones.
The Scripture in this hymnal are from three translations.

Editores / Editors: Felipe Kirk Bullington, Annette Herrington, Russell Herrington, Eduardo Steele
Diseño de la portada / Cover Desing: Gloria Williams-Méndez
Fotografía de la portada / Cover Photo: Oscar Yánez
Ediciones / Editions. 1997, 2001, 2001, 2004
Clasificación Decimal Dewey / Dewey Decimal Classification: 782.27
Tema / Theme: Himnos / Hymns

ISBN: 978-0-311-32212-1 (Edición para la congregación / Congregation's Edition)
ISBN: 978-0-311-32213-8 (Edición para el acompañante y púlpito / Accompanists' and Pulpit Edition)
E.M.H. Núm. / No. 32212
E.M.H. Núm. / No. 32213

2.5 M 8 09

Impreso en Colombia
Printed in Colombia

Contenido

Contents

PREFACIO

...miré, y he aquí una gran multitud de todas las naciones y razas y pueblos y lenguas, y nadie podía contar su número... se postraron sobre sus rostros delante del trono y adoraron a Dios... Apocalipsis 7:9, 11 RVA

Este himnario ha sido desarrollado y preparado con la oración de que las iglesias donde se habla castellano e inglés ahora puedan llevar a cabo su adoración en una manera parecida a la visión de Juan citada arriba. La foto en la portada también expresa la idea que las **dos culturas** pueden unir sus voces en **una misma alabanza** al Señor.

En esta nueva edición hay dos ayudas adicionales que facilitarán el uso del himnario: los símbolos de los acordes para la guitarra y las indicaciones para coordinarla con el disco compacto. El juego de los DCs con el acompañamiento de los cantos en este himnario (EMH #48326) es útil para los que no tienen músicos para acompañar el canto. Si usa esta edición junto con la primera, note que hay cambio de letra en los números 139 y 145, otro arreglo del número 109 y cambio de tonalidad en el número 169. Todos estos cambios se consideran mejoras y esperamos que disfrute y aproveche de ellos. También encontrará una variedad de ayudas adicionales, como un índice temático, en la red electrónica en <http://www.editorialmh.org/musica>.

Los símbolos de los acordes aparecen en un tono más fácil para la guitarra. Notará que donde aparece C:1 o C:3, debe colocar el capo en el primer o tercer traste para tocar con un teclado o los DCs. Los novatos pueden tocar la guitarra junto con los DCs. Al tocar la guitarra sola, los acordes opcionales se indican así: Do♯m7. Se limitaron los acordes a los mayores, menores, disminuidos y aumentados con la séptima, con poco uso de los dos últimos. En algunos casos la suspensión del acorde u otra alternativa se indican entre paréntesis; p. ej.: el Si$^{(7)}$ sustituye mucho al Si mayor, por su facilidad de ejecución. Para ayudar a los guitarristas también ofrecemos el libro, *Lecciones Prácticas para la Guitarra*.

Siempre es difícil nombrar a todas las personas que han ayudado en la elaboración de un recurso como este. Sin embargo, deseamos expresar nuestra gratitud a Martha Poe, Juan N. McGuckin y Daniel Sotelo por su estímulo para lanzar este proyecto. Gracias también a Peggy Portillo, Pamela Valle, Rudy A. Hernández, Ray Sánchez y Terry W. York por sus sugerencias en cuanto al contenido. Gracias a Adelina Almanza, Jonathan Aragón, Salomón R. Mussiett y a Regino Ramos, hijo, por traducir varios himnos y coros. También se agradece a Mark Blankenship y al Departamento de Música de Lifeway que nos facilitaron varios archivos de computadora con la letra y música de muchos himnos. Hay que mencionar a Felipe Kirk Bullington, Russell y Annette Herrington y Eduardo Steele por su valioso trabajo editorial al realizar el juego de DCs y las dos ediciones de los himnarios. Finalmente, agradecemos a los compositores y compañías de música que nos dieron consideración especial y colaboraron con los permisos de derecho de autor y compositor.

A Dios sea la gloria.

Los Editores

PREFACE

...I looked and there before me was a great multitude that no one could count, from every nation, tribe, people and language, standing before the throne... They fell down on their faces before the throne and worshiped God... Revelation 7:9, 11 NIV

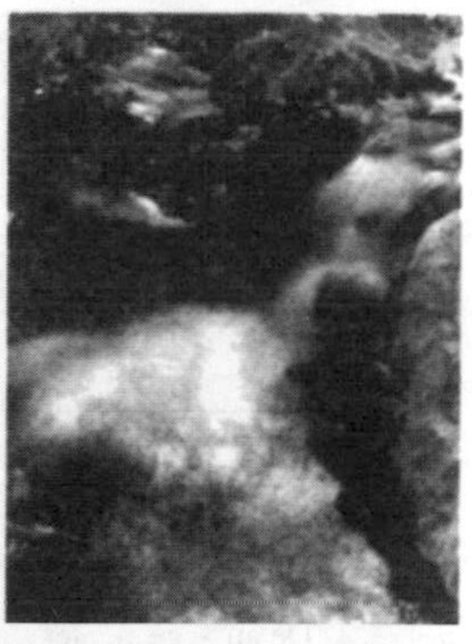

This hymnal has been prepared with the prayer that in those churches where both English and Spanish are spoken, this book might facilitate worship, much as in John's vision cited above. The picture on the cover of this hymnal also expresses the concept that **two cultures** can unite their voices in **one praise** to God.

In this revised edition we have added two new features to make this hymnal more user friendly: guitar chords and CD symbols to coordinate the songs with the sound tracks. This CD set (EMH #48326) offers attractive accompaniments of all songs in this hymnal. When using this new edition with the first edition, note the following changes: text differences in numbers 139 and 145, a new instrumental arrangement for 109, and a change of key in 169. All of these changes greatly improve the hymnal's flexibilty and ease of use. Look for additional helps, such as a thematic index, on the internet at: <http://www.editorialmh.org/musica>.

The chord symbols appear in keys easier to play on the guitar. Guitarists should notice the capo symbols at the beginning of some songs: C:1 or C:3. These symbols indicate the capo placement on either the first or third fret in order to play with the CDs or keyboard. Beginning guitarists can also gain valuable experience by playing along with the CD accompaniments. When playing alone, optional chords are shown in this way, C♯m. Only major, minor, diminished, and augmented chords with their sevenths are given, with the last two categories used infrequently. In some cases chord suspensions or other options are given in parentheses. For ex., $B^{(7)}$ is frequently substituted for the more difficult B major chord. To help beginning guitarists, we also recommend *Lecciones Prácticas para la Guitarra*, or a similar guitar method book in English.

It is always difficult to list all of the people who have helped with a project like this. However, special thanks must go to Martha Poe, John N. McGuckin, and Daniel Sotelo for their encouragement to attempt this project. Thanks also to Peggy Portillo, Pamela Valle, Rudy A. Hernández, Ray Sánchez, and Terry W. York for making suggestions regarding the contents of the hymnal. Appreciation must be made to Adelina Almanza, Jonathan Aragón, Salomón R. Mussiett, and Regino Ramos, Jr. for translating a number of hymns and choruses. Appreciation also goes to Mark Blankenship and the Music Ministries Department of Lifeway for providing many of the computer files for the hymnal. Kirk Bullington, Russell and Annette Herrington and Ed Steele used their computer and editing skills to bring the CD set and this hymnal to you. Finally, many thanks to all of the composers and music companies who cooperated in providing special consideration and copyright permission.

To God be the glory.

The Editors

1 Santo, santo, santo

A1

¡Santo, santo, santo es Jehovah de los Ejércitos! — Isaías 6:3 RVA

Re Sim La Re Sol Re
1. ¡San - to! ¡San - to! ¡San - to! Se - ñor Om - ni - po - ten - te,
2. ¡San - to! ¡San - to! ¡San - to! en nu - me - ro - so co - ro,
3. ¡San - to! ¡San - to! ¡San - to! la in-men - sa mu - che - dum - bre,
4. ¡San - to! ¡San - to! ¡San - to! la glo - ria de tu nom - bre,
La Re La Sim Mi7 La Re La Mi7 La La7
Siem - pre el la - bio mí - o lo - o - res te da - rá;
San - tos es - co - gi - dos te a - do - ran sin ce - sar,
De án - ge - les que cum - plen tu san - ta vo - lun - tad,
Ve - mos en tus o - bras en cie - lo, tie - rra y mar.
Re Sim La7 Re Sol Re
¡San - to! ¡San - to! ¡San - to! te a - do - ro re - ve - ren - te,
De a - le - grí - a lle - nos, y sus co - ro - nas de o - ro
An - te ti se pos - tra ba - ña - da de tu lum - bre,
¡San - to! ¡San - to! ¡San - to! te a - do - ra to - do hom - bre,
Sim Re Re7 Sol Re Re7 Sol Mim La7 Re
Dios en tres Per - so - nas, ben - di - ta Tri - ni - dad.
Rin - den an - te el tro - no y el cris - ta - li - no mar.
An - te ti que has si - do, que e - res y se - rás.
Dios en tres Per - so - nas, ben - di - ta Tri - ni - dad.

LETRA: Reginald Heber, 1783-1826; tr., J. B. Cabrera
MÚSICA: John B. Dykes, 1823-1876

NICAEA
Irregular

A1

Holy, Holy, Holy

Holy, holy, holy, is the Lord of Hosts — Isaiah 6:3 KJV

D Bm A D G D
1. Ho - ly, ho - ly, ho - ly! Lord God Al - might - y!
2. Ho - ly, ho - ly, ho - ly! all the saints a - dore Thee,
3. Ho - ly, ho - ly, ho - ly! tho' the dark - ness hide Thee,
4. Ho - ly, ho - ly, ho - ly! Lord God Al - might - y!
A D A Bm E7 A D A E7 A A7
Ear - ly in the morn - ing our song shall rise to Thee;
Cast - ing down their gold - en crowns a - round the glass - y sea;
Tho' the eye of sin - ful man Thy glo - ry may not see;
All Thy works shall praise Thy name, in earth, and sky, and sea;
D Bm A7 D G D
Ho - ly, ho - ly, ho - ly, mer - ci - ful and might - y!
Cher - u - bim and ser - a - phim fall - ing down be - fore Thee,
On - ly Thou art ho - ly; there is none be - side Thee,
Ho - ly, ho - ly, ho - ly; mer - ci - ful and might - y!
Bm D D7 G D D7 G Em A7 D
God in three Per - sons, bless - ed Trin - i - ty!
Who wert, and art, and ev - er - more shalt be.
Per - fect in pow'r, in love, and pu - ri - ty.
God in three Per - sons, bless - ed Trin - i - ty!

WORDS: Reginald Heber, 1783-1826
MUSIC: John B. Dykes, 1823-1876

NICAEA
Irregular

2 Digno de honra

A2

Digno eres tú, oh Señor... de recibir la gloria, la honra y el poder — Apocalipsis 4:11 RVA

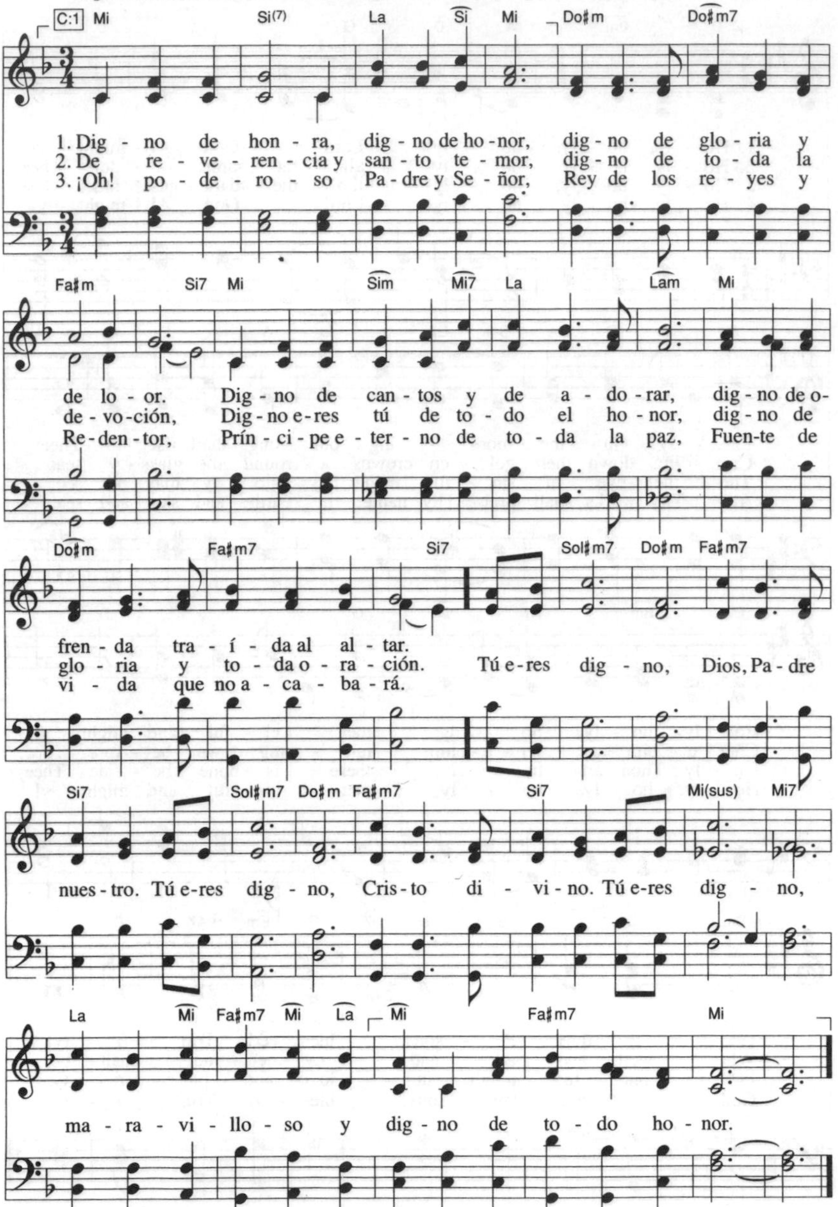

C:1

1. Dig - no de hon - ra, dig - no de ho - nor, dig - no de glo - ria y
2. De re - ve - ren - cia y san - to te - mor, dig - no de to - da la
3. ¡Oh! po - de - ro - so Pa - dre y Se - ñor, Rey de los re - yes y

de lo - or. Dig - no de can - tos y de a - do - rar, dig - no de o-
de - vo - ción, Dig - no e - res tú de to - do el ho - nor, dig - no de
Re - den - tor, Prín - ci - pe e - ter - no de to - da la paz, Fuen - te de

fren - da tra - í - da al al - tar.
glo - ria y to - da o - ra - ción. Tú e - res dig - no, Dios, Pa - dre
vi - da que no a - ca - ba - rá.

nues - tro. Tú e - res dig - no, Cris - to di - vi - no. Tú e - res dig - no,

ma - ra - vi - llo - so y dig - no de to - do ho - nor.

LETRA: Terry W. York, 1949-; tr., Lydia Padilla
MÚSICA: Mark Blankenship, 1943-

JUDSON
Irregular

A2

Worthy of Worship

2

You are worthy ... to receive glory and honor and power — Revelation 4:11 NIV

C:1 E B(7) A B E C♯m C♯m7
1. Wor - thy of wor - ship, wor - thy of praise, wor - thy of hon - or and
2. Wor - thy of rev - 'rence, wor - thy of fear, wor - thy of love and de -
3. Al - might - y Fa - ther, Mas - ter and Lord, King of all kings and Re -
F♯m B7 E Bm E7 A Am E
glo - ry; Wor - thy of all the glad songs we can sing, wor - thy of
vo - tion; Wor - thy of bow - ing and bend - ing of knees, wor - thy of
deem - er, Won - der - ful Coun - se - lor, Com - fort - er, Friend, Sav - ior and
C♯m F♯m7 B7 G♯m7 C♯m F♯m7
all of the off - 'rings we bring.
all this and add - ed to these... You are wor - thy, Fa - ther, Cre -
Source of our life with - out end.
B7 G♯m7 C♯m F♯m7 B7 E(sus) E7
at - or. You are wor - thy, Sav - ior, Sus - tain - er. You are wor - thy,
A E F♯m7 E A E F♯m7 E
wor - thy and won - der - ful; Wor - thy of wor - ship and praise.

WORDS: Terry W. York, 1949
MUSIC: Mark Blankenship, 1943-

JUDSON
Irregular

3 A Dios demos gloria — To God Be the Glory

A3

Nuestro Dios y Padre, a quien sea la gloria por los siglos de los siglos — Gálatas 1:4, 5 RVA

Our God and Father, to whom be glory for ever — Galatians 1:4, 5 NIV

C:1 Sol Re7 Sol Re Sol Do
1. A Dios de-mos glo - ria, pues gran-de es él; Su a-mor es in-
To God be the glo - ry, great things He hath done; So loved He the
Sol La La7 Re Sol Re7 Sol
men - so y a su Hi - jo nos dio: Quien fue a la cruz do su-
world that He gave us His Son, Who yield - ed His life an a-
Re Sol Sol7 Do Sol Re Sol Re7 Sol
frió muer-te cruel, Y a - sí de los cie - los las puer-tas a - brió.
tone - ment for sin, And o - pened the life - gate that all may go in.
Re Sol Re Re7
Dad lo - or al Se - ñor, Oi-ga el mun - do su voz; Dad lo - or
Praise the Lord, praise the Lord, Let the earth hear His voice! Praise the Lord,
Sol Re7 Sol Re7 Sol
al Se - ñor, Nos go - za - mos en Dios. Ven - ga - mos al Pa - dre y a
praise the Lord, Let the peo-ple re - joice! O come to the Fa - ther, thro'

LETRA / WORDS: Fanny J. Crosby, 1820-1915; tr., Adolfo Robleto
MÚSICA / MUSIC: William H. Doane, 1832-1915

TO GOD BE THE GLORY
11.11.11.11. con Coro / with Refrain

Re
Sol
Sol7
Do
Sol
Re
Sol
Re7
Sol
su Hi - jo Je - sús, Y dé - mos - le glo - ria Por su gran po - der.
Je - sus the Son, And give Him the glo - ry, great things He hath done.

2. Por darnos la vida su sangre vertió;
Jesús al creyente es promesa de Dios;
El vil pecador que de veras creyó
En ese momento perdón recibió.

Coro

3. Dios es el Maestro, potente Hacedor,
Y grande es el gozo que Cristo nos da;
Mas nuestro asombro será aún mayor
Al ver a Jesús que en su gloria vendrá.

Coro

2. O perfect redemption, the purchase of blood,
To ev'ry believer the promise of God;
The vilest offender who truly believes,
That moment from Jesus a pardon receives.

Refrain

3. Great things He hath taught us,
great things He hath done,
And great our rejoicing thro' Jesus the Son;
But purer, and higher, and greater will be
Our wonder, our vict'ry, when Jesus we see.

Refrain

A4

Rey de gloria — Lord of Glory 4

Y toda lengua confiese para gloria de Dios Padre que Jesucristo es Señor — Filipenses 2:11 RVA

And every tongue confess that Jesus Christ is Lord, to the glory of God the Father — Philippians 2:11 NIV

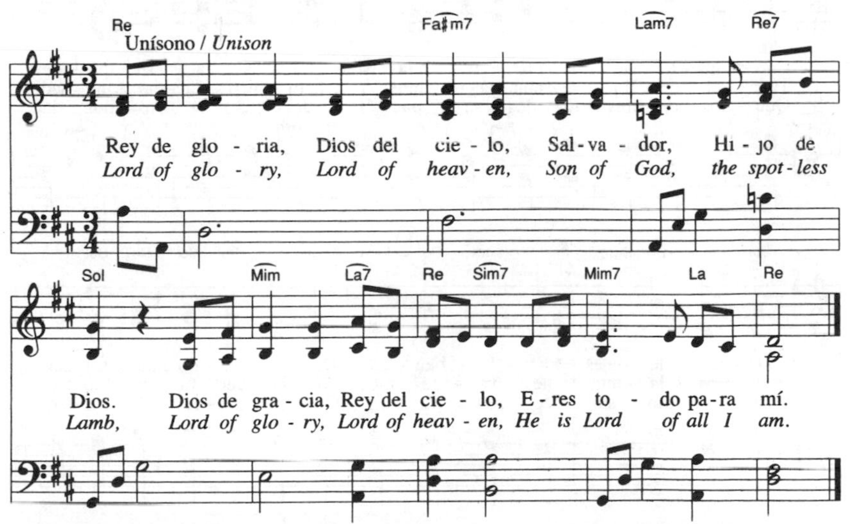
Re
Unísono / Unison
Fa♯m7
Lam7
Re7
Rey de glo - ria, Dios del cie - lo, Sal - va - dor, Hi - jo de
Lord of glo - ry, Lord of heav - en, Son of God, the spot - less
Sol
Mim
La7
Re
Sim7
Mim7
La
Re
Dios. Dios de gra - cia, Rey del cie - lo, E - res to - do pa - ra mí.
Lamb, Lord of glo - ry, Lord of heav - en, He is Lord of all I am.

LETRA / WORDS: Greg y/and Gail Skipper, 1950-; tr., Salomón R. Mussiett
MÚSICA / MUSIC: Greg y/and Gail Skipper, 1950-

LORD OF GLORY
8.7.8.7.

5 Canta a Dios con alegría

Mis labios se alegrarán, cuando yo te cante salmos — Salmo 71:23 RVA

Sol Re7 Sol Re7 Sol Re7 Sol Re

1. Can - ta a Dios con a - le - grí - a El men - sa - je del Se - ñor,
2. Nues - tro Dios, te a - gra - de - ce - mos Tu sin par re - ve - la - ción;
3. Cris - to nos de - jó un man - da - to En su ho - ra de triun - far,

Sol Do Sol7 Lam Sol Lam Sol Re7 Sol Re7 Sol

De la ver - da - de - ra vi - da Que nos da con tan - to a - mor.
Pro - me - te - mos ser tes - ti - gos A nues - tra ge - ne - ra - ción.
Y nos pi - de to - da - ví - a Ir al mun - do y pre - di - car.

Re Sol Re7 Sol Re7 Si7 Mim La7 Re

Ca - da his - to - ria de la Bi - blia Nos re - la - ta su po - der;
Tu e - van - ge - lio a - nun - cia - re - mos A la in - men - sa hu - ma - ni - dad;
Que los hom - bres to - dos se - pan De Je - sús y su bon - dad,

Sol Do Sol7 Lam Sol Lam Sol Re7 Sol Re7 Sol

Dé - mos - le nues - tra a - la - ban - za, De - mos to - do nues - tro ser.
Tu pa - la - bra lle - va - re - mos Al ha - cer tu vo - lun - tad.
Que su a - mor sin - ce - ro y pu - ro Quie - re dar - les li - ber - tad.

LETRA: Georgia Harkness, 1891-1974; tr., Jorge Sedaca
MÚSICA: Ludwig van Beethoven, 1770-1827; adaptado, Edward Hodges

HYMN TO JOY
8.7.8.7.D.

Joyful, Joyful, We Adore Thee

My lips shall ... rejoice when I sing unto Thee — Psalm 71:23 KJV

G D7 G D7 G D7 G D
1. Joy - ful, joy - ful, we a - dore Thee, God of glo - ry, Lord of love;
2. All Thy works with joy sur - round Thee, Earth and heav'n re - flect Thy rays,
3. Thou art giv - ing and for - giv - ing, Ev - er bless - ing, ev - er blest,
G C G7 Am G Am G D7 G D7 G
Hearts un - fold like flow'rs be - fore Thee, Op - 'ning to the sun a - bove.
Stars and an - gels sing a - round Thee, Cen - ter of un - bro - ken praise.
Well - spring of the joy of liv - ing, O - cean - depth of hap - py rest!
D G D7 G D7 B7 Em A7 D
Melt the clouds of sin and sad - ness; Drive the dark of doubt a - way;
Field and for - est, vale and moun - tain, Flow 'ry mead - ow, flash - ing sea,
Thou our Fa - ther, Christ our Broth - er — All who live in love are Thine;
G C G7 Am G Am G D7 G D7 G
Giv - er of im - mor - tal glad - ness, Fill us with the light of day!
Sing - ing bird and flow - ing foun - tain Call us to re - joice in Thee.
Teach us how to love each oth - er, Lift us to the joy di - vine.

WORDS: Henry van Dyke, 1852-1933
MUSIC: Ludwig van Beethoven, 1770-1827; adapt., Edward Hodges

HYMN TO JOY
8.7.8.7.D.

6 Castillo fuerte es nuestro Dios
A Mighty Fortress Is Our God

A6

Dios es nuestro amparo y fortaleza — Salmo 46:1 RVA God is our refuge and strength — Psalm 46:1 KJV

Do Sol Mim Lam Re Sol Lam Mim Fa Do Lam
1. Cas - ti - llo fuer - te es nues - tro Dios, De - fen - sa y buen es -
A might - y for - tress is our God, A bul - wark nev - er
2. Nues - tro va - lor es na - da a - quí, Con él to - do es per -
Did we in our own strength con - fide, Our striv - ing would be
Rem Sol7 Do Sol Mim Lam Re Sol
cu - do. Con su po - der nos li - bra - rá
fail - ing; Our help - er He, a - mid the flood
di - do; Mas con no - so - tros lu - cha - rá
los - ing; Were not the right Man on our side,
Lam Mim Fa Do Lam Rem Sol7 Do Lam Sol Re7 Sol
En to - do tran - ce a - gu - do. Con fu - ria y con a - fán
Of mor - tal ills pre - vail - ing: For still our an - cient foe
De Dios el es - co - gi - do. Es nues - tro Rey Je - sús,
The Man of God's own choos - ing: Dost ask who that may be?
Do Sol Do Fa Si° Lam Mi Lam Mi Lam Re7 Sol
A - có - sa - nos Sa - tán: Por ar - mas de - ja ver
Doth seek to work us woe; His craft and pow'r are great,
El que ven - ció en la cruz, Se - ñor y Sal - va - dor,
Christ Je - sus, it is He; Lord Sa - ba - oth, His name,

LETRA / WORDS: Martin Luther, 1483-1546; tr. al inglés / English, Frederick H. Hedge; tr. al castellano / Spanish, J. B. Cabrera
MÚSICA / MUSIC: Martin Luther, 1483-1546

EIN' FESTE BURG
Irregular

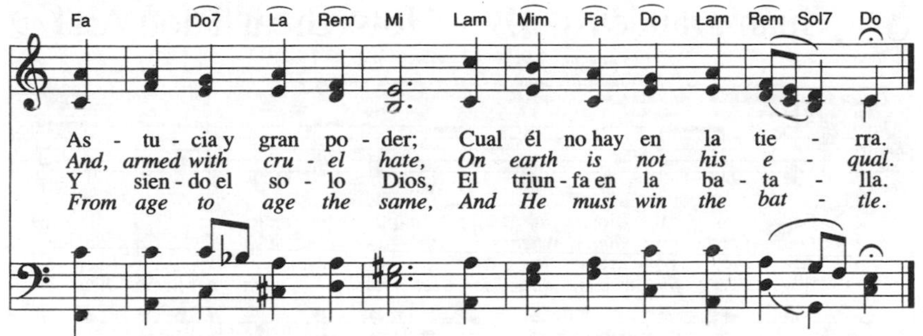
Fa
Do7
La
Rem
Mi
Lam
Mim
Fa
Do
Lam
Rem
Sol7
Do
As - tu - cia y gran po - der; Cual él no hay en la tie - rra.
And, armed with cru - el hate, On earth is not his e - qual.
Y sien - do el so - lo Dios, El triun - fa en la ba - ta - lla.
From age to age the same, And He must win the bat - tle.

3. Y si demonios mil están
Prontos a devorarnos,
No temeremos, porque Dios
Sabrá cómo ampararnos.
¡Que muestre su vigor
Satán, y su furor!
Dañarnos no podrá,
Pues condenado es ya
Por la Palabra Santa.

4. Esa palabra del Señor,
Que el mundo no apetece,
Por el Espíritu de Dios
Muy firme permanece.
Nos pueden despojar
De bienes, nombre, hogar,
El cuerpo destruir,
Mas siempre ha de existir
De Dios el Reino eterno.

3. And tho' this world, with devils filled,
Should threaten to undo us,
We will not fear, for God hath willed
His truth to triumph thro' us:
The Prince of Darkness grim,
We tremble not for him;
His rage we can endure,
For lo, his doom is sure,
One little word shall fell him.

4. That word above all earthly pow'rs,
No thanks to them, abideth;
The Spirit and the gifts are ours
Thro' Him who with us sideth:
Let goods and kindred go,
This mortal life also;
The body they may kill:
God's truth abideth still,
His kingdom is forever.

Protección divina 7

El que habita al abrigo del Altísimo morará bajo la sombra del Todopoderoso. Diré yo a Jehovah: "¡Refugio mío y castillo mío, mi Dios en quien confío!"

Salmo 91:1, 2 RVA

Divine Protection 7

He who dwells in the shelter of the Most High will rest in the shadow of the Almighty. I will say of the Lord, "He is my refuge and my fortress, my God, in whom I trust."

Psalm 91:1, 2 NIV

8 ¡Cuán grande es él! — How Great Thou Art A7

No hay como... Dios — Deuteronomio 33:26 RVA
There is none like unto ... God — Deuteronomy 33:26 KJV

C:1 La Re
1. Se - ñor mi Dios, al con - tem - plar los cie - los, El fir - ma -
O Lord my God! When I in awe-some won - der Con - sid - er
2. Al re - co - rrer los mon - tes y los va - lles Y ver las
When thro' the woods and for - est glades I wan - der, And hear the
La Do♯m Mi7 La
men - to y las es - tre - llas mil; Al oír tu voz en los po -
all the *worlds Thy hands have made, I see the stars, I hear the
be - llas flo - res al pa - sar; Al es - cu - char el can - to
birds sing sweet - ly in the trees; When I look down from loft - y
Re La Do♯m Mi7 La
ten - tes true - nos Y ver bri - llar el sol en su ce - nit:
*roll - ing thun - der, Thy pow'r thro' - out the u - ni - verse dis - played.
de las a - ves Y el mur - mu - rar del cla - ro ma - nan - tial:
moun - tain gran - deur, And hear the brook and feel the gen - tle breeze:
Re La
Mi co - ra - zón en - to - na la can - ción,
Then sings my soul, my Sav - ior God, to Thee;

LETRA / WORDS: Stuart K. Hine, 1899-; tr., Arturo W. Hotton Rives
MÚSICA / MUSIC: Stuart K. Hine, 1899-

O STORE GUD
11.10.11.10. con Coro / with Refrain

* Author's original words are "works" and "mighty."

3. Cuando recuerdo del amor divino
Que desde el cielo al Salvador envió;
Aquel Jesús que por salvarme vino
Y en una cruz sufrió por mí y murió:

Coro
Mi corazón entona la canción,
¡Cuán grande es él! ¡Cuán grande es él!
Mi corazón entona la canción,
¡Cuán grande es él! ¡Cuán grande es él!

4. Cuando el Señor me llame a su presencia,
Al dulce hogar, al cielo de esplendor,
Le adoraré cantando la grandeza
De su poder y su infinito amor:

Coro

3. And when I think that God, His Son not sparing,
Sent Him to die, I scare can take it in;
That on the cross, my burden gladly bearing,
He bled and died to take away my sin.

Refrain
Then sings my soul, my Savior God, to Thee;
How great Thou art, How great Thou art!
Then sings my soul, my Savior God, to Thee;
How great Thou art, How great Thou art!

4. When Christ shall come with shout of acclamation,
And take me home, what joy shall fill my heart!
Then I shall bow in humble adoration,
And there proclaim, my God, how great Thou art!

Refrain

9 Cuán poderoso eres, Dios

A8

¡Oh Dios grande y poderoso... grande eres Jehovah de los Ejércitos! — Jeremías 32:18, 19 RVA

Sol Re Sol Re7 Mim Re Sol Re7 Sol Re
1. Cuán po - de - ro - so e - res, Dios, De e - ter - na ma - jes - tad;
2. Cuán be - llo y dul - ce e - res tú, Glo - rio - so Re - den - tor,
3. Oh, cuán - to te - mo, buen Se - ñor, Tu ex - cel - sa ma - jes - tad.
4. Mi co - ra - zón se rin - de a ti, Pre - cio - so Re - den - tor,
Sol Do (Do) Sol Re7 Sol
Mi - se - ri - cor - dia ha - llo en ti, Tu glo-ria es sin i - gual.
Y tu sa - bi - du - rí - a es Por siem-pre, mi Se - ñor.
Te a - do - ro yo con de - vo - ción; Me das se - gu - ri - dad.
Ya tú me a - mas, glo - ria a ti. A - ho - ra tu - yo soy.

LETRA: Frederick W. Faber, 1814-1863; tr., Salomón R. Mussiett
MÚSICA: Carl G. Gläser, 1784-1829; arr. Lowell Mason, 1792-1872

AZMON
8.6.8.6.(M.C.)

10 ¡Cuán grande es tu nombre!

Oh Jehovah, Señor nuestro, ¡cuán grande es tu nombre en toda la tierra! Has puesto tu gloria sobre los cielos. De la boca de los pequeños y de los que todavía maman has establecido la alabanza frente a tus adversarios, para hacer callar al enemigo y al vengativo. Cuando contemplo tus cielos, obra de tus dedos, la luna y las estrellas que tú has formado, digo: ¿Qué es el hombre, para que de él te acuerdes; y el hijo de hombre, para que lo visites? Lo has hecho un poco menor que los ángeles y le has coronado de gloria y de honra. Le has hecho señorear sobre las obras de tus manos; todo lo has puesto debajo de sus pies: ovejas y vacas, todo ello, y también los animales del campo, las aves de los cielos y los peces del mar: todo cuanto pasa por los senderos del mar. Oh Jehovah, Señor nuestro, ¡cuán grande es tu nombre en toda la tierra!

Salmo 8 RVA

A8

My God, How Wonderful You Are 9

O great and powerful God ... might are your deeds — Jeremiah 32:18, 19 NIV

G D G D7 Em D G D7 G D
1. My God, how won - der - ful You are, Your maj - es - ty, how bright;
2. How won - der - ful, how beau - ti - ful, The sight of You must be;
3. O how I fear You, liv - ing God, With deep and ten - der fear;
4. Yet, I may love You, too, O Lord, Al - might - y as You are;
G C (C) G D7 G
How beau - ti - ful Your mer - cy seat, In depths of burn - ing light!
Your end - less wis - dom, bound-less pow'r, And glo - rious pu - ri - ty!
And wor - ship You with trem-bling hope, And pen - i - ten - tial tears!
For You have stooped to ask of me The love of my poor heart!

WORDS: Frederick W. Faber, 1814-1863
MUSIC: Carl G. Gläser, 1784-1829; arr. Lowell Mason, 1792-1872

AZMON
8.6.8.6.(C.M.)

How Majestic Is Your Name! 10

O Lord, our Lord, how majestic is your name in all the earth! You have set your glory above the heavens. From the lips of children and infants you have ordained praise because of your enemies, to silence the foe and the avenger. When I consider your heavens, the work of your fingers, the moon and the stars, which you have set in place, what is man that you are mindful of him, the son of man that you care for him? You made him a little lower than the heavenly beings and crowned him with glory and honor. You made him ruler over the works of your hands; you put everything under his feet: all flocks and herds, and the beasts of the field, the birds of the air, and the fish of the sea, all that swim the paths of the seas. O Lord, our Lord, how majestic is your name in all the earth!

Psalm 8 NIV

11 Grande es Jehovah — Great Is the Lord

A9

Grande es Jehovah y digno de suprema alabanza — Salmo 145:3 RVA
Great is the Lord and most worth of praise — Psalm 145:3 NIV

Do Rem7 Sol7 Do Fa Sol
Unísono / Unison
Gran-de es Jeho-vah y le da-mos lo-or Por su gran-de po-der y su a-
Great is the Lord, He is ho-ly and just; By His pow-er we trust in His
Fa Do Rem7 Sol7 Do Fa
mor. Gran-de es Jeho-vah y su fi-de-li-dad, Y su a-mor pa-ra
love. Great is the Lord, He is faith-ful and true; By His mer-cy He
Sol Fa Do Sib Fa Sib Fa Do
4 Voces / 4 Parts
siem-pre se-rá.
proves He is love.
1, 2. ¡Gran-de es él y dig-no de glo-ria!
(D.S.) ¡Gran-de e-res tú y dig-no de glo-ria!
1, 2. Great is the Lord and wor-thy of glo-ry!
(D.S.) Great are You, Lord, and wor-thy of glo-ry!
Sib Fa Sib Fa Sol Do Sib Fa Sib
Gran-de es y dig-no de a-do-ra-ción. Gran-de es él. Al-
¡Gran-de e-res tú y dig-no de ho-nor. Gran-de es él! Le-
Great is the Lord and wor-thy of praise. Great is the Lord; now
Great are You, Lord, and wor-thy of praise. Great are You, Lord; I

LETRA / WORDS: Michael W. Smith, 1957-; Deborah D. Smith, 1958-; tr., Salomón R. Mussiett
MÚSICA / MUSIC: Michael W. Smith, 1957-; Deborah D. Smith, 1958-

GREAT IS THE LORD
Irregular

Re Sol Mi Lam Rem7 Sol7
ce - mos la voz Y a - sí pro - cla - mar: ¡Gran - de es Jeho-
van - to mi voz; E - le - vo mi voz: ¡Gran - de es Jeho-
lift up your voice, Now lift up your voice: Great is the
lift up my voice, I lift up my voice: Great are You,
Lam Lam7 Rem7 Sol7 Do Do
1,3 Fine 2 D.S.
vah! ¡Gran - de es Jeho - vah! vah!
vah! ¡Gran - de es Jeho - vah!
Lord! Great is the Lord! Lord!
Lord! Great are You, Lord!

A Dios, el Padre celestial — Doxology 12

A10

Toda buena dádiva y todo don perfecto proviene... del Padre — Santiago 1:17 RVA
Every good gift and every perfect gift is from ... the Father — James 1:17 KJV

Sol Re Mim Sim Mim Re Sol Re7 Mim Do Sol Re
A Dios, el Pa - dre ce - les - tial, Al Hi - jo nues - tro Re - den - tor,
Praise God, from whom all bless-ings flow; Praise Him, all crea - tures here be - low;
Mim Re Sol Re Sol Do Re Sol Mim Re Lam Sol Re7 Sol Do Sol
Al e - ter - nal Con - so - la - dor U - ni - dos to - dos a - la - bad. A - mén.
Praise Him a - bove, ye heav'n - ly host; Praise Fa - ther, Son, and Ho - ly Ghost. A - men.

LETRA / WORDS: Thomas Ken, 1637-1711; es traducción.
MÚSICA / MUSIC: *Salterio de Ginebra*, Edición 1551, *Genevan Psalter*, 1551 Edition, attr., Louis Bourgeois, 1510 1561

OLD 100TH (alterado / altered)
8.8.8.8.(M.L./L.M.)

13 **Gloria y honor al Señor tributad** A11

From All That Dwell below the Skies

Dad a Jehovah, oh familias de pueblos... la gloria y el poder — 1 Crónicas 16:28 RVA
Ascribe to the Lord, O families of nations ... glory and strength — 1 Chronicles 16:28 NIV

C:1 Do Sol7 Do Fa Sol7 Do Sol Re7 Sol Do
1. Glo - ria y ho - nor al Se - ñor tri - bu - tad; Ni - ños y an -
From all that dwell be - low the skies, Let the Cre -
2. Sus ma - ra - vi - llas e - ter - nas son, Y pa - ra
E - ter - nal are Thy mer - cies, Lord; E - ter - nal
Fa Do Rem Do Sol Do Sol7 Do
cia - nos pro - cla - mad. Que to - dos can - ten
at - or's praise a - rise; Let the Re - deem - er's
siem - pre es su ver - dad. Cie - los y tie - rra
truth at - tends Thy word; Thy praise shall sound from
Fa Do Sol7 Do Sol Do Fa Sol Do Rem Do Sol7 Do
su lo - or. Gran - de es el nom - bre del Se - ñor.
name be sung, Thro' ev - 'ry land by ev - 'ry tongue.
pa - sa - rán, Mas su ver - dad per - du - ra - rá.
shore to shore, Till suns shall rise and set no more.

LETRA / WORDS: Isaac Watts, 1674-1748; tr., Salomón R. Mussiett
MÚSICA / MUSIC: John Hatton, *c.* 1710-1793

DUKE STREET
8.8.8.8.(M.L./L.M.)

A12

Pues sólo él es digno
For He Alone Is Worthy

¡Digno eres!... porque... con tu sangre has redimido ...toda raza — Apocalipsis 5:9 RVA
Thou art worthy ... for thou was slain, and hast redeemed us — Revelation 5:9 KJV

Sol
Re
Sol
Re7
Sol
Re
Sol
Do
Sol
Re
1. Pues só - lo él es dig - no, Pues só - lo él es dig - no,
For He a - lone is wor - thy, For He a - lone is wor - thy,
2. Ve - nid, a - do - re - mos, Ve - nid, a - do - re - mos,
O come, let us a - dore Him, O come, let us a - dore Him,
Sol
Lam
Sol
Re
La7
Re
Sol
Do
Sol
Re7
Sol
Pues só - lo él es dig - no, Cris - to el Se - ñor.
For He a - lone is wor - thy, Christ the Lord!
Ve - nid a - do - re - mos a Cris - to el Se - ñor.
O come, let us a - dore Him, Christ the Lord!

3. Rindamos honra y gloria,
Rindamos honra y gloria,
Rindamos honra y gloria a
Cristo el Señor.

3. We'll give Him all the glory,
We'll give Him all the glory,
We'll give Him all the glory,
Christ the Lord!

LETRA / WORDS: Tradicional / Traditional; tr. estrofa 1, Juan B. Cabrera; 2-3, Salomón R. Mussiett
MÚSICA / MUSIC: John Francis Wade, c. 1711-1786

ADESTE FIDELES (Coro / refrain)
Irregular

15 Alma, bendice al Señor

A13

¡Alabad a Jehovah! ...su majestad es sobre tierra y cielos — Salmo 148:1, 13 RVA

C:1
Mi Do♯m Si Mi Si Do♯m Sol♯m La Mi La Si7 Do♯m Fa♯m7 Si7 Mi
1. Al - ma, ben - di - ce al Se - ñor, Rey po - ten - te de glo - ria;
2. Al - ma, ben - di - ce al Se - ñor que a los cie - los go - bier - na,
3. Al - ma, ben - di - ce al Se - ñor, de tu vi - da es la fuen - te
4. Al - ma, ben - di - ce al Se - ñor y su a - mor in - fi - ni - to;
Mi Do♯m Si Mi Si Do♯m Sol♯m La Mi La Si7 Do♯m Fa♯m Si7 Mi
De sus mer - ce - des es - té vi - va en ti la me - mo - ria.
Y te con - du - ce pa - cien - te con ma - no pa - ter - na;
Que te cre - ó, y en sa - lud te sos - tie - ne cle - men - te;
Con to - do el pue - blo de Dios su a - la - ban - za re - pi - to:
Mi Si Mi La Mi La Si Mi Si7 Mi Si(7)
¡Oh, des - per - tad, Ar - pa y sal - te - rio! En - to - nad
Te per - do - nó, De to - do mal te li - bró,
Tu de - fen - sor En to - do tran - ce y do - lor;
Dios, mi sa - lud, De to - do bien, ple - ni - tud.
Mi La Si7 Do♯m Fa♯m Sol♯ Fa♯m Si7 Mi
Him - nos de ho - nor y vic - to - ria.
Por - que su gra - cia es e - ter - na.
Su dies - tra es om - ni - po - ten - te.
¡Se - as por siem - pre ben - di - to!

LETRA: Joachim Neander, 1650-1680; tr. del alemán, Catherine Winkworth; tr. al castellano, Fritz Fliedner
MÚSICA: *Stralsund Gesangbuch*, 1665; arm., W. Sterndale Bennett

LOBE DEN HERREN
Irregular

A13

Praise to the Lord, the Almighty

Praise ye the Lord ... his glory is above the earth and heaven – Psalm 148:1, 13 KJV

C:1 E C♯m B E B C♯m G♯m A E A B7 C♯m F♯m7 B7 E
1. Praise to the Lord, the Al - might - y, the King of cre - a - tion!
2. Praise to the Lord, who o'er all things so won - drous - ly reign - eth,
3. Praise to the Lord, who doth pros - per thy work and de - fend thee;
4. Praise to the Lord, O let all that is in me a - dore Him!
E C♯m B E B C♯m G♯m A E A B7 C♯m F♯m7 B7 E
O my soul, praise Him, for He is thy health and sal - va - tion!
Shel - ters thee un - der His wings, yea, so gen - tly sus - tain - eth!
Sure - ly His good - ness and mer - cy here dai - ly at - tend thee.
All that hath life and breath, come now with prais - es be - fore Him.
E B E A E A B E B7 E B(7)
All ye who hear, Now to His tem - ple draw near;
Hast thou not seen How thy de - sires e'er have been
Pon - der a - new What the Al - might - y can do,
Let the A - men Sound from His peo - ple a - gain,
E A B7 C♯m F♯m G♯ F♯m B7 E
Praise Him in glad ad - o - ra - tion.
Grant - ed in what He or - dain - eth?
If with His love He be - friend thee.
Glad - ly for aye we a - dore Him.

WORDS: Joachim Neander, 1650-1680; tr. from German, Catherine Winkworth
MUSIC: *Stralsund Gesangbuch*, 1665; harm., W. Sterndale Bennett

LOBE DEN HERREN
Irregular

16 Creo en ti — I Trust in You

Los cielos cuentan la gloria de Dios — Salmo 19:1 RVA
The heavens declare the glory of God — Psalm 19:1 NIV

Do — Sol

Unísono / *Unison*

1. Cuan-do mi-ro las es - tre - llas en el cie - lo por do-quier,
When I gaze in-to the hea - vens and the stars through-out the sky,
2. Cuan-do ve - o las mon - ta - ñas, los la - gos y el mar,
When I look at the high moun - tains and the ri - vers and the sea,

Sol7 — Do

Y mi-ro que par - pa-de - an Y me mues-tran tu po-der,
I can see their shin-ing glo - ry As they lift Your name on high.
Cuan-do na - ce la ma-ña - na Con el sol al des-pun-tar,
When I see the morn-ing sun - light As it gent - ly wa-kens me,

Do — Sol

Cuan-do ve-o el sol ra-dian - te, la lu-na y su ful-gor,
When I see the ra-diant sun - light and the even-ing moon un-furled,
Cuan-do ve-o un ca-cho-rri - to y el cui - da - do ma - ter - nal,
When I see a new-born ba - by and a mo-ther's touch of love,

Sol7

Las flo-res, mon-tes, los va - lles To-do di-ce que e-res Crea -
All cre - a - tion tells the sto - ry Of the Cre-a - tor of the
Mi co - ra - zón re-pi - te Que mi Dios es el Cre - a -
With my heart I'll sing in cho - rus To the Cre-a - tor of the

LETRA / WORDS: Aracely C. de Álvarez, 1949-; tr., Jonathan Aragón
MÚSICA / MUSIC: Aracely C. de Álvarez, 1949-

EL CREADOR
8.7.8.7.D con Coro / with Refrain

Do Do7 Fa Sol7 Mim
dor.
world. Y cre - o en ti, en ti, só - lo en ti, Se - ñor.
dor. I trust in You, in You, on - ly You, O Lord;
world.
Lam Rem7 Sol7 Do Do7
Y cre - o en ti, en ti co - mo el Cre - a - dor.
I trust in You, in You, the Cre - a - tor of all.
(Do7) Fa Sol7 Mim
Y cre - o en ti, en ti, só - lo en ti, Se - ñor.
I trust in You, in You, on - ly You, O Lord;
Lam Rem7 Sol7 Do
Y cre - o en ti, en ti co - mo el Crea - dor.
I trust in You, in You, Sa - vior and Lord.

17 Padre, Hijo, Espíritu Santo

A15

La gracia del Señor Jesucristo, el amor de Dios y la comunión del Espíritu Santo — 2 Corintios 13:14 RVA

1. ¡Pa - dre, Pa - dre, tú e - res Je - ho - vah! ¡Pa - dre,
2. ¡Cris - to, Cris - to, e - res el Sal - va - dor! ¡Cris - to,
3. ¡San - to Es - pí - ri - tu, e - res Con - so - la - dor! ¡San - to Es -
4. ¡San - to, San - to, San - to Pa - dre! ¡San - to,
Pa - dre, tú e - res Dios! ¡Lo - or a ti! ¡Ho - nor a ti! Te
Cris - to, e - res Se - ñor! ¡Lo - or a ti! ¡Ho - nor a ti! Te
pí - ri - tu, e - res Guia - dor! ¡Lo - or a ti! ¡Ho - nor a ti! Te
San - to, Hi - jo de Dios! ¡Lo - or a ti! ¡Ho - nor a ti! Te
da - mos glo - ria hoy. ¡Pa - dre, Pa - dre, tú e - res
da - mos glo - ria hoy. ¡Cris - to, Cris - to, e - res el
da - mos glo - ria hoy. ¡San - to Es - pí - ri - tu, e - res Con -
da - mos glo - ria hoy. ¡San - to, San - to, San - to Es -
Je - ho - vah! ¡Pa - dre, Pa - dre, tú e - res Dios!
Sal - va - dor! ¡Cris - to, Cris - to, e - res Se - ñor!
so - la - dor! ¡San - to Es - pí - ri - tu, e - res Guia - dor!
pí - ri - tu! ¡Tri - ni - dad San - ta, tú e - res Dios!

LETRA: Mark Blankenship, 1943-; tr., Salomón R. Mussiett
MÚSICA: Mark Blankenship, 1943-

JACKSON
Irregular

Father, Son, Holy Spirit

17

The grace of ... Jesus Christ ... the love of God ... the fellowship of the Holy Spirit — 2 Corinthians 13:14 NIV

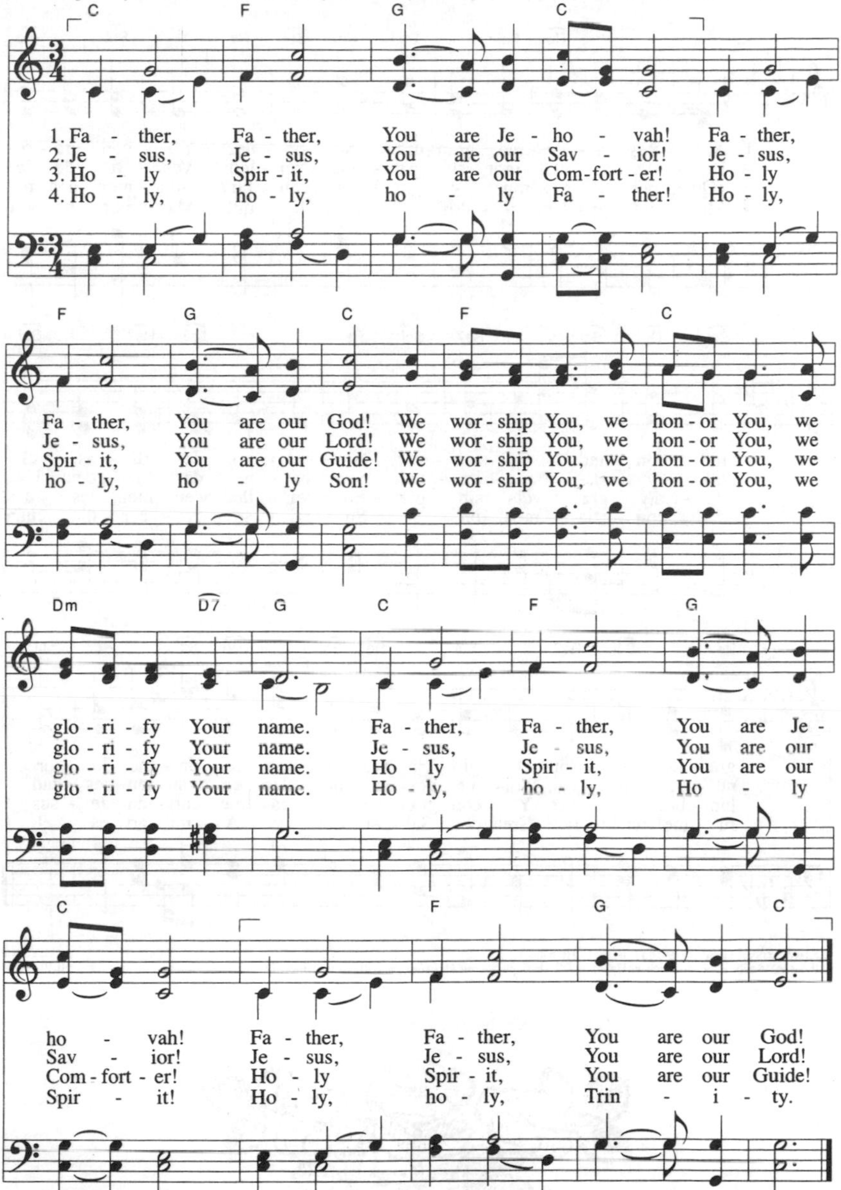

1. Fa - ther, Fa - ther, You are Je - ho - vah! Fa - ther,
Fa - ther, You are our God! We wor - ship You, we hon - or You, we
glo - ri - fy Your name. Fa - ther, Fa - ther, You are Je -
ho - vah! Fa - ther, Fa - ther, You are our God!

2. Je - sus, Je - sus, You are our Sav - ior! Je - sus,
Je - sus, You are our Lord! We wor - ship You, we hon - or You, we
glo - ri - fy Your name. Je - sus, Je - sus, You are our
Sav - ior! Je - sus, Je - sus, You are our Lord!

3. Ho - ly Spir - it, You are our Com - fort - er! Ho - ly
Spir - it, You are our Guide! We wor - ship You, we hon - or You, we
glo - ri - fy Your name. Ho - ly Spir - it, You are our
Com - fort - er! Ho - ly Spir - it, You are our Guide!

4. Ho - ly, ho - ly, ho - ly Fa - ther! Ho - ly,
ho - ly, ho - ly Son! We wor - ship You, we hon - or You, we
glo - ri - fy Your name. Ho - ly, ho - ly, Ho - ly
Spir - it! Ho - ly, ho - ly, Trin - i - ty.

WORDS: Mark Blankenship, 1943-
MUSIC: Mark Blankenship, 1943-

JACKSON
Irregular

18 Al Rey adorad

A16

¡Bendice, alma mía, a Jehovah!... ¡qué grande eres! — Salmo 104:1 RVA

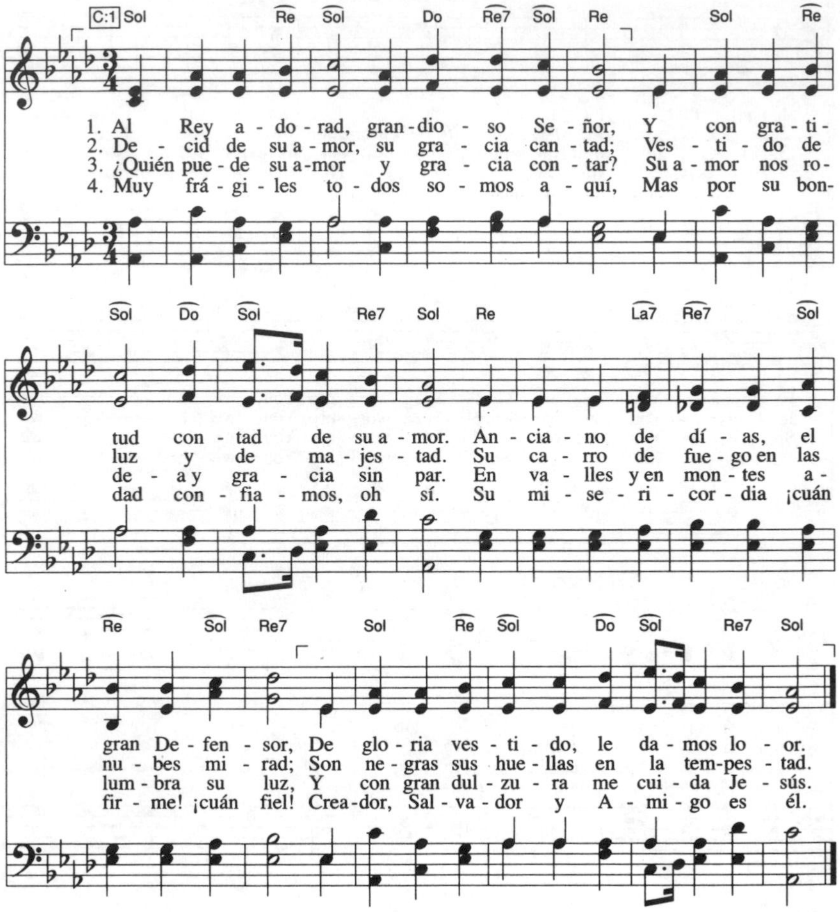

C:1

1. Al Rey a - do - rad, gran - dio - so Se - ñor, Y con gra - ti -
2. De - cid de su a - mor, su gra - cia can - tad; Ves - ti - do de
3. ¿Quién pue - de su a - mor y gra - cia con - tar? Su a - mor nos ro -
4. Muy frá - gi - les to - dos so - mos a - quí, Mas por su bon -

tud con - tad de su a - mor. An - cia - no de dí - as, el
luz y de ma - jes - tad. Su ca - rro de fue - go en las
de - a y gra - cia sin par. En va - lles y en mon - tes a -
dad con - fia - mos, oh sí. Su mi - se - ri - cor - dia ¡cuán

gran De - fen - sor, De glo - ria ves - ti - do, le da - mos lo - or.
nu - bes mi - rad; Son ne - gras sus hue - llas en la tem - pes - tad.
lum - bra su luz, Y con gran dul - zu - ra me cui - da Je - sús.
fir - me! ¡cuán fiel! Crea - dor, Sal - va - dor y A - mi - go es él.

LETRA: Robert Grant, 1779-1838; tr., S. L. Hernández
MÚSICA: Atrib. a Johann Michael Haydn, 1737-1806, en *Sacred Melodies* de William Gardiner, 1815

LYONS
10.10.11.11.

A16

O Worship the King

18

Bless the Lord, O Lord ... thou art very great — Psalm 104:1 KJV

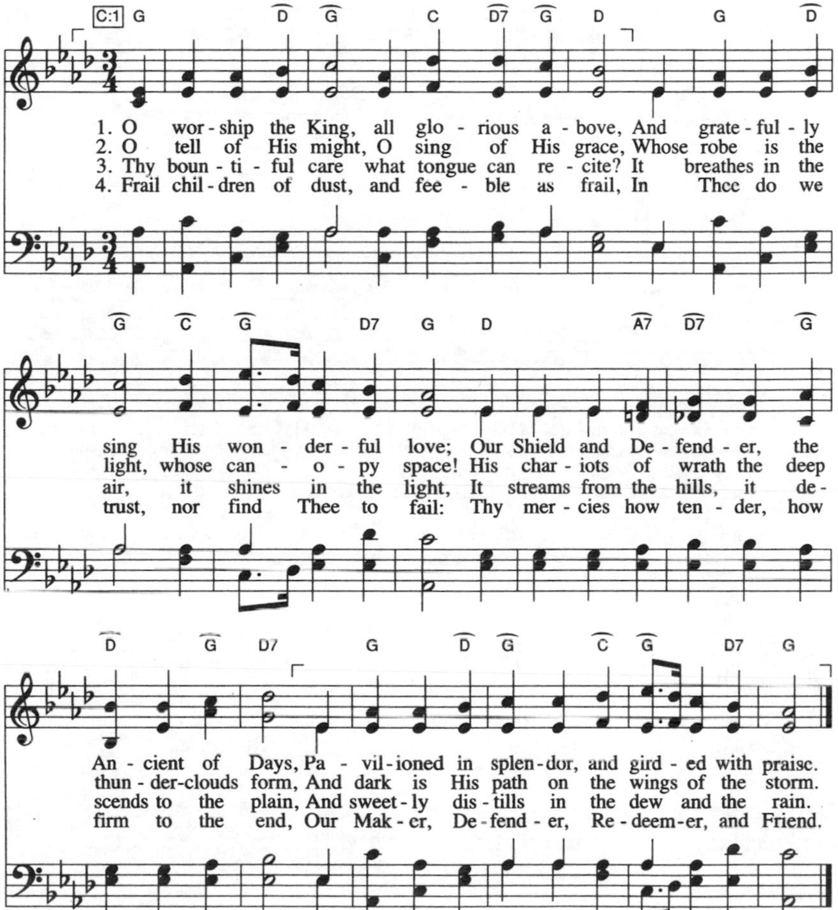

C:1

1. O wor - ship the King, all glo - rious a - bove, And grate - ful - ly
2. O tell of His might, O sing of His grace, Whose robe is the
3. Thy boun - ti - ful care what tongue can re - cite? It breathes in the
4. Frail chil - dren of dust, and fee - ble as frail, In Thee do we

sing His won - der - ful love; Our Shield and De - fend - er, the
light, whose can - o - py space! His char - iots of wrath the deep
air, it shines in the light, It streams from the hills, it de -
trust, nor find Thee to fail: Thy mer - cies how ten - der, how

An - cient of Days, Pa - vil - ioned in splen - dor, and gird - ed with praise.
thun - der-clouds form, And dark is His path on the wings of the storm.
scends to the plain, And sweet - ly dis - tills in the dew and the rain.
firm to the end, Our Mak - er, De - fend - er, Re - deem - er, and Friend.

WORDS: Robert Grant 1779-1838
MUSIC: Attr. Johann Michael Haydn, 1737-1806, in William Gardiner's *Sacred Melodies*, 1815

LYONS
10.10.11.11.

19 Gloria sea a Cristo

A17

Oh Señor, ¿quién no temerá y glorificará tu nombre? — Apocalipsis 15:4 RVA

C:1 Re Sol La Re Sol La(sus) La7

1. Glo - ria se - a a Cris - to, De Dios, Hi - jo es él.
2. Glo - ria se - a a Cris - to, Quien por mí mu - rió.
3. Glo - ria se - a a Cris - to, Quien re - su - ci - tó.

Re Sol Re Fa♯7 Sim Sol Re La7 Re Sol

Glo-ria, glo-ria se - a a Cris - to el Rey, A Je - sús, Hi - jo de
Glo-ria, glo-ria se - a a Cris - to el Rey, Al Cor - de - ro de
Glo-ria, glo-ria se - a a Cris - to el Rey, Je - su - cris - to re - su - ci -

Re La7 Re Sol Re Sim7 Mim7 La7 Re

Dios, A Je - sús, de Dios Hi - jo es él.
Dios, Al Cor - de - ro, el Re - den - tor.
tó, Je - su - cris - to re - su - ci - tó.

LETRA: Jack W. Hayford, 1934-; tr., Frank Giraldo
MÚSICA: Jack W. Hayford, 1934-

PRAISE THE NAME OF JESUS
Irregular

A17

Praise the Name of Jesus

19

Who will not fear you, O Lord, and bring glory to your name? — Revelation 15:4 NIV

C:1 D G A D G A(sus) A7

1. Praise the name of Je - sus. Praise the Son of God.
2. Praise the name of Je - sus. Praise the Lamb who died.
3. Praise the name of Je - sus. Praise our ris - en Lord.

D G D F♯7 Bm G D A7 D G

Glo-ry, glo-ry be to Christ our King, Je-sus Christ, Son of
Glo-ry, glo-ry be to Christ our King, Je-sus Christ, Lamb who
Glo-ry, glo-ry be to Christ our King, Je-sus Christ, Ris - en

D A7 D G D Bm7 Em7 A7 D

God; Je - sus Christ is the Son of God.
died; Je - sus Christ is the Lamb who died.
Lord; Je - sus Christ is our ris - en Lord.

WORDS: Jack W. Hayford, 1934-
MUSIC: Jack W. Hayford, 1934-

PRAISE THE NAME OF JESUS
Irregular

20 Bendecid a Dios

A18

Bendice, oh alma mía, a Jehovah – Salmo 103:1 RVA

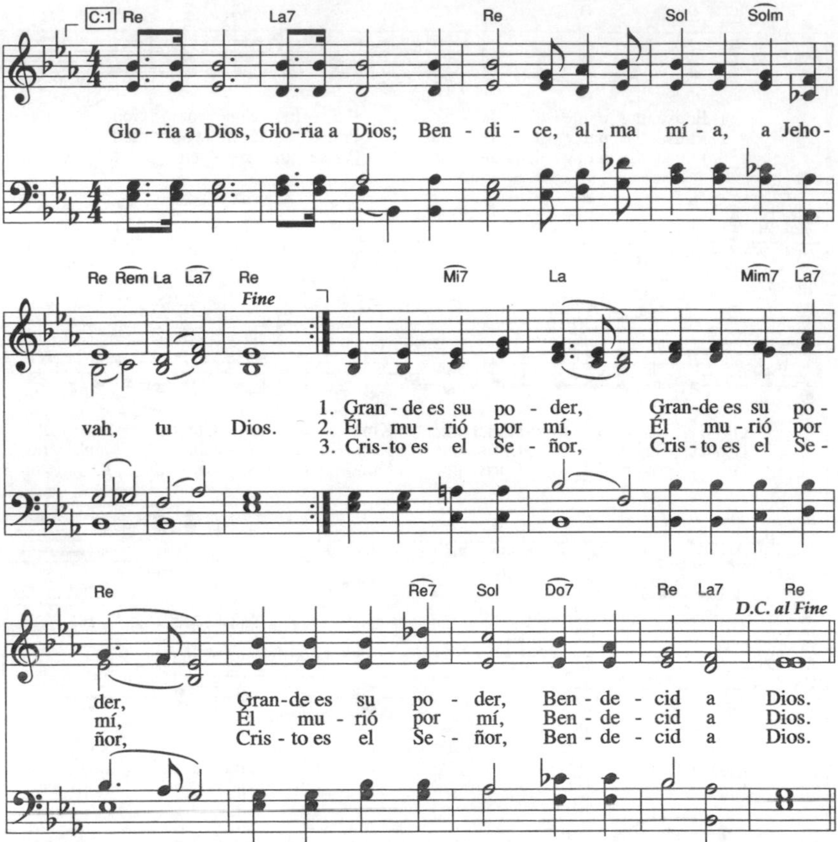

C:1 Re La7 Re Sol Solm
Glo - ria a Dios, Glo-ria a Dios; Ben - di - ce, al - ma mí - a, a Jeho -
Re Rem La La7 Re Mi7 La Mim7 La7
Fine
vah, tu Dios.
1. Gran - de es su po - der, Gran-de es su po -
2. Él mu - rió por mí, Él mu - rió por
3. Cris-to es el Se - ñor, Cris - to es el Se -
Re Re7 Sol Do7 Re La7 Re
D.C. al Fine
der, Gran-de es su po - der, Ben - de - cid a Dios.
mí, Él mu - rió por mí, Ben - de - cid a Dios.
ñor, Cris - to es el Se - ñor, Ben - de - cid a Dios.

LETRA: Andraé Crouch, 1945-; tr., Leslie Gómez y Eduardo Steele
MÚSICA: Andraé Crouch, 1945-

BLESS HIS HOLY NAME
Irregular

21 Bendice, oh alma mía, a Jehovah

Bendice, oh alma mía, a Jehovah. Bendiga todo mi ser su santo nombre. Bendice, oh alma mía, a Jehovah, y no olvides ninguno de sus beneficios. Él es quien perdona todas tus iniquidades, el que sana todas tus dolencias, el que rescata del hoyo tu vida, el que te corona de favores y de misericordia; el que sacia con bien tus anhelos, de modo que te rejuvenezcas como el águila.

Salmo 103:1-5 RVA

A18

Bless His Holy Name

20

Praise the Lord, O my soul — Psalm 103:1 NIV

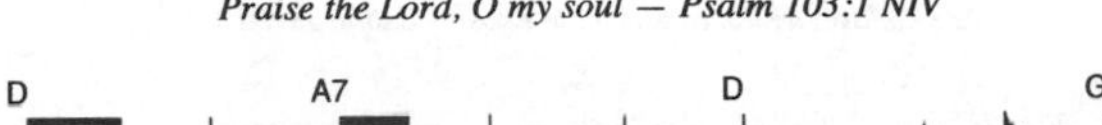

C:1
D A7 D G Gm
Bless the Lord, O my soul, and all that is with - in me, Bless His

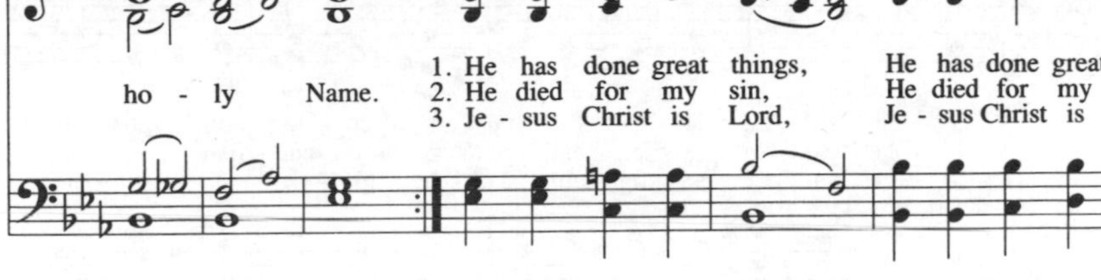

D Dm A A7 D E7 A Em7 A7
Fine
ho - ly Name.
1. He has done great things, He has done great
2. He died for my sin, He died for my
3. Je - sus Christ is Lord, Je - sus Christ is

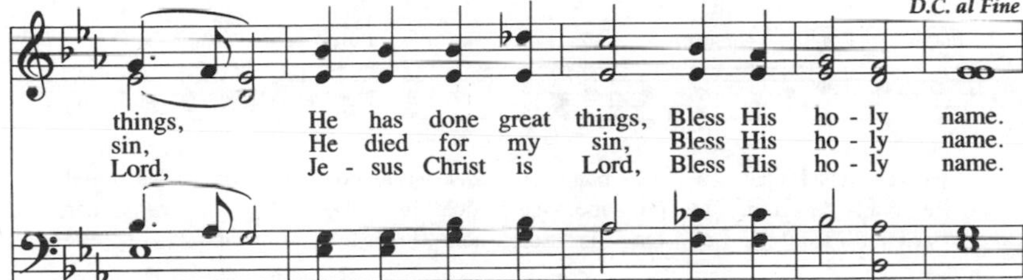

D D7 G C7 D A7 D
D.C. al Fine
things, He has done great things, Bless His ho - ly name.
sin, He died for my sin, Bless His ho - ly name.
Lord, Je - sus Christ is Lord, Bless His ho - ly name.

WORDS: Andraé Crouch, 1945-
MUSIC: Andraé Crouch, 1945-

BLESS HIS HOLY NAME
Irregular

Praise the Lord, O My Soul 21

Praise the Lord, O my soul; all my inmost being, praise his holy name. Praise the Lord, O my soul, and forget not all his benefits— who forgives all your sins and heals all your diseases, who redeems your life from the pit and crowns you with love and compassion, who satisfies your desires with good things, so that your youth is renewed like the eagle's.

Psalm 103:1-5 NIV

22 Aleluya, gloria a Cristo

A19

Los cielos cuentan la gloria de Dios — Salmo 19:1 RVA

C:1 Mi Si Mi Fa♯m7 Mi Si(7) Do♯m Si Mi Si7 Mi Fa♯m7 Si(7) Mi
1. ¡A - le - lu - ya! Glo - ria a Cris - to, po - de - ro - so Sal - va - dor;
2. ¡A - le - lu - ya! No te - ma - mos; con no - so - tros Cris - to es - tá;
3. ¡A - le - lu - ya! Rey su - pre - mo, Dios e - ter - no, Gran Se - ñor;
Si Mi Fa♯m7 Mi Si(7) Do♯m Si Mi Si7 Mi Fa♯m7 Si(7) Mi
¡A - le - lu - ya! La vic - to - ria por sí so - lo con - quis - tó.
¡A - le - lu - ya! Su pre - sen - cia go - zo y con - fian - za da.
¡A - le - lu - ya! Él es dig - no; dad - le glo - ria y ho - nor.
Sol♯m Do♯m7 Fa♯m7 Si7 Mi Do♯m Sol♯m Fa♯m7 Si(7)
Es - cu - chad las a - la - ban - zas del gran co - ro ce - les - tial;
Re - cor - de - mos la pro - me - sa que Je - sús, al as - cen - der,
Can - tan se - res ce - les - tia - les; hom - bres, le - van - tad la voz;
Mi Do♯m7 Fa♯m7 Si7 Mi Fa♯7 Si(7) Fa♯m7 Si7 Mi Mi7 La Mi La Mi Si7 Mi
Je - su - cris - to, con su san - gre, re - den - ción al hom - bre da.
Di - jo a sus se - gui - do - res: "Con vo - so - tros es - ta - ré".
To - do lo cre - a - do can - te a - la - ban - za a nues - tro Dios.

LETRA: William C. Dix, 1837-1898; tr., Esteban Sywulka B.
MÚSICA: Rowland H. Prichard, 1811-1887

HYFRYDOL
8.7.8.7.D.

(A19) Praise the Lord! Ye Heavens, Adore Him 22

The heavens declare the glory of God — Psalm 19:1 KJV

1. Praise the Lord! ye heav'ns, a - dore Him; Praise Him an - gels, in the height;
2. Praise the Lord! for He is glo - rious; Nev - er shall His prom - ise fail;
3. Wor - ship, hon - or, glo - ry, bless - ing, Lord, we of - fer un - to Thee;
Sun and moon, re - joice be - fore Him; Praise Him, all ye stars of light.
God hath made His saints vic - to - rious; Sin and death shall not pre - vail.
Young and old, Thy praise ex - press - ing, In glad hom - age bend the knee.
Praise the Lord! for He hath spo - ken; Worlds His might - y voice o - beyed;
Praise the God of our sal - va - tion! Hosts on high, His pow'r pro - claim;
All the saints in heav'n a - dore Thee. We would bow be - fore Thy throne;
Law which nev - er shall be bro - ken For their guid - ance hath He made.
Heav'n and earth and all cre - a - tion Laud and mag - ni - fy His name.
As thine an - gels serve be - fore Thee, So on earth Thy will be done.

WORDS: St. 1, 2, Anonymous; st. 3, Edward Osler, 1798-1863
MUSIC: Rowland H. Prichard, 1811-1887

HYFRYDOL
8.7.8.7.D.

23 Oh Pastor divino, escucha

Jehovah te guiará siempre — Isaías 58:11 RVA

C:1 Mi La Mi Si(7) Mi La Fa♯m7 Mi Si7 Mi La Mi Si(7) Mi La Mi La Mi Si(7) Mi Si7 Mi Si(7) Mi La Mi Si7 Mi

1. Oh Pastor divino, escucha De tu pueblo el orar; Como ovejas, congregados, Te venimos a buscar. Cristo llega, Cristo llega Tu rebaño a apacentar, Tu rebaño a apacentar.

2. Guía al triste y fatigado Al aprisco del Señor. Cría al tierno corderito A tu lado, buen Pastor, Con los pastos, con los pastos De celeste y dulce amor. De celeste y dulce amor.

3. ¡Oh Jesús, escucha el ruego Y esta humilde petición! Ven a henchir a tu rebaño De sincera devoción. Cantaremos, cantaremos Tu benigna protección, Tu benigna protección.

LETRA: William Williams, 1717-1791; es traducción.
MÚSICA: John Hughes, 1873-1932

Esta tonada se encuentra en una tonalidad más alta en el núm. 134.

CWM RHONDDA
8.7.8.7.8.7.7.

A20

Guide Me, O Thou Great Jehovah

23

The Lord shall guide thee continually — Isaiah 58:11 KJV
C:1 E A E B(7) E A F♯m7
1. Guide me, O Thou great Je - ho - vah, Pil - grim through this
2. O - pen now the crys - tal foun - tain, Whence the heal - ing
3. When I tread the verge of Jor - dan, Bid my anx - ious
E B7 E A E B(7) E A
bar - ren land; I am weak, but Thou art might - y; Hold me
stream doth flow; Let the fire and cloud - y pil - lar Lead me
fears sub - side; Bear me thro' the swell - ing cur - rent, Land me
E A E B(7) E B7 E
with Thy pow'r - ful hand; Bread of heav - en, Bread of heav - en,
all my jour - ney through; Strong De - liv - erer, strong De - liv - erer,
safe on Ca - naan's side; Songs of prais - es, songs of prais - es
B(7) E A E B7 E
Feed me till I want no more, Feed me till I want no more.
Be Thou still my strength and shield, Be Thou still my strength and shield.
I will ev - er give to Thee, I will ev - er give to Thee.

WORDS: William Williams, 1717-1791; tr. st. 1, Peter Williams
MUSIC: John Hughes, 1873-1932

This tune in a higher key is found in no. 134.

CWM RHONDDA
8.7.8.7.8.7.7.

24 Grande es tu fidelidad
Great Is Thy Faithfulness

A21

Porque nunca decaen sus misericordias... nuevas son cada mañana — Lamentaciones 3:22, 23 RVA
The Lord's mercies ... are new every morning — Lamentations 3:22, 23 KJV

C:1 Re Re+ Mim7 La7 Sol Re Sol
1. Oh Dios e - ter - no, tu mi - se - ri - cor - dia Ni u - na
Great is Thy faith - ful - ness, O God, my Fa - ther, There is no
Re Mi Si7 Mi7 La La7 Re
som - bra de du - da ten - drá; Tu com - pa - sión y bon -
shad - ow of turn - ing with Thee; Thou chang - est not, Thy com -
Mim Re Mim7 Sol♯°7 Re Fa♯m La7 Re
dad nun - ca fa - llan Y por los si - glos el mis - mo se - rás.
pas - sions, they fail not; As Thou hast been, Thou for - ev - er wilt be.
La7 Sol Re Si7 Lam Mim
¡Oh, tu fi - de - li - dad! ¡Oh, tu fi - de - li - dad!
Great is Thy faith - ful - ness! Great is Thy faith - ful - ness!
La7 Re Rem La Re Mi7 La La7 Re
Ca - da mo - men - to la ve - o en mí. Na - da me fal - ta, pues
Morn - ing by morn - ing new mer - cies I see; All I have need - ed, Thy

LETRA / WORDS: Thomas O. Chisholm, 1866-1960; tr., H. T. Reza
MÚSICA / MUSIC: William M. Runyan, 1870-1957

FAITHFULNESS
11.10.11.10. con Coro /with Refrain

Mim Re Mim7 Sol♯°7 Re La7 Re
to - do pro - ve-es, ¡Gran-de, Se - ñor, es tu fi - de - li - dad!
hand hath pro - vid - ed; Great is Thy faith - ful - ness, Lord, un - to me!

2. La noche oscura, el sol y la luna,
Las estaciones del año también,
Unen su canto cual fieles criaturas,
Porque eres bueno, por siempre eres fiel.

Coro

3. Tú me perdonas, me impartes el gozo,
Tierno me guías por sendas de paz;
Eres mi fuerza, mi fe, mi reposo,
Y por los siglos mi Padre serás.

Coro

2. Summer and winter, and springtime and harvest,
Sun, moon, and stars in their courses above
Join with all nature in manifold witness
To Thy great faithfulness, mercy, and love.

Refrain

3. Pardon for sin and a peace that endureth,
Thine own dear presence to cheer and to guide;
Strength for today and bright hope for tomorrow,
Blessings all mine, with ten thousand beside!

Refrain

25 ¡Cuán bueno es Dios! God Is So Good

¡Alabad a Jehovah, porque es bueno! — 1 Crónicas 16:34 RVA
Give thanks to the Lord, for he is good — 1 Chronicles 16:34 NIV

C:1 Re La La7 Re
1. ¡Cuán bue - no es Dios! ¡Cuán bue - no es Dios!
God is so good, God is so good,
2. Cris - to me a - mó; Cris - to me a - mó.
He cares for me, He cares for me,
Re7 Sol Mim7 Solm Re La7 Re
¡Cuán bue - no es Dios! Que a su Hi - jo en - vió.
God is so good, He's so good to me!
Cris - to me a - mó. Pues por mí mu - rió.
He cares for me, He's so good to me!

3. Yo le amaré; Yo le amaré;
Yo le amaré; Por él viviré.

4. Yo le adoraré; Yo le adoraré;
Yo le adoraré; Gloria le daré.

3. I love Him so, I love Him so,
I love Him so, He's so good to me!

4. I praise His name, I praise His name,
I praise His name, He's so good to me!

LETRA / WORDS: Tradicional / Traditional; tr., Salomón R. Mussiett
MÚSICA / MUSIC: Tradicional / Traditional

GOD IS SO GOOD
Irregular

26 Señor, ¿quién entrará?

O Lord, Who Enters In?

A23

Jehovah, ¿quién habitará en tu tabernáculo? — Salmo 15:1 RVA
Lord, who may dwell in your sanctuary? — Psalm 15:1 NIV

C:1 Mi Si7
Unísono / Unison
1. Se-ñor, ¿quién en - tra - rá en tu san - tua - rio
O Lord, who en - ters in Your ho - ly place
2. Se-ñor, yo quie-ro en - trar en tu san - tua - rio
O Lord, let it be me who wor-ships You in
1 Mi 2 Mi Mi7 3 La
pa - ra a - do - rar? rar? Él de ma - nos lim - pias
to wor-ship You? You? He whose walk is blame - less;
pa - ra a - do - rar. rar. Da - me ma - nos lim - pias
Your ho - ly place. place. Lord, make my heart ho - ly;
3 Mi 3 Si7
y un co - ra - zón pu - ro, y sin va - ni - da - des,
who does what is right - eous; whose heart seeks no vain thing,
y un co - ra - zón pu - ro, y sin va - ni - da - des,
Lord, make my heart right - eous; O Lord, make my heart pure,
1 3 Mi 2 3 Mi
que se - pa a - mar; que se - pa a - mar.
who knows how to love; who knows how to love.
en - sé - ña - me a a - mar; en - sé - ña-me a a - mar.
and teach me to love. and teach me to love.

LETRA / WORDS: Anónimo / Anonymous; tr., Jonathan Aragón
MÚSICA / MUSIC: Anónimo / Anonymous; arr., Betty Alexander

ADORACION
Irregular

Oh Dios, socorro en el ayer 27
O God, Our Help in Ages Past

Señor, tú has sido nuestro refugio de generación en generación — Salmo 90:1 RVA
Lord, thou hast been our dwelling place in all generations — Psalm 90:1 KJV

Do Fa Do Lam Rem7 Sol Do Lam Mim Lam Re Sol
1. Oh Dios, so - co - rro en el a - yer Y hoy nues - tro de - fen - sor.
O God, our help in a - ges past, Our hope for years to come,
2. An - tes que to - da la crea - ción Hi - cie - ra o - ír tu voz,
Un - der the shad - ow of Thy throne Thy saints have dwelt se - cure;
Do Fa Rem Sol Do Fa Mi Do Rem Do Rem Sol Do
Am - pá - ra - nos con tu po - der Y tu e - ter - nal a - mor.
Our shel - ter from the storm - y blast, And our e - ter - nal home!
Vi - ví - as tú en per - fec - ción E - ter - na - men - te, oh Dios.
Suf - fi - cient is Thine arm a - lone, And our de - fense is sure.

3. En ti mil años sombras son,
De un pasado ayer;
Y en ti se encuentra la razón
De cuanto tiene ser.

4. Oh Dios, refugio del mortal
En tiempos de dolor,
En ti la dicha sin igual
Encuentra el pecador.

5. Oh Dios, socorro en el ayer
Y hoy nuestro defensor,
Ampáranos con tu poder
Y tu eternal amor.

3. Before the hills in order stood,
Or earth received her frame,
From everlasting Thou art God,
To endless years the same.

4. A thousand ages in Thy sight
Are like an evening gone;
Short as the watch that ends the night
Before the rising sun.

5. O God, our help in ages past,
Our hope for years to come,
Be Thou our guard while life shall last,
And our eternal home.

LETRA / WORDS: Isaac Watts, 1674-1748; tr., Adolfo Robleto
MÚSICA / MUSIC: William Croft, 1678-1727

ST. ANNE
8.6.8.6. (M.C. / C.M.)

28 Jesús es mi Rey soberano

A mi Dios cantaré salmos mientras viva — Salmo 104:33 RVA

C:1 Do La

1. Je - sús es mi Rey so - be - ra - no; Mi go-zo es can-tar su lo-
2. Je - sús es mi a - mi - go an - he - la - do, Y en som-bras o en luz siem-pre
3. Se - ñor, ¿qué pu - die - ra yo dar - te Por tan - ta bon-dad pa - ra

Sol7 La

or; Es Rey, y me ve cual her - ma - no; Es Rey y me im - par - te su a-
va Pa - cien - te y hu - mil - de a mi la - do, Y a - yu - da y con - sue - lo me
mí? ¿Me bas - ta ser - vir - te y a - mar - te? ¿Es to - do en - tre - gar - me yo a

Do Do7

mor. De - jan - do su tro - no de glo - ria, Me vi - no a sa - car de la es-
da. Por e - so cons - tan - te lo si - go, Por - que él es mi Rey y mi a-
ti? En - ton - ces a - cep - ta mi vi - da, Que a ti só - lo que - da ren-

Fa (Fa) Fa♯°7 Do Sol7 Do

co - ria, Y yo soy fe - liz, Y yo soy fe - liz por él.
mi - go, Y yo soy fe - liz, Y yo soy fe - liz por él.
di - da, Pues yo soy fe - liz, Pues yo soy fe - liz por ti.

LETRA: Vicente Mendoza, 1875-1955
MÚSICA: Vicente Mendoza, 1875-1955

MI REY Y MI AMIGO
Irregular

O Jesus Is My Lord and Savior

I will sing praise to my God as long as I live — Psalm 104:33 NIV

C:1 C A

1. O Je - sus is my Lord and Sav - ior, My joy is in sing - ing His
2. O Je - sus is the friend I long for; He's with me in good times and
3. O Lord, what could I ev - er give You To thank You for Your love for

G7

praise; He's Lord, yet He calls me His bro - ther; He's Lord, yet He gives me His
bad; He pa - tient - ly walks here be - side me, His com - fort He gives when I'm
me? To serve You is all that You ask me; To give You my heart is Your

C C7

name. Des - pis - ing the shame and re - jec - tion, He came to re - lease me from
sad. I'll fol - low His foot - steps for - ev - er, For He is my King and my
plea. Then here is my heart, Lord, I give it To live in the pow'r of Your

F (F) F♯°7 C G7 C

pri - son, And I will re - joice, and I will re - joice in Him.
Sav - ior, And I will re - joice, and I will re - joice in Him.
Spir - it, And I will re - joice, and I will re - joice in You.

WORDS: Vicente Mendoza, 1875-1955; tr., Jonathan Aragón
MUSIC: Vicente Mendoza, 1875-1955

MI REY Y MI AMIGO
Irregular

29 Es Jesús mi amante guía

A26

All the Way My Savior Leads Me

Jehovah solo le guió — Deuteronomio 32:12 RVA *The Lord alone led him —Deuteronomy 32:12 NIV*

Sol
Re
Sol
1. Si Je - sús es quien me guí - a, ¿Có - mo más po - dré te - mer?
All the way my Sav - ior leads me; What have I to ask be - side?
2. Es Je - sús mi a-man - te guí - a, Mi es - pe - ran - za, mi so - laz;
All the way my Savior leads me; Cheers each wind - ing path I tread,
Do
Sol
Re
La
Re
¿Du - da - ré de su por - fí - a Si mi he - ren - cia en él ten - dré?
Can I doubt His ten - der mer - cy, Who thro' life has been my guide?
Mi con - sue - lo es en el dí - a, Y en la no - che gra - ta paz.
Gives me grace for ev - 'ry tri - al, Feeds me with the liv - ing bread;
Re7
Sol
Re
Tier - na paz en él ya go - zo, Su - yo soy ya por la fe;
Heav'n-ly peace, di - vin - est com - fort, Here by faith in Him to dwell!
Mi po - der en la fla - que - za, Mi ma - ná, mi li - ber - tad;
Tho' my wea - ry steps may fal - ter, And my soul a - thirst may be,
Sol
Do
Sol
Re
Sol
En la lu - cha o el re - po - so En su am - pa - ro con - fia - ré.
For I know what - e'er be - fall me, Je - sus do - eth all things well;
Es mi am - pa - ro en la tris - te - za; Su - ple mi ne - ce - si - dad.
Gush - ing from the Rock be - fore me, Lo! a spring of joy I see;

LETRA / WORDS: Fanny Crosby, 1820-1915; tr., H. T. Reza
MÚSICA / MUSIC: Robert Lowry, 1826-1899

ALL THE WAY
8.7.8.7.D.

3. Es Jesús mi amante guía,
De mi ser, consolación;
De lo que antes carecía
Él me imparte en profusión.
En la gloria me promete
Divinal seguridad;
Él será mi brazo fuerte,
Guía por la eternidad.
Él será mi brazo fuerte,
Guía por la eternidad.

3. All the way my Savior leads me;
Oh, the fullness of His love!
Perfect rest to me is promised
In my Father's house above:
When my spirit, clothed immortal,
Wings its flight to realms of day,
This my song thro' endless ages:
Jesus led me all the way;
This my song thro' endless ages:
Jesus led me all the way.

Jehovah es mi pastor 30

Jehovah es mi pastor; nada me faltará. En prados de tiernos pastos me hace descansar. Junto a aguas tranquilas me conduce. Confortará mi alma y me guiará por sendas de justicia por amor de su nombre. Aunque ande en valle de sombra de muerte, no temeré mal alguno, porque tú estarás conmigo. Tu vara y tu cayado me infundirán aliento. Preparas mesa delante de mí en presencia de mis adversarios. Unges mi cabeza con aceite; mi copa está rebosando. Ciertamente el bien y la misericordia me seguirán todos los días de mi vida, y en la casa de Jehovah moraré por días sin fin.

Salmo 23 RVA

The Lord Is My Shepherd 30

The Lord is my shepherd, I shall not be in want. He makes me lie down in green pastures, he leads me beside quiet waters, he restores my soul. He guides me in paths of righteousness for his name's sake. Even though I walk through the valley of the shadow of death, I will fear no evil, for you are with me; your rod and your staff, they comfort me. You prepare a table before me in the presence of my enemies. You anoint my head with oil; my cup overflows. Surely goodness and love will follow me all the days of my life, and I will dwell in the house of the Lord forever.

Psalm 23 NIV

31 Pastoréanos, Jesús amante

B1

Como un pastor, apacentará su rebaño — Isaías 40:11 RVA

Re
La7
Re
1. Pas - to - ré - a - nos, Je - sús a - man-te, Cui - da, ¡oh Se - ñor!, tu grey;
2. Tu mi - sión di - vi - na es a tus hi - jos Dar sa - lud y san - ti - dad;
3. Tú pro - me - tes re - ci - bir - nos, Y gui - ar - nos en a - mor;
4. Co - mo o - ve - jas a - cu - di - mos A ren - dir - te a - do - ra - ción;
La7
Re
Tu sus - ten - to pla - cen - te - ro da - le Al re - dil, y jus - ta ley.
A pe - sar de ser tan pe - ca - do - res, No nos has de de - se - char.
Con tu gra - cia sal - va - do - ra Nos o - fre - ces tu per - dón.
O - ye nues - tras pe - ti - cio - nes Y con - cé - de - nos per - dón.
Sol
Re
La7
Re
Al - ta cien - cia, Pro - vi - den - cia, Tu - yas pa - ra nues - tro bien;
Co - mu - ni - cas Do - tes ri - cas Al que im - plo - ra tu per - dón;
Nos le - van - tas, Nos trans - for - mas, Y nos li - bras de pe - sar;
Te a - la - ba - mos Y a - do - ra - mos Co - mo el Rey de la crea - ción;
Sol
Re
La7
Re
Ben - de - ci - do, Rey un - gi - do, A san - ti - fi - car - nos ven.
Sal - va - do - ra Luz, que mo - ra En el nue - vo co - ra - zón.
Y las puer - tas De los cie - los Tú nos a - bres pa - ra en - trar.
Nues - tras al - mas, Te en - tre - ga - mos; Vi - ve en nues - tro co - ra - zón.

LETRA: Dorothy A. Thrupp, 1779-1847; tr. estrofas 1, 2, T. M. Westrup; estrofas 3, 4, Salomón R. Mussiett
MÚSICA: William B. Bradbury, 1816-1868

BRADBURY
8.7.8.7.D.

B1
Savior, Like a Shepherd Lead Us
31
He shall feed his flock like a shepherd — Isaiah 40:11 KJV
1. Savior, like a shepherd lead us, Much we need Thy tender care;
In Thy pleasant pastures feed us, For our use Thy folds prepare:
Blessed Jesus, blessed Jesus, Thou hast bought us, Thine we are;
Blessed Jesus, blessed Jesus, Thou hast bought us, Thine we are.
2. We are Thine; do Thou befriend us, Be the guardian of our way;
Keep Thy flock, from sin defend us, Seek us when we go astray:
Blessed Jesus, blessed Jesus, Hear, O hear us when we pray;
Blessed Jesus, blessed Jesus, Hear, O hear us when we pray.
3. Thou hast promised to receive us, Poor and sinful though we be;
Thou hast mercy to relieve us, Grace to cleanse, and pow'r to free:
Blessed Jesus, blessed Jesus, Early let us turn to Thee;
Blessed Jesus, blessed Jesus, Early let us turn to Thee.
4. Early let us seek Thy favor; Early let us do Thy will;
Blessed Lord and only Savior, With Thy love our beings fill:
Blessed Jesus, blessed Jesus, Thou hast loved us, love us still;
Blessed Jesus, blessed Jesus, Thou hast loved us, love us still.

WORDS: Dorothy A. Thrupp, 1779-1847
MUSIC: William B. Bradbury, 1816-1868

BRADBURY
8.7.8.7.D.

32 Día en día — Day by Day

¡Bendito sea el Señor! Día tras día lleva nuestras cargas — Salmo 68:19 RVA
Praise be to the Lord ... who daily bears our burdens — Psalm 68:19 NIV

C:1 Re · Mim7 · La7 · Re · Mim7 · La7 · Re · Sol · La7 · Re

1. Oh mi Dios, yo en-cuen-tro ca-da dí-a Tu po-der en to-do sin-sa-bor; Por la fe en tu sa-bi-du-rí-a Li-bre soy de pe-na y te-mor. Tu bon-dad, Se-ñor, es in-fi-ni-ta, Tú me das a-que-llo que es me-jor; Por tu a-mor a-lí-vian-

Day by day and with each pass-ing mo-ment, Strength I find to meet my tri-als here; Trust-ing in my Fa-ther's wise be-stow-ment, I've no cause for wor-ry or for fear. He whose heart is kind be-yond all mea-sure Gives un-to each day what He deems best — Lov-ing-ly, its part of

LETRA / WORDS: Caroline V. Sandell-Berg, 1832-1903; tr. al inglés, A. L. Skoog, tr. al castellano, Samuel O. Libert
MÚSICA / MUSIC: Oscar Ahnfelt, 1813-1882

BLOTT EN DAÚ
Irregular

2. Cerca está tu brazo cada día
Y por él recibo tu favor,
¡Oh Señor, mi alma en ti confía,
Eres tú mi gran Consolador!
Protección prometes a tus hijos
Porque son tesoro para ti;
Hallo en ti constante regocijo
Sé que tú velas por mí.

3. Tu poder me ayuda cada día
A vencer en la tribulación;
Tengo fe, pues tu promesa es mía;
Gozaré de tu consolación.
Si el afán y la aflicción me llegan,
Estará tu mano junto a mí.
Y después, en la postrera siega,
Moraré ya junto a ti.

2. Ev'ry day the Lord Himself is near me
With a special mercy for each hour;
All my cares He fain would bear, and cheer me,
He whose name is Counselor and Pow'r.
The protection of His child and treasure
Is a charge that on Himself He laid;
"As thy days, thy strength shall be in measure,"
This the pledge to me He made.

3. Help me then in ev'ry tribulation
So to trust Thy promises, O Lord,
That I lose not faith's sweet consolation
Offered me within Thy holy Word.
Help me, Lord, when toil and trouble meeting,
E'er to take, as from a father's hand,
One by one, the days, the moments fleeting,
Till I reach the promised land.

Enséñanos a contar nuestros días 33

Enséñanos a contar nuestros días, de tal manera que traigamos al corazón sabiduría. Por la mañana sácianos de tu misericordia, y cantaremos y nos alegraremos todos nuestros días.

Salmo 90:12, 14 RVA

Teach Us to Number Our Days 33

Teach us to number our days aright, that we may gain a heart of wisdom. Satisfy us in the morning with your unfailing love, that we may sing for joy and be glad all our days.

Psalm 90:12, 14 NIV

34 En momentos así
In Moments Like These

B3

A ti, oh Jehovah, levantaré mi alma — Salmo 25:1 RVA *To you, O Lord, I lift up my soul — Psalm 25:1 NIV*

C:1
Re Sim7 Mim7 La(sus) La7
Unísono / *Unison*
En mo - men - tos a - sí le - van - to mi voz, le -
In mo - ments like these, I sing out a song, I
Mim7 La7 Mim7 La7 Re La(sus) La7 Re Sim7
van - to mi can - to a Cris - to. En mo - men - tos a - sí le -
sing out a love song to Je - sus. In mo - ments like these, I
Mim7 La(sus) La7 Mim7 La7 Mim7 La7 Re
van - to mi ser, le - van - to mi al - ma a él. Cuán - to
lift up my hands, I lift up my hands to the Lord. Sing - ing
Sol La7 Re Sol La7 Re
te a - mo, Dios, cuán - to te a - mo, Dios; Cuán - to
I love You, Lord; Sing - ing I love You, Lord; Sing - ing
Sol La7 Sim Sol Re La(sus) La7 Re
te a - mo, Dios, te a - mo.
I love You, Lord, I love You.

LETRA / WORDS: David Graham, 1948; es traducción.
MÚSICA / MUSIC: David Graham, 1948

IN MOMENTS LIKE THESE
Irregular

Yo celebraré — I Will Celebrate

B4

A ti cantaré un cántico nuevo — Salmo 144:9 RVA
I will sing a new song to you — Psalm 144:9 NIV

LETRA / WORDS: Linda Duvall, 1941-; es traducción.
MÚSICA / MUSIC: Linda Duvall, 1941-; arr., Felipe Blycker J.

I WILL CELEBRATE
Irregular

36 Eres mi protector
You Are My Hiding Place

B5

Tú eres mi refugio; me guardarás de la angustia — Salmo 32:7 RVA
You are my hiding place; you will protect me from trouble — Psalm 32:7 NIV

Lam
Rem7
Sol
Unísono / Unison
E - res mi pro - tec - tor. Lle - nas mi
You are my hid - ing place, You al - ways
Do
Lam
Rem
co - ra - zón con cán - ti - cos de li - be - ra - ción. De an -
fill my heart with songs of de - liv - er - ance. When -
Mi(sus)
Mi
Lam
Fine
gus - tia me guar - da - rás. Con - fia - ré en ti.
ev - er I am a - fraid, I will trust in You.
Rem
Sol
Do
Con - fia - ré en ti; Dé - bil soy, mas
I will trust in You. Let the weak say,
Fa
Rem
Mi(sus)
Mi
D. C. al Fine
fuer - te se - ré con po - der del Se - ñor.
"I am strong in the strength of my Lord."

LETRA / WORDS: Michael Ledner, 1952-; es traducción.
MÚSICA / MUSIC: Michael Ledner, 1952-

HIDING PLACE
Irregular

Yo te exalto — I Exalt Thee

¡Seas exaltado sobre los cielos, oh Dios; y sobre toda la tierra, tu gloria! — Salmo 108:5 RVA
Be exalted, O God, above the heavens, and let your glory be over all the earth — Psalm 108:5 NIV

LETRA / WORDS: Pete Sánchez, Jr., 1948-; es traducción.
MÚSICA / MUSIC: Pete Sánchez, Jr., 1948-; arr., Felipe Blycker

I EXALT YOU
Irregular

38 Señor, tú me llamas

O Lord, You Have Called Me

B7

Lo llamó desde en medio de la zarza — Exodo 3:4 RVA — God called to him from within the bush — Exodus 3:4 NIV

Unísono / Unison
Re
Fa♯
1. Se - ñor, tú me lla - mas por mi nom - bre Des - de
O Lord, You have called me by my name, From a
(2. Se -) ñor, tú me lla - mas por mi nom - bre Des - de
(O) Lord, You have called me by my name, From a
Sol
La7
ReM7
le - jos; Por mi nom - bre Ca - da dí - a tú me lla -
dis - tance; By Your Spir - it You still call me each new day.
le - jos, Por mi nom - bre Ca - da dí - a tú me lla -
dis - tance; By Your Spir - it You still call me each new day.
Mim7
La7
Re
Fa♯
mas. Se - ñor, tú me o - fre - ces u - na vi - da San - ta y
O Lord, You have of - fered me a new life, Pure and
mas. Se - ñor, yo a - cu - do a tu lla - ma - do a Ca - da ins -
O Lord, draw me near to You each mo - ment, Ev' - ry
Sol
La7
lim - pia; U - na vi - da Sin pe - ca - do, sin mal - dad.
ho - ly; Pure and ho - ly, Free of sin and free of shame.
tan - te, Pues mi go - zo Es ser - vir - te más y más.
hour; For my joy comes Just from serv - ing You each day.
Re
Sol
La7
Fa♯m
Se - ñor, na - da ten - go pa - ra dar - te; So - la -
O Lord, I have no - thing more to of - fer Than to

LETRA: Rubén Giménez, 1953-; tr., Jonathan Aragón
MÚSICA: Rubén Giménez, 1953-

PUEYRREDON
10.8.8.D. con Coro / with Refrain

Sim7 Mim La7 Re7 Lam7
men - te te o - frez - co mi vi - da pa - ra que la u - ses
of - fer You my whole heart; My life I give to be used by
Re7 Sol La7 Fa♯m
tú. Se - ñor, haz - me hoy un sier - vo ú - til Que a -
You. O Lord, take my life and let me serve You 'Til the
Si7 Mim Mi Mim7 La7
1
nun - cie el men - sa - je, El men - sa - je de la cruz. Se -
whole world knows the glo - ry, And the sto - ry of the cross. O
Mim7 La7 Re Fa♯
2
cruz. Se - ñor, tú me lla - mas por mi nom - bre Des - de
cross. O Lord, You have called me by my name, From a
Sol La7 Re
le - jos; Por mi nom - bre Ca - da dí - a tú me lla - mas.
dis-tance; By Your Spir - it You still call me each new day.

39 Te alabaré, Señor

O Lord, I Give You Praise

B8

Te alabaré, oh Jehovah, con todo mi corazón — Salmo 9:1 RVA
I will praise you, O Lord, with all my heart — Psalm 9:1 NIV

Rem Do Fa Do

Unísono / *Unison*

1. Te a - la - ba - ré, Se - ñor, con to - do mi co - ra - zón, Con to - do mi co - ra-
O Lord, I give You praise, with all of my heart I sing, With all of my heart I
2. Me a - le - gra - ré en ti, y me re - go - ci - ja - ré, Y me re - go - ci - ja-
In You will I find joy; in You will I re-joice, In You will I re-

Fa La7 Rem Do

zón; te a - la - ba - ré, Se - ñor. Con - ta - ré to-das tus ma - ra-
sing; I praise Your name, O Lord. I will pro-claim all of Your might-y
ré; te a - la - ba - ré, Se - ñor. Can-ta-ré a tu nom-bre, Oh, Al - tí - si-
joice; I praise Your name, O Lord. Sing to Your name, O might-y

Fa Do Fa La7 Rem

vi - llas, To-das tus ma - ra - vi - llas; te a - la - ba - ré, Se - ñor.
works, All of Your might - y works; I praise Your name, O Lord.
mo; Oh, Al - tí - si - mo, te a - la - ba - ré, Se - ñor.
God, O might - y God; I praise Your name, O Lord.

La7 Rem La7 Rem La7 Rem

Última vez / *Last time*

Te a - la - ba - ré, Se - ñor; te a - la - ba - ré, Se - ñor.
I praise Your name, O Lord; I praise Your name, O Lord.

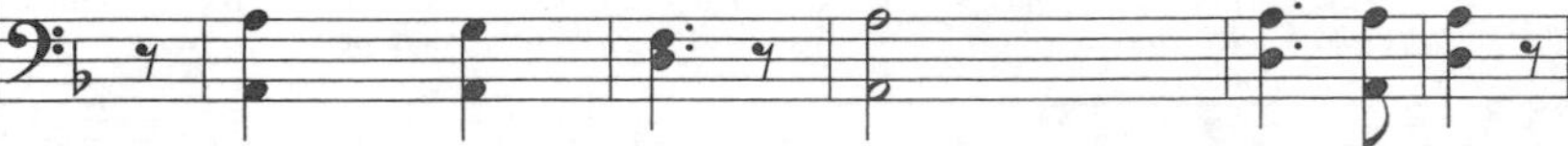

LETRA / WORDS: Anónimo / Anonymous; tr., Jonathan Aragón
MÚSICA / MUSIC: Anónimo / Anonymous

ECUADOR
Irregular

B9

Dios está aquí — God Himself Is Here 40

¿Acaso no lleno yo el cielo y la tierra? — Jeremías 23:24 RVA
Do not I fill heaven and earth? — Jeremiah 23:24 NIV

C:1
Re La7 Sim Re7 Sol
Unísono / Unison
Dios es - tá a - quí, tan cier - to co - mo el
God Him - self is here, when two or three are
La7 Re Re7 Sol
ai - re que res - pi - ro, Tan cier - to co - mo en
ga - thered here to wor - ship, His Spir - it is a -
La7 Re Fa♯7 Sim
la ma - ña - na se le - van - ta el sol, Tan
live and pre - sent seek - ing wor - ship - ers. Now
Mim La7 Re
cier - to co - mo que le can - to y me pue - de o - ír.
let us wor - ship God with songs and with prais - es to Him!

LETRA / WORDS: Nestor Raúl Galeano, 1955-; tr., Russell Herrington
MÚSICA / MUSIC: Nestor Raúl Galeano, 1955-; arr., Felipe Blycker J.

DIOS ESTA AQUI
Irregular

41 Señor y mi Dios, glorioso es tu nombre

How Majestic Is Your Name

B10

Oh Jehovah... ¡cuán grande es tu nombre en toda la tierra! — Salmo 8:1 RVA
O Lord ... how majestic is your name is all the earth — Psalm 8:1 NIV

Do Fa Rem7 Sol Do
Se - ñor y mi Dios, glo - ri - o - so es tu nom-bre en to - da la
O Lord, our Lord, how ma - jes - tic is Your name in all the
Sol Do Sol Do Fa Rem7 Sol Sol7 Do
1 2
tie-rra. Se _ tie-rra. Se - ñor, te a - la - ba - ré. Se -
earth. O earth. O Lord, we praise Your name. O
Fa Rem7 Sol Lam7 Sol7 Do Si7 Mim Re7
ñor, te glo - ri - fi - ca - ré, Tú e - res Prín - ci - pe de
Lord, we mag - ni - fy Your name: Prince of Peace, might - y
Sol Sol7 Do Fa Lam Sol Do Do
(Sol sus) (Sol)
1 D.S. 2
Paz. Se - ñor, Om - ni - po - ten - te. Se - te.
God; O Lord God Al - might - y. O y.

LETRA / WORDS: Michael W. Smith, 1957-; tr., Russell Herrington
MÚSICA / MUSIC: Michael W. Smith, 1957-

HOW MAJESTIC
Irregular

En mi vida gloria te doy
Lord, Be Glorified

Para que en todas las cosas Dios sea glorificado por medio de Jesucristo — 1 Pedro 4:11 RVA
So that in all things God may be praised through Jesus Christ — 1 Peter 4:11 NIV

2. En mi canto gloria te doy,
gloria te doy.
En mi canto gloria te doy, Señor.

3. En tu iglesia gloria te doy,
gloria te doy.
En tu iglesia gloria te doy, Señor.

2. In my song, Lord, be glorified,
be glorified.
In my song, Lord, be glorified today.

3. In Your Church, Lord, be glorified,
be glorified.
In Your Church, Lord, be glorified today.

LETRA / WORDS: Bob Kilpatrick, 1952-; es traducción.
MÚSICA / MUSIC: Bob Kilpatrick, 1952-

BE GLORIFIED
Irregular

43
Quiero alabarte
B12
¡Dad gracias a Jehovah! ¡Invocad su nombre! — 1 Crónicas 16:8 RVA
C:1
Mi
(2., 3.) Las a - ves del cie - lo can-tan pa - ra ti; Las
1. Quie - ro a - la - bar - te más y más a - ún; quie - ro a - la -
2. Quie - ro a - mar - te...
3. Quie - ro ser - vir - te...
Do♯m7
La
bes - tias del cam - po re - fle - jan tu po - der; Quie - ro can - tar,
bar - te, más y más a - ún; Bus - car tu vo - lun - tad,
Fa♯m7
(Fa♯m7)
LaM7
Quie - ro le - van - tar a ti mi can -
tu gra - cia co - no - cer, quie - ro a - la - bar -
Fa♯m7
Si7
Fa♯m7
Si7
Mi
1, 2
3
to. to.
te. te. Quie - ro a - la - bar - te.

LETRA: Sam O. Scott, 1954-, y Randy Thomas, 1954-; es traducción.
MÚSICA: Sam O. Scott, 1954-, y Randy Thomas, 1954-

I WANT TO PRAISE YOU
Irregular

B12

I Want to Praise You, Lord

Give thanks to the Lord, call on his name — 1 Chronicles 16:8 NIV

WORDS: Sam O. Scott, 1954-, and Randy Thomas, 1954-
MUSIC: Sam O. Scott, 1954-, and Randy Thomas, 1954-

I WANT TO PRAISE YOU
Irregular

44 El gozo del Señor

B13

No os entristezcáis, porque el gozo de Jehovah es vuestra fortaleza — Nehemías 8:10 RVA

LETRA: Alliene G. Vale, 1918-; es traducción.
MÚSICA: Alliene G. Vale, 1918-

THE JOY OF THE LORD
Irregular

B13

The Joy of the Lord Is My Strength

44

Do not grieve, for the joy of the Lord is your strength — Nehemiah 8:10 NIV

WORDS: Alliene G. Vale, 1918-
MUSIC: Alliene G. Vale, 1918-

THE JOY OF THE LORD
Irregular

45 Majestad — Majesty

B14

Porque al recibir de parte de Dios Padre honra y gloria — 2 Pedro 1:17 RVA
He received honor and glory from God the Father — 2 Peter 1:17 NIV

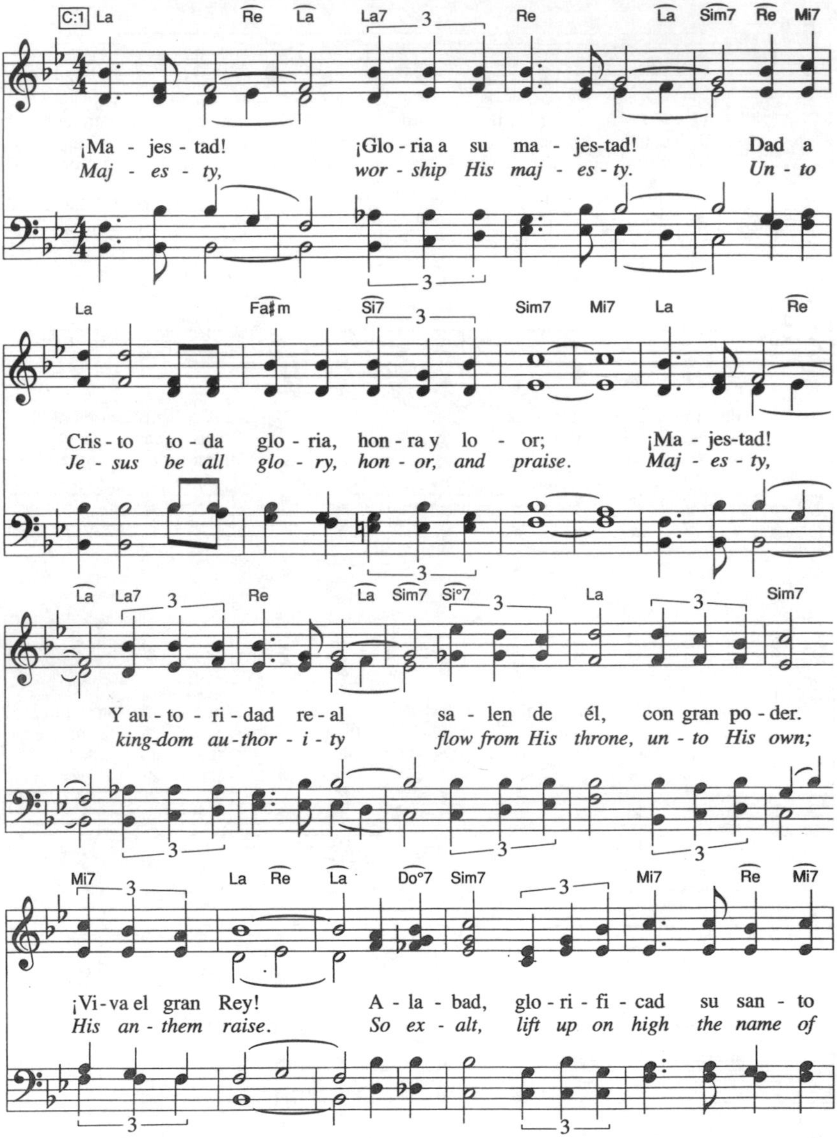

C:1
La Re La La7 Re La Sim7 Re Mi7
¡Ma - jes - tad! ¡Glo - ria a su ma - jes-tad! Dad a
Maj - es - ty, wor - ship His maj - es - ty. Un - to
La Fa♯m Si7 Sim7 Mi7 La Re
Cris - to to - da glo - ria, hon - ra y lo - or; ¡Ma - jes-tad!
Je - sus be all glo - ry, hon - or, and praise. Maj - es - ty,
La La7 Re La Sim7 Si°7 La Sim7
Y au - to - ri - dad re - al sa - len de él, con gran po - der.
king-dom au - thor - i - ty flow from His throne, un - to His own;
Mi7 La Re La Do°7 Sim7 Mi7 Re Mi7
¡Vi - va el gran Rey! A - la - bad, glo - ri - fi - cad su san - to
His an - them raise. So ex - alt, lift up on high the name of

LETRA / WORDS: Jack Hayford, 1934-; tr., Jorge A. Lockward
MÚSICA / MUSIC: Jack Hayford, 1934-

MAJESTY
Irregular

La Re La Do°7 Sim7 Mi7 Re Mi7 Do♯

nom - bre; Ex - al - tad, mag - ni - fi - cad a a - quél que es Se - ñor.

Je - sus. Mag - ni - fy, come glo - ri - fy Christ Je - sus, the King.

Sim7 Mi7 La Re La La7 Re La

¡Ma - jes-tad! ¡Glo-ria a su ma - jes-tad!

Maj - es - ty, wor - ship His maj - es - ty;

Sim7 Si°7 La Sim7 Mi7 La Re La

El que mu - rió, re - su - ci - tó; hoy es el Rey.

Je - sus, who died, now glo - ri - fied, King of all kings.

46 Padre Dios, te alabo y te bendigo

Father God

B15

Bueno es alabar a Jehovah, cantar salmos a tu nombre — Salmo 92:1 RVA
It is good to praise the Lord and make music to your name — Psalm 92:1 NIV

C:1
Unísono / Unison
Do♯m
Fa♯m7
Si7
Pa - dre Dios, te a - la - bo y te ben - di - go;
Fa - ther God, I give all thanks and praise to Thee;
Fa♯m7
Si7
Pa - dre Dios, mi co - ra - zón hu - mil - de
Fa - ther God, my heart I hum - bly
La
Mi
La
Si7
Mi
al - zo a ti; Por tu gran po - der,
raise to Thee. For Thy might - y
Mi7
La
Lam
y tu a - mor me a - som - bro, me a - som - bro. An - te
pow'r and love a - maze me, a - maze me; And I
Mi
Do♯m
Fa♯m
Mi
Si7
Mi
Mi7
Lam
Mi
ti es - toy, te a - la - bo, Pa - dre Dios.
stand in awe and wor - ship, Fa - ther God.

LETRA / WORDS: Jack Hayford, 1934-; es traducción.
MÚSICA / MUSIC: Jack Hayford, 1934-; arr., Raquel Mora Martínez

TE ALABO
Irregular

B16

La majestad y gloria del Señor 47
The Majesty and Glory of Your Name

Oh Jehovah, Señor nuestro, ¡cuán grande es tu nombre en toda la tierra! — Salmo 8:9 RVA
O Lord, our Lord, how majestic is your name in all the earth — Psalm 8:9 NIV

LETRA / WORDS: Linda Lee Johnson, 1947-; tr., Salomón R. Mussiett
MÚSICA / MUSIC: Tom Fettke, 1941-

SOLI DEO GLORIA
Irregular

48

Hay momentos
There Are Times

Pienso que no cabrían ni aun en el mundo los libros que se habrían de escribir — Juan 21:25 RVA
Even the whole world would not have room for the books that would have been written — John 21:25 NIV

Rem7 Sol7 Do Lam
Hay mo - men - tos que las pa - la - bras no al - can - zan Pa - ra de-
There are times, Lord, when words a - lone just seem to fail me, When all my
Rem 1 Sol7 Do
cir - te lo que sien - to, Ben - di - to Sal - va - dor.
heart wants is to wor - ship You, Oh bless - ed Lord and Sa -
Sol7 Rem7 Sol7 2 Sol7 Do DoM7 Fa
Hay mo- Ben - di - to Sal - va - dor. Yo te a - gra - dez - co
vior. There are Oh bless-ed Je - sus Christ. How I want to thank You,
Sol7 Do Lam Rem 1 Sol7
Por to - do lo que has he - cho, Por to - do lo que ha - ces, Por
For all that You have done, Lord, For all that You are do - ing, For
Do Do7 DoM7 2 Sol7 Do
to - do lo que ha - rás, Se - ñor. Yo te a - gra - Por to - do lo que ha - rás.
all that You will do, dear Lord. How I want to For all that You will do.

LETRA / WORDS: Anónimo / Anonymous, tr., Annette Herrington, Ed Steele
MÚSICA / MUSIC: Anónimo / Anonymous

HAY MOMENTOS
Irregular

49

Él es bello
He Is Lovely

Porque dulce es tu voz — Cantares 2:14 RVA
For your voice is sweet — Song of Songs 2:14 NIV

Re7 Sol Lam7

Él es be - llo; Él es san - to.
He is love - ly, He is ho - ly,

Re7 Sol

Dio su vi - da por mi sal - va - ción.
Gave su - preme - ly, that all men may see.

Lam7 Re7 Sol Lam7

Él es tier - no, com - pa - si - vo,
He is gen - tle, ten - der - heart - ed,

Re7 Sol

Vic - to - rio - so Sal - va - dor.
Ris - en Sav - ior; He is God.

LETRA / WORDS: Bob Fitts; tr., Salomón R. Mussiett
MÚSICA / MUSIC: Bob Fitts

HE IS LOVELY
Irregular

50 ¡Al mundo paz, nació Jesús!

¡Cantad alegres a Jehovah, toda la tierra! — Salmo 98:4 RVA

Re La7 Re Sol La Re

1. ¡Al mun - do paz, na - ció Je - sús! Na - ció ya nues - tro Rey;
2. ¡Al mun - do paz, el Sal - va - dor En tie - rra rei - na - rá!
3. ¡Por tan pre - cio - so don de Dios Te da - mos gra - cias hoy!
4. Al mun - do él go - ber - na - rá Con gra - cia y con po - der;

Re

El co - ra - zón ya tie - ne luz,
Ya es fe - liz el pe - ca - dor,
Pues Dios nos da con gran a - mor:
A las na - cio - nes mos - tra - rá

La

Y paz su san - ta grey, Y paz su san - ta
Je - sús per - dón le da, Je - sús per - dón le
El don de nues - tro Dios, El don de nues - tro
Su a - mor y su po - der, Su a - mor y su po -

1. Y paz su san - ta grey,

1. Y paz su san - ta grey, Y

La7 Re La7 Re

grey, Y paz, y paz su san - ta grey.
da, Je - sús, Je - sús per - dón le da.
Dios, El don, el don de nues - tro Dios.
der, Su a - mor, su a - mor y su po - der.

paz su san - ta grey,

LETRA: Isaac Watts, 1674-1748; es traducción y adaptación.
MÚSICA: George Frederick Handel, 1685-1759; arr., Lowell Mason, 1792-1872

ANTIOCH
Irregular

Joy to the World! The Lord Is Come

Shout for joy to the Lord, all the earth — Psalm 98:4 NIV

D A7 D G A D D A A7 D A7 D

1. Joy to the world! the Lord is come; Let earth re - ceive her King; Let ev - 'ry heart pre - pare Him room, And heav'n and na - ture sing, And heav'n and na - ture sing, And heav'n, and heav'n and na - ture sing.
2. Joy to the earth! the Sav - ior reigns; Let men their songs em - ploy; While fields and floods, rocks, hills, and plains Re - peat the sound - ing joy, Re - peat the sound - ing joy, Re - peat, re - peat the sound - ing joy.
3. No more let sins and sor - rows grow, Nor thorns in - fest the ground; He comes to make His bless - ings flow Far as the curse is found, Far as the curse is found, Far as, far as the curse is found.
4. He rules the world with truth and grace, And makes the na - tions prove The glo - ries of His righ - teous - ness, And won - ders of His love, And won - ders of His love, And won - ders, won - ders of His love.

1. And heav'n and na - ture sing,

1. And heav'n and na - ture sing, And heav'n and na - ture sing,

WORDS: Isaac Watts, 1674-1748
MUSIC: George Frederick Handel, 1685-1759; arr., Lowell Mason, 1792-1872

ANTIOCH
Irregular

51 Venid, fieles todos

B20

Cantad a Jehovah, vosotros sus fieles — Salmo 30:4 RVA

Sol Re Sol Re Sol Do Sol Re Em Re La

1. Ve - nid, fie - les to - dos, a Be - lén mar - che - mos: De go - zo triun-
2. El que es hi - jo e - ter - no del e - ter - no Pa - dre, Y Dios ver - da-
3. En po - bre pe - se - bre ya - ce re - cli - na - do. Al hom - bre o-
4. Can - tad ju - bi - lo - sas, cé - li - cas cria - tu - ras: Re - sue - ne el

Re Sol Re Em Re La7 Re Sol Lam Sol Lam Sol Re Sol Em Lam

fan - tes, hen - chi - dos de a - mor. Y al Rey de los cie - los con - tem - plar po-
de - ro que el mun - do cre - ó, Al se - no hu - mil - de vi - no de u - na
fre - ce e - ter - nal sal - va - ción, El san - to Me - sí - as, Ver - bo hu - ma-
cie - lo con vues - tra can - ción: Al Dios bon - da - do - so ¡glo - ria en las al-

Re Sol Re Sol Re7 Sol Re Sol Re7 Sol Re

dre - mos:
ma - dre: Ve - nid, a - do - re - mos, Ve - nid, a - do - re - mos,
na - do:
tu - ras!

Sol Lam Sol Re La7 Re Sol Do Sol Re7 Sol

Ve - nid, a - do - re - mos a Cris - to el Se - ñor.

LETRA: Himno latino; atribuido a John Francis Wade, *c.* 1711-1786; tr., J. B. Cabrera
MÚSICA: John Francis Wade, *c.* 1711-1786

ADESTE FIDELES
Irregular

B20

O Come, All Ye Faithful

Sing unto the Lord ... give thanks — Psalm 30:4 KJV

G D G D G C G D Em D A
1. O come, all ye faith - ful, joy - ful and tri - um - phant, O come ye, O
2. Child, for us sin - ners, Poor and in the man - ger, Fain we em-
3. Sing, choirs of an - gels, sing in ex - ul - ta - tion, O sing, all ye
4. Yea, Lord, we greet Thee, born this hap - py morn - ing, Je - sus, to
D G D Em D A7 D G Am G Am G D G Em Am
come ye to Beth - le - hem! Come and be - hold Him, born the King of
brace thee with love and awe. Who would not love thee, Lo - ving us so
bright hosts of heav'n a - bove! Glo - ry to God, all glo - ry in the
Thee be all glo - ry giv'n; Word of the Fa - ther, now in flesh ap-
D G D G D7 G D G D7 G D
an - gels!
dear - ly? O come, let us a - dore Him, O come, let us a - dore Him,
high - est!
pear - ing!
G Am G D A7 D G C G D7 G
O come, let us a - dore Him, Christ the Lord!

WORDS: Latin hymn; ascribed to John Francis Wade, *c.* 1711-1786;
tr., Frederick Oakeley, 1802-1880 and others
MUSIC: John Francis Wade, *c.* 1711-1786

ADESTE FIDELES
Irregular

52 Noche de paz

B21

Y dio a luz a su hijo primogénito — Lucas 2:7 RVA

C:1 La
Mi7
1. ¡No - che de paz, no - che de a - mor! To - do duer - me en-
2. ¡No - che de paz, no - che de a - mor! O - ye hu - mil - de el
3. ¡No - che de paz, no - che de a - mor! Ved qué be - llo
4. ¡No - che de paz, no - che de a - mor! En la faz
La
Re
La
de - rre - dor, En - tre los as - tros que es - par - cen su
fiel pas - tor, Co - ros ce - les - tes que a - nun - cian sa -
res - plan - dor Lu - ce en el ros - tro del ni - ño Je -
del Se - ñor Bri - lla un lím - pi - do ra - yo de
Re
La
luz, Be - lla, a - nun - cian - do al ni - ñi - to Je - sús,
lud, Gra - cias y glo - rias en gran ple - ni - tud,
sús, En el pe - se - bre, del mun - do la luz,
luz. Co - mo bro - ta des - pués de su cruz.
Mi7
La
Mi7
La
Bri - lla la es - tre - lla de paz, Bri - lla la es - tre - lla de paz.
Por nues - tro buen Re - den - tor, Por nues - tro buen Re - den - tor.
As - tro de e - ter - no ful - gor, As - tro de e - ter - no ful - gor.
¡Na - ce el Re - den - tor! ¡Na - ce el Re - den - tor!

LETRA: Joseph Mohr, 1792-1848; tr. estrofas 1-3, anónimo; estrofa 4, Federico J. Pagura
MÚSICA: Franz Gruber, 1787-1863

STILLE NACHT
Irregular

B21

Silent Night, Holy Night

52

She gave birth to ... a son — Luke 2:7 NIV

WORDS: Joseph Mohr, 1792-1848; tr. stanzas 1, 3, John Freeman Young, 1820 1885; stanzas 2, 4, anonymous
MUSIC: Franz Gruber, 1787-1863

STILLE NACHT
Irregular

53 Se oye un son en alta esfera

El ángel les dijo:... Os ha nacido un Salvador — Lucas 2:10, 11 RVA

B22

C:3
Re La Re La Re Fa♯m Sol Re La Re
1. Se o-ye un son en al-ta es-fe-ra: "¡En los cie-los glo-ria a Dios!
2. El Se-ñor de los se-ño-res, El Un-gi-do ce-les-tial,
3. Prín-ci-pe de paz e-ter-na, Glo-ria a ti, Se-ñor Je-sús;
La Sim Re Mi7 Fa♯m Mi La Mi7 La
¡Al mor-tal paz en la tie-rra!" Can-ta la ce-les-te voz.
A sal-var los pe-ca-do-res Vi-no al mun-do te-rre-nal.
En-tre-gan-do el al-ma tier-na, Tú nos tra-es vi-da y luz.
Re La7 Re La Re La7 Re La
Con los cie-los a-la-be-mos, Al e-ter-no Rey can-te-mos,
Glo-ria al Ver-bo en-car-na-do, En hu-ma-ni-dad ve-la-do;
Has tu ma-jes-tad de-ja-do, Y bus-car-nos te has dig-na-do;
Sol Mim Si7 Mim La7 Re La7 Re
A Je-sús, que es nues-tro bien, Con el co-ro de Be-lén;
Glo-ria al San-to de Is-ra-el, Cu-yo nom-bre es E-ma-nuel;
Pa-ra dar-nos el vi-vir, A la muer-te quie-res ir.
Sol Re Mim Si7 Mim La7 Re La7 Re
Can-ta la ce-les-te voz: "¡En los cie-los glo-ria a Dios!"

LETRA: Charles Wesley, 1707-1788, tr., Federico Fliedner
MÚSICA: Felix Mendelssohn, 1809-1847; arr., William H. Cummings

MENDELSSOHN
7.7.7.7.D. con Coro

Hark! The Herald Angels Sing

The angel said to them, ... a Savior has been born to you — Luke 2:10, 11 NIV

C:3
1.Hark! the her - ald an - gels sing, "Glo - ry to the new-born King;
2.Christ, by high - est heav'n a - dored, Christ, the ev - er - last - ing Lord:
3.Hail the heav'n - born Prince of Peace! Hail the Sun of righ - teous - ness!
Peace on earth, and mer - cy mild; God and sin - ners rec - on - ciled."
Late in time, be - hold Him come, Off - spring of a vir - gin's womb.
Light and life to all He brings, Ris'n with heal - ing in His wings.
Joy - ful, all ye na - tions, rise, Join the tri - umph of the skies;
Veiled in flesh the God - head see, Hail th'in - car - nate De - i - ty!
Mild He lays His glo - ry by, Born that man no more may die,
With an - gel - ic hosts pro - claim, "Christ is born in Beth - le - hem!"
Pleased as man with men to dwell, Je - sus our Im - man - u - el.
Born to raise the sons of earth, Born to give them sec - ond birth.
Hark! the her - ald an - gels sing, "Glo - ry to the new - born King."

WORDS: Charles Wesley, 1707-1788, alt., George Whitefield
MUSIC: Felix Mendelssohn, 1809-1847; arr., William H. Cummings

MENDELSSOHN
7.7.7.7.D. with Refrain

54 Ángeles cantando están

Apareció con el ángel una multitud... y decían: "Gloria a Dios" — Lucas 2:13, 14 RVA

C:3 Re La Re La Re

1. Án - ge - les can - tan - do es - tán Tan dul - cí - si - ma can - ción;
2. Los pas - to - res sin ce - sar Sus lo - o - res dan a Dios;
3. Hoy a - nun - cian con fer - vor Que ha na - ci - do el Sal - va - dor;
4. ¡Oh! ve - nid pron - to a Be - lén Pa - ra con - tem - plar con fe

La Re La Re

Las mon - ta - ñas su e - co dan Co - mo fiel con - tes - ta - ción.
Cuán glo - rio - so es el can - tar De su me - lo - dio - sa voz.
Los mor - ta - les go - za - rán Paz y bue - na vo - lun - tad.
A Je - sús, au - tor del bien, Al re - cién na - ci - do Rey.

Si Mim La Re Sol La Sim La Re Sol Re La

Glo - - - ri - a Dios en lo al - to.

Re Si Mim La Re Sol La Sim La Re Mim Re La7 Re

Glo - - ri - a a Dios en lo al - to.

LETRA: Villancico francés, tr., George P. Simmonds
MÚSICA: Villancico francés, arr., Warren M. Angell

GLORIA
7.7.7.7. con Coro

Angels We Have Heard on High

A great company ... appeared with the angel ... saying, "Glory to God" — Luke 2:13, 14 NIV

C:3

1. An - gels we have heard on high, Sweet - ly sing - ing o'er the plains: And the moun - tains in re - ply, Ech - o - ing their joy - ous strains.
2. Shep - herds, why this ju - bi - lee? Why your joy - ous strains pro - long? What the glad - some tid - ings be Which in - spire your heav'n - ly song?
3. Come to Beth - le - hem, and see Him whose birth the an - gels sing; Come, a - dore on bend - ed knee Christ the Lord, the new - born King.
4. See Him in a man - ger laid, Whom the choirs of an - gels praise; Ma - ry, Jo - seph, lend your aid, While our hearts in love we raise.

Glo - - - ri - a in ex - cel - sis De - o!
Glo - - - ri - a in ex - cel - sis De - o!

WORDS: Traditional French Carol; tr., Anonymous
MUSIC: Traditional French Carol, arr., Warren M. Angell

GLORIA
7.7.7.7. with Refrain

55 Allá en el pesebre

Y dio a luz a su hijo primogénito... y le acostó en un pesebre — Lucas 2:7 RVA

C:1 Mi La Mi Si7

1. A - llá en el pe - se - bre, do na - ce Je - sús, La cu - na de
2. Pas - to - res del cam - po, te - nien - do te - mor, Cer - ca - dos de
3. Ex - tra - ño bu - lli - cio des - pier - ta al Se - ñor, Mas no llo - ra el

La Mi

pa - ja nos vier - te gran luz; Es - tre - llas le - ja - nas del
luz y de gran res - plan - dor, A - cu - den a - pri - sa bus -
Ni - ño, pues es pu - ro a - mor; ¡Oh vé - la - nos, Cris - to Je -

La Mi Si7 Mi La Fa♯m Si7 Mi

cie - lo al mi - rar Se in - cli - nan go - zo - sas su lum - bre a pres - tar.
can - do a Je - sús, Na - ci - do en pe - se - bre, del mun - do la luz.
sús, sin ce - sar! Y a - sí bien fe - li - ces siem - pre he - mos de es - tar.

LETRA: Anónimo; tr., George P. Simmonds
MÚSICA: James R. Murray, 1841-1905

MUELLER
11.11.11.11.

56 El anuncio del ángel

El ángel les dijo:

—No temáis, porque he aquí os doy buenas nuevas de gran gozo, que será para todo el pueblo: que hoy, en la ciudad de David, os ha nacido un Salvador, que es Cristo el Señor. Y esto os servirá de señal: Hallaréis al niño envuelto en pañales y acostado en un pesebre.

Lucas 2:10-12 RVA

Away in a Manger 55

B24

And she brought forth her firstborn son ... and laid him in a manger — Luke 2:7 KJV

C:1 E A E B7
1. A - way in a man - ger, no crib for a bed, The lit - tle Lord
2. The cat - tle are low - ing, the Ba - by a - wakes, But lit - tle Lord
3. Be near me, Lord Je - sus, I ask Thee to stay Close by me for -
A E
Je - sus laid down His sweet head; The stars in the sky looked
Je - sus, no cry - ing He makes; I love Thee, Lord Je - sus! look
ev - er, and love me, I pray; Bless all the dear chil - dren in
A E B7 E A F♯m B7 E
down where He lay, The lit - tle Lord Je - sus, a - sleep on the hay.
down from the sky, And stay by my cra - dle till morn - ing is nigh.
Thy ten - der care, And fit us for heav - en to live with Thee there.

WORDS: Stanzas 1, 2, anonymous, 1885; stanza 3, John Thomas McFarland, 1851-1913
MUSIC: James R. Murray, 1841-1905

MUELLER
11.11.11.11.

The Angel's Message 56

The angel said to them, "Do not be afraid. I bring you good news of great joy that will be for all people. Today in the town of David a Savior has been born to you; he is Christ the Lord. This will be a sign to you: You will find a baby wrapped in cloths and lying in a manger."

Luke 2:10-12 NIV

57 Niño celestial

B25

Los cielos cuentan la gloria de Dios — Salmo 19:1 RVA

Re La Sim Re Fa♯m Mim7
1. Ni - ño ce-les-tial, Me - dia - dor de Dios, A - mor,
2. Ni - ños va - gan, No hay don-de lle - gar. Do - lor
3. Ni - ño gran - de Con me - mo - rias mil, Tris - te,
4. Ni - ño po - bre, Siem - pre quie - re más. Sa - bio,
5. Ni - ño de paz, De Dios gran se - ñal La es-tre -
Re Sol Mim Sim La Re La Sim La7
Cris - to A to - dos mos - tró.
sien - ten, Re - cha - za - dos son.
so - lo, Lá - gri - mas sin fin. Ven - ga, ven - ga A la hu - ma - ni -
fiel es, Go - zo en su faz.
lla que Bri - lla del um - bral.
Re Sol La7 Sim Re Sol La7 Re
dad El go - zo que in - fun - de a-mor; Ven - ga Na - vi - dad.

LETRA: Shirley Erena Murray; tr., Regino Ramos, Jr.
MÚSICA: Carlton R. Young, 1926-

STAR-CHILD
4.5.4.5. con Coro

B25

Star-Child 57

The heavens declare the glory of God — Psalm 19:1 NIV

D A Bm D F♯m Em7
1. Star - Child, earth-Child, go - be - tween of God, Love Child,
2. Street child, beat child, no place left to go, Hurt child,
3. Grown child, old child, mem-'ry full of years, Sad child,
4. Spared child, spoiled child, hav - ing, want - ing more, Wise child,
5. Hope - for - peace Child, God's stu - pen - dous sign, Down - to -
D G Em Bm A D A Bm A7
Christ Child, heav - en's light - ning rod:
used child no one wants to know:
lost child, sto - ry told in tears: This year, this year let the day ar -
faith child know - ing joy in store:
earth Child, Star of stars that shine:
D G A7 Bm D G A7 D
rive when Christ - mas comes for ev - ery - one, ev - ery - one a - live.

WORDS: Shirley Erena Murray,
MUSIC: Carlton R. Young, 1926-

STAR-CHILD
4.5.4.5. with Refrain

58 Dime la historia de Cristo

Para que conozcas bien la verdad de las cosas en las cuales has sido instruido — Lucas 1:4 RVA

C:1 Re La La7 Re

1. Di - me la his - to - ria de Cris - to, Grá - ba-la en mi co - ra - zón;
2. Di - me del tiem-po en que a so - las En el de - sier - to se ha - lló;
3. Di cuan - do cru - ci - fi - ca - do, Él por no - so - tros mu - rió;

Di - me la his - to - ria de Cris - to, Grá - ba - la en mi co - ra - zón;

Re7 Sol Re La La7 Re *Fine*

Di - me la his - to - ria pre - cio - sa; ¡Cuán me - lo - dio - so es su son!
De Sa - ta - nás fue ten - ta - do Mas con po - der lo ven - ció.
Di del se - pul - cro se - lla - do, Di co - mo re - su - ci - tó.

Di - me la his - to - ria pre - cio - sa; ¡Cuán me - lo - dio - so es su son!

Sol Re La La7 Re

Di co - mo cuan - do na - cí - a An - ge - les con dul - ce voz
Di - me de to - das sus o - bras, De su tris - te - za y do - lor,
En e - sa his - to - ria tan tier - na Mi - ro las prue - bas de a - mor,

Sol Re La Mi7 La La7 *D.C. al Fine*

"Paz en la tie - rra," can - ta - ron, "Y en las al - tu-ras glo - ria a Dios."
Pues sin ho - gar, des - pre - cia - do, An - du - vo nues - tro Sal - va - dor.
Mi re - den - ción ha com - pra - do El bon - da - do - so Sal - va - dor.

LETRA: Fanny J. Crosby, 1820-1915; tr., George P. Simmonds
MÚSICA: John Sweney, 1837-1899

STORY OF JESUS
8.7.8.7.D. con Coro

B26

Tell Me the Story of Jesus

So that you may know the certainty of the things you have been taught — Luke 1:4 NIV

C:1
D A A7 D
1. Tell me the sto - ry of Je - sus, Write on my heart ev - 'ry word;
2. Fast - ing a - lone in the des - ert, Tell of the days that are past;
3. Tell of the cross where they nailed Him, Writh - ing in an - guish and pain;
Tell me the sto - ry of Je - sus, Write on my heart ev - 'ry word;
D7 G D A A7 D
Fine
Tell me the sto - ry most pre - cious, Sweet - est that ev - er was heard.
How for our sins He was tempt - ed, Yet was tri - um - phant at last.
Tell of the grave where they laid Him, Tell how He liv - eth a - gain.
Tell me the sto - ry most pre - cious, Sweet - est that ev - er was heard.
G D A A7 D
Tell how the an - gels, in cho - rus, Sang as they wel - comed His birth,
Tell of the years of His la - bor, Tell of the sor - row He bore;
Love in that sto - ry so ten - der, Clear - er than ev - er I see:
G D A E7 A A7
D.C. al Fine
"Glo - ry to God in the high - est! Peace and good tid - ings to earth."
He was de - spised and af - flict - ed, Home - less, re - ject - ed, and poor.
Stay, let me weep while you whis - per, Love paid the ran - som for me.

WORDS: Fanny J. Crosby, 1820-1915
MUSIC: John Sweney, 1837-1899

STORY OF JESUS
8.7.8.7.D. with Refrain

59 Emanuel
Emmanuel

B27

Y llamarán su nombre Emanuel... Dios con nosotros — Mateo 1:23 RVA

And they will call him Immanuel, which means, "God with us" — Matthew 1:23 NIV

Unísono / *Unison*
Do Fa Rem7 Sol7 Do Do7
Dios nos a - mó, a su Hi - jo dio,
Em - man - u - el, Em - man - u - el,
La7 Rem7 Sol7 Do
Y lo nom - bró nues - tro E - ma - nuel.
His name is called Em - man - u - el;
Do Fa Rem7 Sol7 Fa Do Do7
La pro - fe - cí - a fue en él cum - pli - da;
God with us, re - vealed in us;
La7 Rem7 Sol7 Do
Dios con no - so - tros, nues - tro E - ma - nuel.
His name is called Em - man - u - el.

LETRA / WORDS: Bob McGee 1944-; tr., Comité de Celebremos su Gloria
MÚSICA / MUSIC: Bob McGee 1944-

EMMANUEL
Irregular

B28

60

¡Oh, cuánto me ama!
O How He Loves You and Me!

Yo os he amado; permaneced en mi amor — Juan 15:9 RVA
I loved you. Now remain in my love — John 15:9 NIV

C:1 Sol Do Re Mim Sol7 Do Lam7 Re7
1. ¡Oh, cuán - to me a - ma a mí! ¡Oh, cuán - to te a - ma a
O how He loves you and me. O how He loves you and
2. Mu - rió en la cruz el Se - ñor; Su gran a - mor de - mos -
Je - sus to Cal - v'ry did go, His love for man - kind to

Sol DoM7 Sol Do Sol Sol7 Do Dom Sol
ti! Su vi - da dio por ti y por mí. Oh, cuán - to
me; He gave His life, what more could He give? O how He
tró, Nos li - ber - tó, es - pe - ran - za nos dio. Oh, cuán - to
show; What He did there brought hope from de - spair: O how He

Lam7 Sol Lam7 Sol Do Lam7 Re7 Sol
me a - ma, Oh, cuán - to te a - ma, ¡Cuán - to nos a - ma el Se - ñor!
loves you; O how He loves me; O how He loves you and me!
me a - ma, Oh, cuán - to te a - ma, ¡Cuán - to nos a - ma el Se - ñor!
loves you; O how He loves me; O how He loves you and me!

LETRA / WORDS: Kurt Kaiser, 1934-, tr., Salomón Mussiett y Ed Steele
MÚSICA / MUSIC: Kurt Kaiser, 1934-

PATRICIA
Irregular

61 Años mi alma en vanidad vivió

Cuando llegaron al lugar que se llama de la Calavera, le crucificaron — Lucas 23:33 RVA

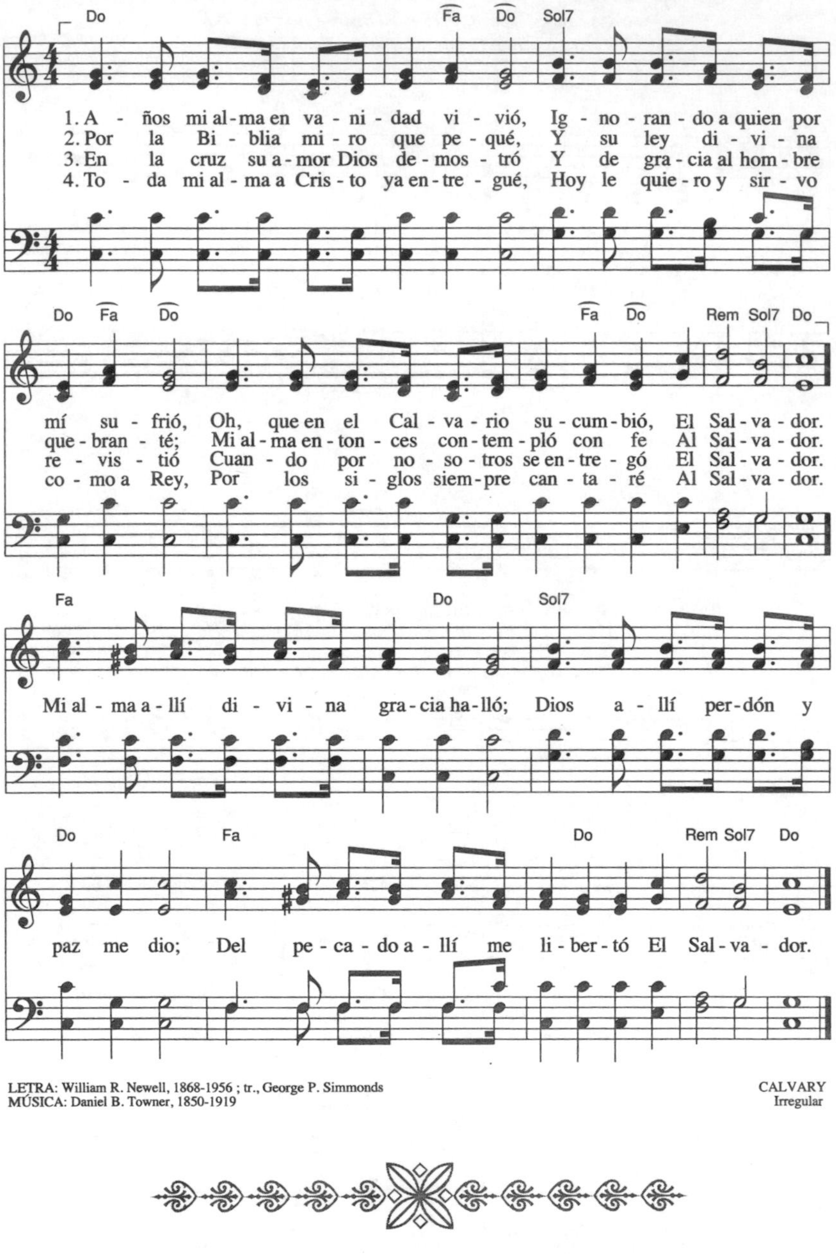

1. A - ños mi al - ma en va - ni - dad vi - vió, Ig - no - ran - do a quien por mí su - frió, Oh, que en el Cal - va - rio su - cum - bió, El Sal - va - dor.
2. Por la Bi - blia mi - ro que pe - qué, Y su ley di - vi - na que - bran - té; Mi al - ma en - ton - ces con - tem - pló con fe Al Sal - va - dor.
3. En la cruz su a - mor Dios de - mos - tró Y de gra - cia al hom - bre re - vis - tió Cuan - do por no - so - tros se en - tre - gó El Sal - va - dor.
4. To - da mi al - ma a Cris - to ya en - tre - gué, Hoy le quie - ro y sir - vo co - mo a Rey, Por los si - glos siem - pre can - ta - ré Al Sal - va - dor.

Mi al - ma a - llí di - vi - na gra - cia ha - lló; Dios a - llí per - dón y paz me dio; Del pe - ca - do a - llí me li - ber - tó El Sal - va - dor.

LETRA: William R. Newell, 1868-1956 ; tr., George P. Simmonds
MÚSICA: Daniel B. Towner, 1850-1919

CALVARY
Irregular

C1

At Calvary 61

They came to the place called the Skull ... they crucified him – Luke 23:33 NIV

C F C G7

1. Years I spent in van - i - ty and pride, Car - ing not my Lord was
2. By God's Word at last my sin I learned; Then I trem - bled at the
3. Now I've giv'n to Je - sus ev - 'ry - thing, Now I glad - ly own Him
4. Oh, the love that drew sal - va - tion's plan! Oh, the grace that bro't it

C F C F C Dm G7 C

cru - ci - fied, Know - ing not it was for me He died On Cal - va - ry.
law I'd spurned, Till my guilt - y soul im - plor - ing turned To Cal - va - ry.
as my King, Now my rap - tured soul can on - ly sing Of Cal - va - ry.
down to man! Oh, the might - y gulf that God did span At Cal - va - ry.

F C G7

Mer - cy there was great, and grace was free; Par - don there was mul - ti -

C F C Dm G7 C

plied to me; There my bur - dened soul found lib - er - ty At Cal - va - ry.

WORDS: William R. Newell, 1868-1956
MUSIC: Daniel B. Towner, 1850-1919

CALVARY
Irregular

62 En la cruz

Siendo aún pecadores, Cristo murió por nosotros — Romanos 5:8 RVA

1. Herido, triste, a Jesús, Mostréle mi dolor;
Perdido, errante, vi su luz, Bendíjome en su amor.

2. Sobre una cruz mi buen Jesús, Su sangre derramó
Por este pobre pecador, A quien así salvó.

3. Venció a la muerte con poder Y el Padre le exaltó;
Confiar en él es mi placer. Morir no temo yo.

4. Aunque él se fue, conmigo está El gran Consolador;
Por él entrada tengo ya Al reino del Señor.

5. Vivir en Cristo me da paz; Con él habitaré;
Ya suyo soy, y de hoy en más A nadie temeré.

En la cruz, en la cruz, do primero vi la luz, Y las manchas de mi alma yo lavé; yo lavé,
Fue allí por fe do vi a Jesús, Y siempre feliz con él seré.

LETRA: Isaac Watts, 1674-1748; coro, Ralph E. Hudson, 1843-1901; tr., Pedro Grado
MÚSICA: Ralph E. Hudson, 1843-1901

HUDSON
8.6.8.6.(M.C.) con Coro

C2

At the Cross

While we were still sinners, Christ died for us — Romans 5:8 NIV

C:1
D G D A7 D A
1. A - las, and did my Sav - ior bleed, And did my Sov-'reign die?
2. Was it for crimes that I had done He groaned up - on the tree?
3. Well might the sun in dark - ness hide, And shut his glo - ries in,
4. Thus might I hide my blush - ing face While Cal - v'ry's cross ap - pears,
5. But drops of grief can ne'er re - pay The debt of love I owe;
D Em D A7 D
Would He de - vote that sa - cred head For sin - ners such as I?
A - maz - ing pit - y, grace un - known, And love be - yond de - gree!
When Christ the might - y Mak - er died For man, the crea - ture's sin.
Dis - solve my heart in thank - ful - ness, And melt mine eyes to tears.
Here, Lord, I give my - self a - way, 'Tis all that I can do.
D A
At the cross, at the cross where I first saw the light, And the
A7 D G
bur - den of my heart rolled a - way, It was there by faith
rolled a - way,
D Em A7 D
I re - ceived my sight, And now I am hap - py all the day!

WORDS: Isaac Watts, 1674-1748; refrain, Ralph E. Hudson, 1843-1901
MUSIC: Ralph E. Hudson, 1843-1901

HUDSON
8.6.8.6.(C.M.) with Refrain

63 Junto a la cruz

C3

Habiendo hecho la paz mediante la sangre de su cruz — Colosenses 1:20 RVA

C:1 Sol
Do
Sol
1. Jun - to a la cruz do mu-rió el Sal - va - dor, Por mis pe - ca - dos cla -
2. Jun - to a la cruz re - ci - bí el per-dón, Lim-pio en su san-gre es-tá
3. Jun - to a la cruz hay un ma - nan - tial De a - gua de vi - da cual
4. Ven sin tar - dar a la cruz del Se - ñor; A - llí te es-pe - ra Je -
Re Sol
Do
Sol
Re7 Sol
ma-ba al Se-ñor, ¡Qué ma - ra - vi - lla! Je-sús me sal-vó. ¡A su nom-bre glo-ria!
mi co - ra-zón; Mi al-ma es-tá lle - na de go-zo y paz: ¡A su nom-bre glo-ria!
pu - ro cris-tal; Fue a - pa - ga - da por Cris-to mi sed: ¡A su nom-bre glo-ria!
sús, Sal - va-dor. A - llí de Dios ha - lla - rás el a-mor: ¡A su nom-bre glo-ria!
Do
Sol
Re
¡A su nom - bre glo - ria! ¡A su nom - bre glo - ria!
Sol
Do
Sol
Re7
Sol
¡Qué ma - ra - vi - lla! Je - sús me sal - vó. ¡A su nom - bre glo - ria!

LETRA: Elisha A. Hoffman, 1839-1929; tr., Vicente Mendoza
MÚSICA: John H. Stockton, 1813-1877

GLORY TO HIS NAME
Irregular

Down at the Cross 63

To reconcile to himself all things ... through his blood, shed on the cross — Colossians 1:20 NIV

1. Down at the cross where my Sav - ior died, Down where for cleans-ing from sin I cried, There to my heart was the blood ap - plied; Glo-ry to His name!
2. I am so won - drous - ly saved from sin, Je - sus so sweet - ly a - bides with - in; There at the cross where He took me in; Glo-ry to His name!
3. Oh, pre - cious foun - tain that saves from sin, I am so glad I have en - tered in; There Je - sus saves me and keeps me clean; Glo-ry to His name!
4. Come to this foun - tain so rich and sweet, Cast thy poor soul at the Sav - ior's feet; Plunge in to - day, and be made com - plete; Glo-ry to His name!

Glo - ry to His name, Glo - ry to His name:
There to my heart was the blood ap - plied; Glo - ry to His name!

WORDS: Elisha A. Hoffman, 1839-1929
MUSIC: John H. Stockton, 1813-1877

GLORY TO HIS NAME
Irregular

64 En el monte Calvario

Y él salió llevando su cruz hacia el lugar que se llama de la Calavera — Juan 19:17 RVA

C:1 La La°7 La Re Re°7 Re Si7 Mi7

1. En el mon - te Cal - va - rio se vio u - na cruz, Em - ble - ma de a-
2. Aun-que el mun - do des - pre - cie la cruz de Je - sús, Pa - ra mí tie - ne
3. En la cruz do su san - gre Je - sús de - rra - mó Her - mo - su - ra con-
4. Yo se - ré siem - pre fiel a la cruz de Je - sús, Sus des - pre - cios con

La La°7 La Re Re°7 Re

fren - ta y do - lor, Y yo quie - ro e - sa cruz do mu - rió mi Je - sús
su - ma a - trac - ción, Por - que en e - lla lle - vó el Cor - de - ro de Dios
tem - plo en vi - sión, Pues en e - lla el Cor - de - ro in - mo - la - do mu - rió,
él su - fri - ré; Y al - gún dí - a fe - liz con los san - tos en luz,

Si7 Mi7 La Mi7

Por sal - var al más vil pe - ca - dor.
Mi pe - ca - do y mi con - de - na - ción. ¡Oh! yo siem - pre a - ma - ré e - sa
Pa - ra dar - me pu - re - za y per - dón. la
Pa - ra siem - pre su glo - ria ten - dré.

La Re La

cruz, En sus triun - fos mi glo - ria se - rá; Y al - gún dí - a en
cruz de Je - sús,

Re La Mi7 La

vez de u - na cruz, Mi co - ro - na Je - sús me da - rá.
vez de u - na ás - pe - ra cruz,

LETRA: George Bennard, 1873-1960; tr., S. D. Athans
MÚSICA: George Bennard, 1873-1960

OLD RUGGED CROSS
Irregular

C4

The Old Rugged Cross

64

Carrying his own cross, he went out to the place of the Skull — John 19:17 NIV

C:1
A A°7 A D D°7 D B7 E7
1. On a hill far a-way stood an old rug-ged cross, The em-blem of
2. Oh, that old rug-ged cross, so de-spised by the world, Has a won-drous at-
3. In the old rug-ged cross, stained with blood so di-vine, Such a won-der-ful
4. To the old rug-ged cross I will ev-er be true, Its shame and re-
A A°7 A D D°7 D
suf-f'ring and shame; And I love that old cross where the dear-est and best
trac-tion for me; For the dear Lamb of God left His glo-ry a-bove,
beau-ty I see; For 'twas on that old cross Je-sus suf-fered and died,
proach glad-ly bear; Then He'll call me some day to my home far a-way,
B7 E7 A E7
For a world of lost sin-ners was slain.
To bear it to dark Cal-va-ry.
To par-don and sanc-ti-fy me.
Where His glo-ry for-ev-er I'll share.
So I'll cher-ish the old rug-ged cross, the
A D A
cross, Till my tro-phies at last I lay down; I will cling to the
old rug-ged cross,
D A E7 A
old rug-ged cross, And ex-change it some day for a crown.
cross, the old rug-ged cross,

WORDS: George Bennard, 1873-1960
MUSIC: George Bennard, 1873-1960

OLD RUGGED CROSS
Irregular

65 Hay una fuente sin igual

C5

En aquel día habrá un manantial... a fin de limpiar el pecado y la impureza — Zacarías 13:1 RVA

Do Fa Do Fa Do Sol
1. Hay u - na fuen - te sin i - gual De san - gre de E - ma - nuel,
2. El mal - he - chor se con - vir - tió Cla - va - do en u - na cruz;
3. Y yo tam - bién mi po - bre ser A - llí lo - gré la - var;
4. ¡E - ter - na fuen - te car - me - sí! ¡Rau - dal de pu - ro a - mor!
Do Fa Do Fa Do Sol7 Do
En don - de la - va ca - da cual Las man - chas que hay en él.
El vio la fuen - te y se la - vó, Cre - yen - do en Je - sús.
La glo - ria de su gran po - der Me go - zo en en - sal - zar.
Se la - va - rá por siem - pre en ti El pue - blo del Se - ñor.
Sol7 Do Fa Do Sol
Las man - chas que hay en él, Las man - chas que hay en él.
Cre - yen - do en Je - sús, Cre - yen - do en Je - sús.
Me go - zo en en - sal - zar, Me go - zo en en - sal - zar.
El pue - blo del Se - ñor, El pue - blo del Se - ñor.
Do Fa Do Fa Do Sol7 Do
En don - de la - va ca - da cual Las man - chas que hay en él.
El vio la fuen - te y se la - vó, Cre - yen - do en Je - sús.
La glo - ria de su gran po - der Me go - zo en en - sal - zar.
Se la - va - rá por siem - pre en ti El pue - blo del Se - ñor.

LETRA: William Cowper, 1731-1800; tr., M. N. Hutchinson
MÚSICA: Primitiva melodía norteamericana

CLEANSING FOUNTAIN
Irregular

There Is a Fountain

C5

There shall be a fountain opened ... for sin and for uncleanness — Zechariah 13:1 KJV

C F C F C G
1. There is a foun-tain filled with blood Drawn from Im - man - uel's veins;
2. The dy - ing thief re - joiced to see That foun-tain in His day
3. Dear dy - ing Lamb, Thy pre - cious blood Shall nev - er lose its pow'r
4. E'er since by faith I saw the stream Thy flow-ing wounds sup - ply,
C F C F C G7 C
And sin - ners, plunged be - neath that flood, Lose all their guilt - y stains:
And there may I, though vile as he, Wash all my sins a - way
Till all the ran - somed church of God Be saved, to sin no more:
Re - deem - ing love has been my theme, And shall be till I die:
G7 C F C G
Lose all their guilt - y stains, Lose all their guilt - y stains;
Wash all my sins a - way, Wash all my sins a - way
Be saved, to sin no more, Be saved, to sin no more;
And shall be till I die, And shall be till I die;
C F C F C G7 C
And sin - ners, plunged be - neath that flood, Lose all their guilt - y stains.
And there may I, though vile as he, Wash all my sins a - way.
Till all the ran - somed church of God Be saved, to sin no more.
Re - deem - ing love has been my theme, And shall be till I die.

WORDS: William Cowper, 1731-1800
MUSIC: Early American Melody

CLEANSING FOUNTAIN
Irregular

66 La cruz excelsa al contemplar

C6

Pero lejos esté de mí el gloriarme sino en la cruz de... Jesucristo – Gálatas 6:14 RVA

C:1 Mi Si Mi Fa♯m Do♯7 Fa♯m Mi Si(7) Mi
1. La cruz ex - cel - sa al com - tem - plar Do Cris-to a -
2. Yo no me quie - ro, Dios, glo - riar Mas que en la
3. Ved en su ros - tro, ma - nos, pies, Las mar - cas
4. El mun-do en - te - ro no se - rá Dá - di - va
La Mi Si7 Mi Si7 Mi Si(7) Mi Si Mi Fa♯m Do♯7
llí por mí mu - rió, Na - da se pue - de
muer - te del Se - ñor. Lo que más pue - da am -
vi - vas del do - lor; Es im - po - si - ble
dig - na de o - fre - cer. A - mor tan gran - de,
Fa♯m Mi Si(7) Mi Si7 Do♯m Fa♯m7 Si7 Mi
com - pa - rar A las ri - que - zas de su a - mor.
bi - cio - nar Lo doy go - zo - so por su a - mor.
com - pren - der Tal su - fri - mien - to y tan - to a - mor.
sin i - gual, En cam - bio e - xi - ge to - do el ser.

LETRA: Isaac Watts, 1674-1748; tr., W. T. T. Millham
MÚSICA: Lowell Mason, 1792-1872

HAMBURG
8.8.8.8.(M.L.)

67 Yo no hallo ningún delito en él

Entonces Pilato tomó a Jesús y le azotó. Los soldados entretejieron una corona de espinas y se la pusieron sobre la cabeza. Le vistieron con un manto de púrpura, y venían hacia él y le decían: "¡Viva el rey de los judíos!" Y le daban de bofetadas. Pilato salió otra vez y les dijo: "He aquí, os lo traigo fuera, para que sepáis que no hallo ningún delito en él." Entonces Jesús salió llevando la corona de espinas y el manto de púrpura. Y Pilato les dijo: "¡He aquí el hombre!" Cuando le vieron los principales sacerdotes y los guardias, gritaron diciendo: "¡Crucifícale! ¡Crucifícale!" Les dijo Pilato: "Tomadlo vosotros y crucificadle, porque yo no hallo ningún delito en él."

Juan 19:1-6 RVA

When I Survey the Wondrous Cross 66

May I never boast except in the cross of ... Christ — Galatians 6:14 NIV

C6
C:1
E B E F♯m C♯7 F♯m E B(7) E
A E B7 E B7 E B(7) E B E F♯m C♯7
F♯m E B(7) E B7 C♯m F♯m7 B7 E
1. When I sur - vey the won - drous cross, On which the Prince of glo - ry died, My rich - est gain I count but loss, And pour con - tempt on all my pride.
2. For - bid it, Lord, that I should boast, Save in the death of Christ, my God; All the vain things that charm me most, I sac - ri - fice them to His blood.
3. See, from His head, His hands, His feet, Sor - row and love flow min - gled down; Did e'er such love and sor - row meet, Or thorns com - pose so rich a crown?
4. Were the whole realm of na - ture mine, That were a pres - ent far too small; Love so a - maz - ing, so di - vine, De - mands my soul, my life, my all.

WORDS: Isaac Watts, 1674-1748
MUSIC: Lowell Mason, 1792-1872

HAMBURG
8.8.8.8.(L.M.)

I Find No Basis for a Charge Against Him 67

Then Pilate took Jesus and had him flogged. The soldiers twisted together a crown of thorns and put it on his head. They clothed him in a purple robe and went up to him again and again, saying, "Hail, king of the Jews!" And they struck him in the face. Once more Pilate came out and said to the Jews, "Look, I am bringing him out to you to let you know that I find no basis for a charge against him." When Jesus came out wearing the crown of thorns and the purple robe, Pilate said to them, "Here is the man!" As soon as the chief priests and their officials saw him, they shouted, "Crucify! Crucify!" But Pilate answered, "You take him and crucify him. As for me, I find no basis for a charge against him." John 19:1-6 NIV

68 Hay una fuente donde el pecador

I Know a Fount

C7

Ciertamente contigo está el manantial de la vida; en tu luz veremos la luz — Salmo 36:9 RVA
For with you is the fountain of life; in your light we see light — Psalm 36:9 NIV

Re La7 Re Sim Mim Re La7 Re Sol Re Do♯

Hay u-na fuen-te don-de el pe-ca-dor Pue-de la-
I know a fount where sins are washed a-way, I know a

Fa♯m Si(7) La Mi7 La La7 Re La7 Re La♯º7 Sim Mim Mi7

var las man-chas del pe-car. Li-bre de car-gas, to-dos pue-den
place where night is turned to day; Bur-dens are lift-ed, blind eyes made to

La Re La7 Re La7 Re Re7 Sol Mim7 Re La7 Re

ser; Hay po-der en mi Je-sús quien por mí mu-rió en la cruz.
see; There's a won-der-work-ing pow'r in the blood of Cal-va-ry.

LETRA / WORDS: Oliver Cooke, 1873-1945; tr., Salomón R. Mussiett
MÚSICA / MUSIC: Oliver Cooke, 1873-1945

I KNOW A FOUNT
Irregular

C8

¡Oh qué inmenso amor! 69
Oh Such Love!

En esto consiste el amor... en que Dios envió a su Hijo unigénito — 1 Juan 4:10 RVA
This is love ... that ... God ... sent his Son — 1 John 4:10 NIV

Rem Solm La La7 Rem
¡Oh qué a-mor! ¡Qué in-men-so a-mor! El de mi Sal - va - dor.
Oh such love! Such ten - der love! Love of the most high God!
Rem Solm La La7 Rem La7 Rem La7 Rem
Fine
¡Oh qué a - mor! ¡Qué in-men - so a - mor! El de mi Sal - va - dor.
Oh such love! Such ten - der love! Love of the most high God!
Do Do7 Fa Do7 Fa
Dios des-de el cie - lo al Sal - va - dor Man - dó a mo - rir por mí. Por
God from his hea - ven sent his Son To die in our place for sin. For
Do7 Fa Do Mi°7 Rem La7 Rem La Rem
D.S. al Fine
ti mu - rió, por mí mu - rió; Dio san - gre car - me - sí.
you he died; for me he died; He shed his pre - cious blood.

LETRA / WORDS: Jaime Redín, 1926-; tr., Bob Tipton
MÚSICA / MUSIC: Jaime Redín, 1926-; arr., Eugenio Jordán

INMENSO AMOR
Irregular

70 ¡Cómo en su sangre pudo haber!

And Can It Be

C9

Para mostrar... las superabundantes riquezas de su gracia... en Cristo Jesús — Efesios 2:7 RVA
The exceeding riches of his grace ... through Christ Jesus — Ephesians 2:7 KJV

Sol Lam Re7 Sol Do Re7
1. ¡Có - mo en su san - gre pu - do ha - ber Tan - ta ven -
And can it be that I should gain An in - t'rest
2. Na - da re - tie - ne al des - cen - der, Ex - cep - to su a -
He left His Fa - ther's throne a - bove, So free, so
Sol Re7 Sol Re La7 Re Sol Re Sol
tu - ra pa - ra mí Si yo sus pe - nas a - gra -
in the Sav - ior's blood? Died He for me, who caused His
mor y su dei - dad; To - do lo en - tre - ga: glo - ria,
in - fi - nite His grace; Emp - tied Him - self of all but
Re Sol Do Sol Lam7 Sol Re7 Sol Re7
vé Y de su muer - te cau - sa fuí! ¿Hay ma - ra -
pain? For me, who Him to death pur - sued? A - maz - ing
prez, Co - ro - na, tro - no, ma - jes - tad. Ver re - di -
love, And bled for Ad - am's help - less race; 'Tis mer - cy
Sol Re Sol Do La7 Re Sol Do Lam
vi - lla cual su a - mor? ¡Mo - rir por mí con
love! how can it be That Thou, my God, should
mi - dos, es su a - fán, Los tris - tes hi - jos
all, im - mense and free; O praise my God, it

LETRA / WORDS: Charles Wesley, 1707-1788; tr., M. San León
MÚSICA / MUSIC: Thomas Campbell, 1777-1844

SAGINA
8.8.8.8.8.8. con Coro / with Refrain

Re Re7 Sol Re Re7
tal do - lor!
die for me? ¿Hay ma - ra - vi - lla cual su a -
de A - dán. ¿Hay ma - ra - vi - lla cual
reach - es me. A - maz - ing love! how can it
A - maz - ing love! How
Sol Do Sol Lam Sol Re7 Sol
mor? ¡Mo - rir por mí con tal do - lor!
su a - mor? ¡Mo - rir por mí
be That Thou, my God, should die for me!
can it be That Thou, my God,

3. Mi alma, atada en la prisión,
Anhela redención y paz.
De pronto vierte sobre mí
La luz radiante de su faz.
¡Mis cadenas cayeron y vi
Mi libertad y te seguí!

Coro
¿Hay maravilla cual su amor?
¡Morir por mí con tal dolor!

4. ¡Jesús es mío! Vivo en él;
No temo ya condenación.
Él es mi todo: paz, salud,
Justicia, luz y redención.
Me guarda el trono eternal,
Por él, corona celestial.

Coro
¿Hay maravilla cual su amor?
¡Morir por mí con tal dolor!

3. Long my imprisoned spirit lay
Fast bound in sin and nature's night;
Thine eye diffused a quick'ning ray,
I woke, the dungeon flamed with light;
My chains fell off, my heart was free;
I rose, went forth and followed Thee.

Refrain
Amazing love! how can it be
That Thou, my God, should die for me!

4. No condemnation now I dread;
Jesus, and all in Him is mine!
Alive in Him, my living Head,
And clothed in righteousness divine,
Bold I approach th' eternal throne,
And claim the crown, thro' Christ my own.

Refrain
Amazing love! how can it be
That Thou, my God, should die for me!

71 El Señor resucitó

C10

Cristo sí ha resucitado de entre los muertos — 1 Corintios 15:20 RVA

1. El Se - ñor re - su - ci - tó ¡A - - le - lu - ya!
2. Je - su - cris - to se hu - mi - lló, ¡A - - le - lu - ya!
3. Cris - to que la cruz su - frió, ¡A - - le - lu - ya!
4. Hoy al la - do es - tá de Dios, ¡A - - le - lu - ya!
Muer - te y tum - ba él ven - ció; ¡A - - le - lu - ya!
Ven - ce - dor se le - van - tó; ¡A - - le - lu - ya!
Y en de - so - la - ción se vio; ¡A - - le - lu - ya!
Don - de es - cu - cha nues - tra voz; ¡A - - le - lu - ya!
Con su fuer - za y su vir - tud ¡A - - le - lu - ya!
Can - te hoy la cris - tian - dad ¡A - - le - lu - ya!
Hoy en glo - ria ce - les - tial ¡A - - le - lu - ya!
Por no - so - tros ro - ga - rá, ¡A - - le - lu - ya!
Cau - ti - vó a la es - cla - vi - tud. ¡A - le - lu - ya!
Su glo - rio - sa ma - jes - tad. ¡A - le - lu - ya!
Rei - na vi - vo e in - mor - tal. ¡A - le - lu - ya!
Con su a - mor nos sal - va - rá. ¡A - le - lu - ya!

LETRA: Charles Wesley, 1707-1788; tr., J. B. Cabrera
MUSICA: *Lyra Davidica*, 1708

EASTER HYMN
7.7.7.7. con Aleluyas

71 Christ the Lord Is Risen Today

Christ has indeed been raised from the dead — I Corinthians 15:20 NIV

1. Christ the Lord is ris'n to - day, Al - - le - lu - ia!
2. Lives a - gain our glo - rious King, Al - - le - lu - ia!
3. Love's re - deem - ing work is done, Al - - le - lu - ia!
4. Soar we now where Christ has led, Al - - le - lu - ia!
Sons of men and an - gels say, Al - - - le - lu - ia!
Where, O Death, is now thy sting? Al - - - le - lu - ia!
Fought the fight, the bat - tle won, Al - - - le - lu - ia!
Fol - l'wing our ex - alt - ed Head, Al - - - le - lu - ia!
Raise your joys and tri - umphs high, Al - - le - lu - ia!
Dy - ing once He all doth save, Al - - le - lu - ia!
Death in vain for - bids Him rise, Al - - le - lu - ia!
Made like Him, like Him we rise, Al - - le - lu - ia!
Sing, ye heav'ns, and earth, re - ply, Al - le - lu - ia!
Where thy vic - to - ry, O Grave? Al - le - lu - ia!
Christ hath o - pened Par - a - dise, Al - le - lu - ia!
Ours the cross, the grave, the skies, Al - le - lu - ia!

WORDS: Charles Wesley, 1707-1788
MUSIC: *Lyra Davidica*, 1708

EASTER HYMN
7.7.7.7. with Alleluias

72 La tumba le encerró

Puesto que era imposible que él quedara detenido bajo su dominio — Hechos 2:24 RVA

Do Fa Do Sol7 Fa Do Fa Do
1. La tum-ba le en-ce-rró, Cris-to, mi Cris-to; El al-ba a-llí es-pe-ró,
2. De guar-das es-ca-pó, Cris-to, mi Cris-to; El se-llo des-tru-yó,
3. La muer-te do-mi-nó Cris-to, mi Cris-to; Y su po-der ven-ció,
Lam Sol Re7 Sol Do
Cris-to el Se-ñor. Cris-to la tum-ba ven-ció, Y con
la ven-ció,
Fa Do Sol7
gran po-der re-su-ci-tó; De se-pul-cro y muer-te Cris-to es
re-su-ci-tó
Lam Fa Do Fa Re7 Sol7 Lam Sol7
ven-ce-dor, Vi-ve pa-ra siem-pre nues-tro Sal-va-dor. ¡Glo-ria a
Do Fa Do Sol7 Do
Dios! ¡Glo-ria a Dios! El Se-ñor re-su-ci-tó.
¡Glo-ria a Dios! ¡Glo-ria a Dios!

LETRA: Robert Lowry, 1826-1899; tr., George P. Simmonds
MÚSICA: Robert Lowry, 1826-1899

CHRIST AROSE
Irregular

C11

Low in the Grave He Lay

72

Because it was impossible for death to keep its hold on him — Acts 2:24 NIV

C F C G7 F C F C
1. Low in the grave He lay, Je - sus, my Sav - ior! Wait - ing the com - ing day,
2. Vain - ly they watch His bed, Je - sus, my Sav - ior! Vain - ly they seal the dead,
3. Death can - not keep his prey, Je - sus, my Sav - ior! He tore the bars a - way,
Am G D7 G C
Je - sus, my Lord! Up from the grave He a - rose, With a
He a - rose,
F C G7
might - y tri - umph o'er His foes; He a - rose a vic - tor from the
He a - rose!
Am F C F D7 G7 Am G7
dark do - main, And He lives for - ev - er with His saints to reign. He a -
C F C G7 C
rose! He a - rose! Hal - le - lu - jah! Christ a - rose!
He a - rose! He a - rose!

WORDS: Robert Lowry, 1826-1899
MUSIC: Robert Lowry, 1826-1899

CHRIST AROSE
Irregular

73 A Cristo coronad

En su cabeza tiene muchas diademas — Apocalipsis 19:12 RVA

C12
C:1 Re Sim Sol Re Sol La7 Re La
1. A Cris - to co - ro - nad Di - vi - no Sal - va - dor.
2. A Cris - to co - ro - nad Se - ñor de vi - da y luz;
3. A Cris - to co - ro - nad Pues gran - de es su po - der.
4. A Cris - to co - ro - nad Se - ñor de nues - tro a - mor,
Re La Sim Re Mi Mi7 La Mi7 La Re Mi(sus) Mi La
Sen - ta - do en al - ta ma - jes - tad Es dig - no de lo - or
Con a - la - ban - zas pro - cla - mad Los triun - fos de la cruz.
Sus san - tos to - dos en - to - nad Can - cio - nes de lo - or.
Al Rey triun - fan - te ce - le - brad, Glo - rio - so ven - ce - dor;
La7 Re La7 Re Sol Si7 Mi Re Mi La
Al Rey de glo - ria y paz Lo - o - res tri - bu - tad,
A él só - lo a - do - rad, Se - ñor de sal - va - ción;
Es Rey de vi - da y paz Por la e - ter - ni - dad.
Po - ten - te Rey de paz El triun - fo con - su - mó,
La7 Re Sol Re Mim7 La Re Sol Re La La7 Re
Y ben - de - cid al In - mor - tal Por to - da e - ter - ni - dad.
Lo - or e - ter - no tri - bu - tad De to - do co - ra - zón.
Su vi - da dio y nos sal - vó; Su nom - bre ve - ne - rad.
Y por su muer - te de do - lor Su gran - de a - mor mos - tró.

LETRA: estrofas 1, 3, 4, Matthew Bridges, 1800-1894; estrofa 2, Godfrey Thring, 1823-1903; tr., estrofas 1, 2 y 4, E. A. Strange; estrofa 3, Salomón R. Mussiett.
MÚSICA: George J. Elvey, 1816-1893

DIADEMATA
6.6.8.6.D.(M.C.D.)

C12

Crown Him with Many Crowns

And on his head were many crowns — Revelation 19:12 KJV

1. Crown Him with man - y crowns, The Lamb up - on His throne;
2. Crown Him the Lord of life, Who tri - umphed o'er the grave,
3. Crown Him the Lord of peace, Whose pow'r a scep - ter sways
4. Crown Him the Lord of love; Be - hold His hands and side,
Hark! how the heav'n - ly an - them drowns All mu - sic but its own:
And rose vic - to - rious in the strife For those He came to save;
From pole to pole, that wars may cease, And all be pray'r and praise:
Those wounds, yet vis - i - ble a - bove, In beau - ty glo - ri - fied:
A - wake, my soul, and sing Of Him who died for thee,
His glo - ries now we sing Who died, and rose on high,
His reign shall know no end, And round His pierc - ed feet
All hail, Re - deem - er, hail! For Thou hast died for me:
And hail Him as thy match - less King Thro' all e - ter - ni ty.
Who died e - ter - nal life to bring, And lives that death may die.
Fair flow'rs of par - a - dise ex - tend Their fra - grance ev - er sweet.
Thy praise and glo - ry shall not fail Thro' - out e - ter - ni - ty.

WORDS: Stanzas 1, 3, 4, Matthew Bridges, 1800-1894; stanza 2, Godfrey Thring, 1823-1903
MUSIC: George J. Elvey, 1816-1893

DIADEMATA
6.6.8.6.D.(S.M.D.)

74 Cristo venció — Risen to Save

C13

No está aquí; más bien, ha resucitado — Lucas 24:6 RVA

He is not here; he has risen! — Luke 24:6 NIV

Do
Fa
Sol(sus)
Do
Sol7
Do
Sol
Pa - ra li - brar - nos, Cris - to mu - rió.
Ris - en to save the world from its sin.

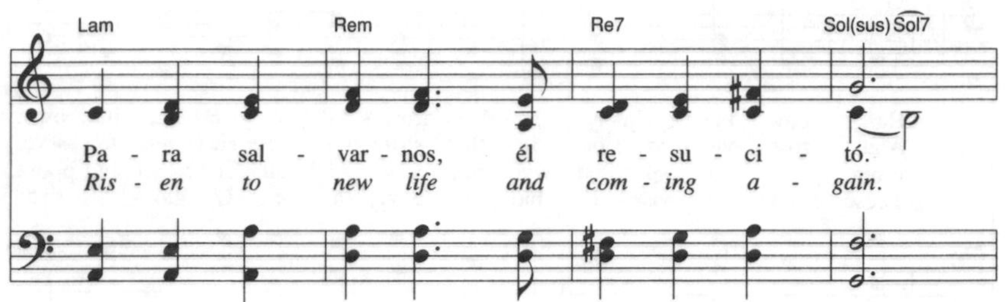
Lam
Rem
Re7
Sol(sus)
Sol7
Pa - ra sal - var - nos, él re - su - ci - tó.
Ris - en to new life and com - ing a - gain.

Do
Fa
Mi
Re
Mi
Lam
Do7
Dé - mos - le glo - ria, dé - mos - le ho - nor;
Ris - en to glo - ry, give Him the praise;

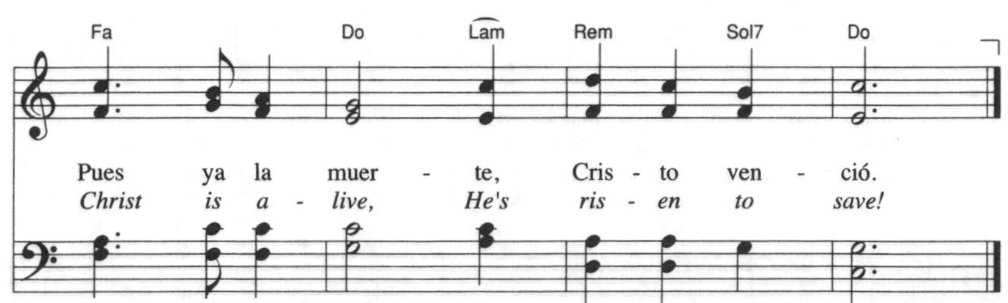
Fa
Do
Lam
Rem
Sol7
Do
Pues ya la muer - te, Cris - to ven - ció.
Christ is a - live, He's ris - en to save!

LETRA / WORDS: Greg Skipper, 1950, Gail Skipper, 1950; tr., Salomón R. Mussiett
MÚSICA / MUSIC: Greg Skipper, 1950, Gail Skipper, 1950

RISEN TO SAVE
9.10.9.9.

Hay poder en el nombre de Dios — 75

In the Name of the Lord

Y todo lo que pidáis en mi nombre, eso haré — Juan 14:13 RVA

I will do whatever you ask in my name — John 14:13 NIV

Unísono / *Unison*

Sim Sol Do

Hay po - der en el nom - bre de Dios, For - ta -

There is strength in the name of the Lord; There is

La Re Si(7)

le - za en el nom - bre de Dios, Es - pe - ran - za en el nom - bre de Dios;

pow'r in the name of the Lord; There is hope in the name of the Lord!

Mim Lam Sol Lam7 Sol Re7 Sol

Ben - di - to él que vie - ne en el nom - bre de Dios.

Bless - ed is He who comes in the name of the Lord.

LETRA / WORDS: Sandi Patti Helvering, 1956-; Phill McHugh, 1951-, Gloria Gaither, 1942-; tr., Salomón R. Mussiett — NAME OF THE LORD

MÚSICA / MUSIC: Sandi Patti Helvering, 1956-; Phill McHugh, 1951-, Gloria Gaither, 1942-; arr., Robert F. Douglas — Irregular

76 Cristo divino, Hijo unigénito

C15

Su rostro era como el sol cuando resplandece en su fuerza — Apocalipsis 1:16 RVA

C:1 Re Sim Mim La Re Sim Si7 Mim La Re
1. Cris - to di - vi - no, Hi - jo u - ni - gé - ni - to,
2. Los cam - pos be - llos Cu - bren el sue - lo
3. ¡Be - llo el lu - ce - ro! ¡La ar - gen - ti - na lu - na!
4. Más que la au - ro - ra Ful - ge tu ros - tro
Sol Re La7 Re La7 Re La Re Sol Re Si7 Mim
Gran Cre - a - dor y fiel sos - tén, Siem - pre he de a - mar - te,
De lo - za - ní - a y flo - ra - ción; Je - sús, em - pe - ro,
Ti - ti - lan las es - tre - llas mil. Je - sús es be - llo,
Con her - mo - su - ra de li - rio en flor. Mag - ni - fi - cen - cia
Si7 Mim La7 Re Fa♯ Sim Re7 Sol Re La7 Re
Siem - pre ser - vir - te, Mi go - zo, mi co - ro - na y bien.
Siem - pre es más be - llo; Ha - ce can - tar el co - ra - zón.
Je - sús es pu - ro Que to - do el rei - no ce - les - tial.
In - com - pa - ra - ble E - res mi Cris - to, mi Se - ñor.

LETRA: Himno anónimo alemán, *Münster Gesangbuch*, 1677; tr. al castellano, estrofas 1-3, Maurilio López L.; estrofa 4, Alberto Rembao
MÚSICA: *Schlesische Volkslieder*, 1842; arr., Richard Storrs Willis

CRUSADERS' HYMN (ST. ELIZABETH)
Irregular

C15

Fairest Lord Jesus

His countenance was as the sun – Revelation 1:16 KJV

C:1
D Bm Em A D Bm B7 Em A D
1.Fair - est Lord Je - sus, Rul - er of all na - ture,
2.Fair are the mead - ows, Fair - er still the wood - lands,
3.Fair is the sun - shine, Fair - er still the moon - light
4.Beau - ti - ful Sav - ior, Lord of all na - tions,
G D A7 D A7 D A D G D B7 Em
O Thou of God and man the Son; Thee will I cher - ish,
Robed in the bloom - ing garb of spring; Je - sus is fair - er,
And all the twin - kling, star - ry host; Je - sus shines bright - er,
Son of God and Son of man! Glo - ry and hon - or,
B7 Em A7 D F♯ Bm D7 G D A7 D
Thee will I hon - or, Thou, my soul's glo - ry, joy, and crown.
Je - sus is pur - er, Who makes the woe - ful heart to sing.
Je - sus shines pur - er Than all the an - gels heav'n can boast.
Praise, ad - o - ra - tion, Now and for - ev - er - more be Thine!

WORDS: Anonymous German Hymn, *Münster Gesangbuch*, 1677; stanzas 1-3, tr. unknown; stanza. 4, Joseph August Seiss, 1823-1904
MUSIC: *Schlesische Volkslieder*, 1842; arr., Richard Storrs Willis

CRUSADERS' HYMN (ST. ELIZABETH)
Irregular

77 ¡Oh qué amigo nos es Cristo!

C16

Nadie tiene mayor amor que éste — Juan 15:13 RVA

C:1 Mi
La
Mi
Si(7)
1. ¡Oh qué a - mi - go nos es Cris - to! Él lle - vó nues - tro do - lor,
2. ¿Vi - ves dé - bil y car - ga - do De cui - da - dos y te - mor?
3. Je - su - cris - to es nues - tro a - mi - go, De es - to prue - ba nos mos - tró,
Mi
La
Mi
Si(7)
Mi
Y nos man - da que lle - ve - mos To - do a Dios en o - ra - ción.
A Je - sús, re - fu - gio e - ter - no, Di - le to - do en o - ra - ción.
Pues su - frió el cruel cas - ti - go Que el cul - pa - ble me - re - ció.
Si(7)
Mi
La
Mi
Si(7)
¿Vi - ve el hom - bre des - pro - vis - to De paz, go - zo y san - to a - mor?
¿Te des - pre - cian tus a - mi - gos? Cuén - ta - se - lo en o - ra - ción;
El cas - ti - go de su pue - blo En su muer - te él su - frió;
Mi
La
Mi
Si7
Mi
Es - to es por - que no lle - va - mos To - do a Dios en o - ra - ción.
En sus bra - zos de a - mor tier - no Paz ten - drá tu co - ra - zón.
Cris - to es un a - mi - go e - ter - no; ¡Só - lo en él con - fí - o yo!

LETRA: Joseph Scriven, 1819-1866; tr., Leandro Garza Mora
MÚSICA: Charles C. Converse, 1832-1918

CONVERSE
8.7.8.7.D

What a Friend We Have in Jesus

Greater love has no one than this — John 15:13 NIV

C:1 E A E B(7)

1. What a friend we have in Je - sus, All our sins and griefs to bear!
2. Have we tri - als and temp - ta - tions? Is there trou - ble an - y where?
3. Are we weak and heav - y lad - en, Cum - bered with a load of care?

E A E B(7) E

What a priv - i - lege to car - ry Ev - 'ry - thing to God in prayer!
We should nev - er be dis - cour - aged, Take it to the Lord in prayer:
Pre - cious Sav - ior, still our ref - uge; Take it to the Lord in prayer:

B(7) E A E B(7)

Oh, what peace we of - ten for - feit, Oh, what need - less pain we bear,
Can we find a friend so faith - ful Who will all our sor - rows share?
Do thy friends de - spise, for - sake thee? Take it to the Lord in prayer;

E A E B7 E

All be - cause we do not car - ry Ev - 'ry - thing to God in prayer!
Je - sus knows our ev - 'ry weak - ness, Take it to the Lord in prayer.
In His arms He'll take and shield thee; Thou wilt find a so - lace there.

WORDS: Joseph Scriven, 1819-1866
MUSIC: Charles C. Converse, 1832-1918

CONVERSE
8.7.8.7.D

78 Cristo es mi dulce Salvador

C17

Porque para mí el vivir es Cristo — Filipenses 1:21 RVA

C:1 Sol Do Sol Re7 Sol Re Sol

1. Cris - to es mi dul - ce Sal - va - dor, Mi bien, mi paz, mi luz;
2. Cris - to es mi dul - ce Sal - va - dor, Su san - gre me com - pró;
3. Cris - to es mi dul - ce Sal - va - dor, Mi e - ter - no Re - den - tor,
4. Cris - to es mi dul - ce Sal - va - dor, Por él sal - va - do soy;

Re Sol Re La7 Re Re7

Mos - tró - me su in - fi - ni - to a - mor Mu - rien - do en du - ra cruz.
Con sus he - ri - das y do - lor, Per - fec - ta paz me dio.
¡Oh!, nun - ca yo po - dré pa - gar La deu - da de su a - mor.
La ro - ca de la e - ter - ni - dad, En quien se - gu - ro es - toy;

Sol

Cuan - do es - toy tris - te en - cuen - tro en él Con - so - la - dor y a -
Di - cha in - mor - tal a - llá ten - dré, Con Cris - to siem - pre
Le se - gui - ré fiel en la luz, No te - me - ré lle -
Glo - ria in - mor - tal a - llá ten - dré, Con Cris - to siem - pre

Mim Mi♭ (Do♯7) Sol Re7 Sol

mi - go fiel; Con - so - la - dor, a - mi - go fiel es Je - sús.
rei - na - ré, Di - cha in - mor - tal a - llá ten - dré, con Je - sús.
var mi cruz; No te - me - ré lle - var mi cruz por Je - sús.
rei - na - ré, Glo - ria in - mor - tal a - llá ten - dré con Je - sús.

LETRA: Will L. Thompson, 1847-1909; tr., S. D. Athans
MÚSICA: Will L. Thompson, 1847-1909

ELIZABETH
Irregular

78 Jesus Is All the World to Me

C17
Jesus Is All the World to Me
78
For to me, to live is Christ — Philippians 1:21 NIV
1. Je - sus is all the world to me, My life, my joy, my all;
2. Je - sus is all the world to me, My friend in tri - als sore;
3. Je - sus is all the world to me, And true to Him I'll be;
4. Je - sus is all the world to me, I want no bet - ter friend;
He is my strength from day to day, With - out Him I would fall:
I go to Him for bless - ings, and He gives them o'er and o'er:
Oh, how could I this friend de - ny, When He's so true to me?
I trust Him now, I'll trust Him when Life's fleet - ing days shall end:
When I am sad, to Him I go; No oth - er one can
He sends the sun - shine and the rain, He sends the har - vest's
Fol - low - ing Him, I know I'm right, He watch - es o'er me
Beau - ti - ful life with such a friend, Beau - ti - ful life that
cheer me so; When I am sad, He makes me glad; He's my friend.
gold - en grain; Sun - shine and rain, har - vest of grain; He's my friend.
day and night; Fol - low - ing Him, by day and night; He's my friend.
has no end; E - ter - nal life, e - ter - nal joy; He's my friend.
WORDS: Will L. Thompson, 1847-1909
MUSIC: Will L. Thompson, 1847-1909
ELIZABETH
Irregular

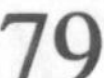

79 Contigo, Cristo, quiero andar

C18

De la manera que habéis recibido a Cristo... así andad en él — Colosenses 2:6 RVA

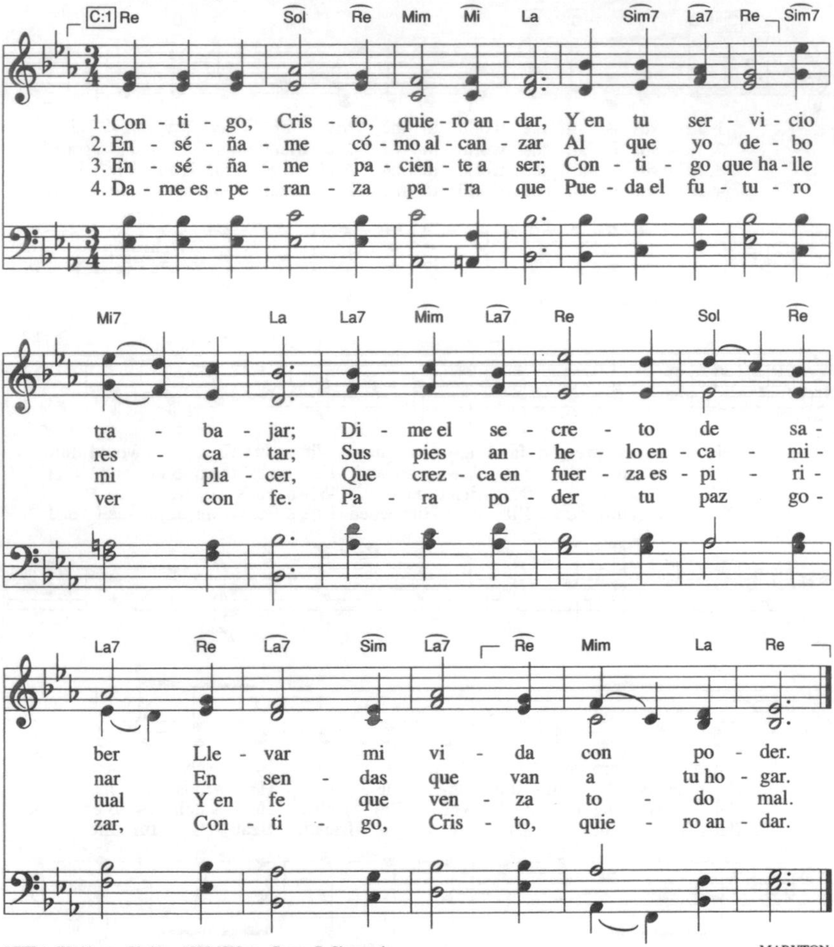

C:1 Re Sol Re Mim Mi La Sim7 La7 Re Sim7
1. Con - ti - go, Cris - to, quie - ro an - dar, Y en tu ser - vi - cio
2. En - sé - ña - me có - mo al - can - zar Al que yo de - bo
3. En - sé - ña - me pa - cien - te a ser; Con - ti - go que ha - lle
4. Da - me es - pe - ran - za pa - ra que Pue - da el fu - tu - ro
Mi7 La La7 Mim La7 Re Sol Re
tra - ba - jar; Di - me el se - cre - to de sa -
res - ca - tar; Sus pies an - he - lo en - ca - mi -
mi pla - cer, Que crez - ca en fuer - za es - pi - ri -
ver con fe. Pa - ra po - der tu paz go -
La7 Re La7 Sim La7 Re Mim La Re
ber Lle - var mi vi - da con po - der.
nar En sen - das que van a tu ho - gar.
tual Y en fe que ven - za to - do mal.
zar, Con - ti - go, Cris - to, quie - ro an - dar.

LETRA: Washington Gladden, 1836-1918; tr., George P. Simmonds
MÚSICA: H. Percy Smith, 1825-1898

MARYTON
8.8.8.8.(M.L.)

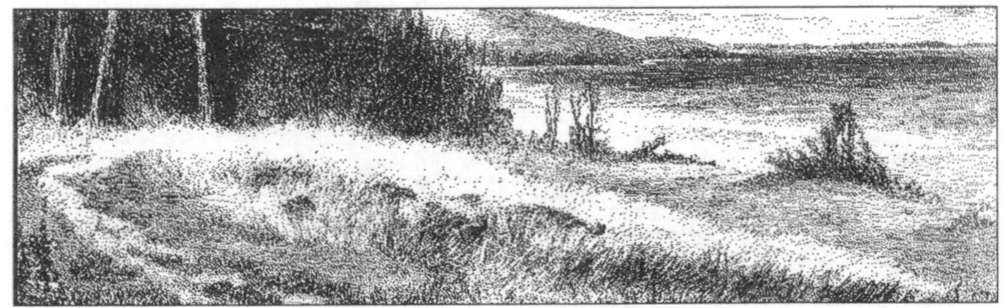

C18

O Master, Let Me Walk with Thee

79

As ye have therefore received Christ ... so walk ye in him — Colossians 2:6 KJV

C:1

1. O Master, let me walk with Thee
In lowly paths of service free;
Tell me Thy secret, help me bear
The strain of toil, the fret of care.

2. Help me the slow of heart to move
By some clear, winning word of love;
Teach me the wayward feet to stay,
And guide them in the homeward way.

3. Teach me Thy patience; still with Thee
In closer, dearer company,
In work that keeps faith sweet and strong,
In trust that triumphs over wrong.

4. In hope that sends a shining ray
Far down the future's broad'ning way,
In peace that only Thou canst give,
With Thee, O Master, let me live.

WORDS: Washington Gladden, 1836-1918
MUSIC: H. Percy Smith, 1825-1898

MARYTON
8.8.8.8.(L.M.)

80 Con cánticos, Señor

¡Regocijaos en el Señor siempre! Otra vez lo digo: ¡Regocijaos! — Filipenses 4:4 RVA

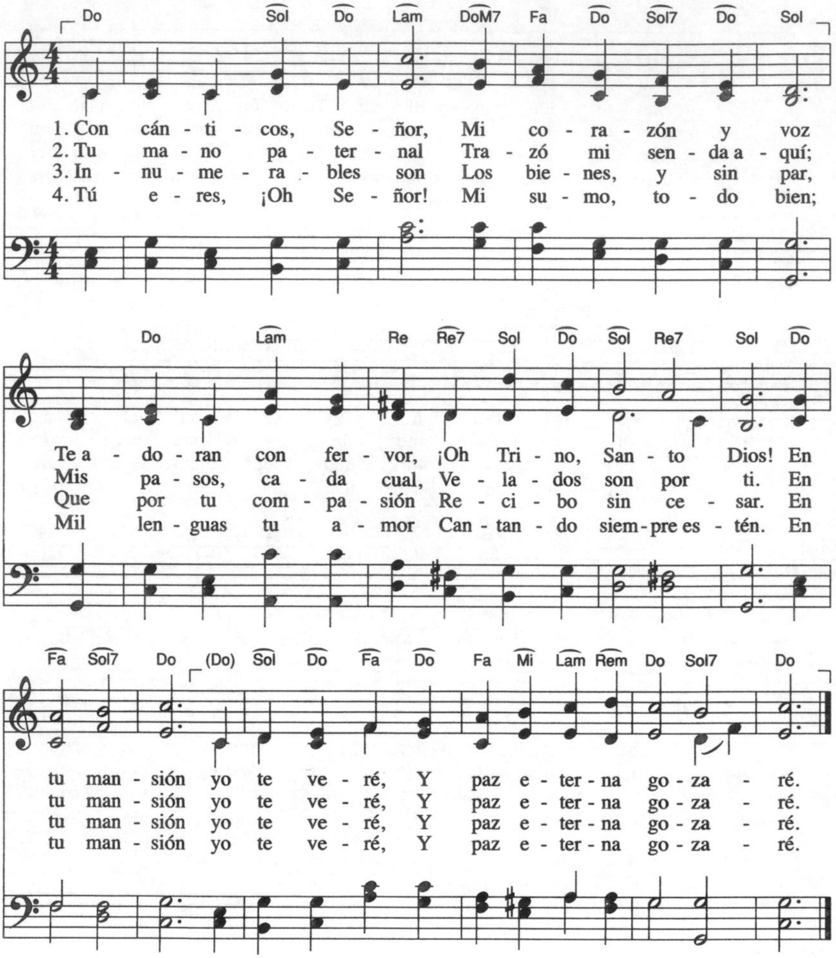

1. Con cánticos, Señor, Mi corazón y voz
Te adoran con fervor, ¡Oh Trino, Santo Dios!
En tu mansión yo te veré, Y paz eterna gozaré.

2. Tu mano paternal Trazó mi senda aquí;
Mis pasos, cada cual, Velados son por ti.
En tu mansión yo te veré, Y paz eterna gozaré.

3. Innumerables son Los bienes, y sin par,
Que por tu compasión Recibo sin cesar.
En tu mansión yo te veré, Y paz eterna gozaré.

4. Tú eres, ¡Oh Señor! Mi sumo, todo bien;
Mil lenguas tu amor Cantando siempre estén.
En tu mansión yo te veré, Y paz eterna gozaré.

LETRA: James John Cummins, 1795-1867; tr., M. N. Hutchinson
MÚSICA: John Darwall, 1731-1789

DARWALL
Irregular

Rejoice, the Lord Is King

Rejoice in the Lord always. I will say it again: Rejoice — Philippians 4:4 NIV

C G C Am CM7 F C G7 C G

1. Re - joice, the Lord is King: Your Lord and King a - dore!
2. Je - sus, the Sav - ior, reigns, The God of truth and love;
3. His king - dom can - not fail, He rules o'er earth and heav'n;
4. Re - joice in glo - rious hope! Our Lord and judge shall come

C Am D D7 G C G D7 G C

Re - joice, give thanks and sing, And tri - umph ev - er - more: Lift
When He had purged our stains, He took His seat a - bove: Lift
The keys of death and hell Are to our Je - sus giv'n: Lift
And take His ser - vants up To their e - ter - nal home: Lift

F G7 C (C) G C F C F E Am Dm C G7 C

up your heart, lift up your voice! Re - joice, a - gain I say, re - joice!
up your heart, lift up your voice! Re - joice, a - gain I say, re - joice!
up your heart, lift up your voice! Re - joice, a - gain I say, re - joice!
up your heart, lift up your voice! Re - joice, a - gain I say, re - joice!

WORDS: Charles Wesley, 1707-1788
MUSIC: John Darwall, 1731-1789

DARWALL
Irregular

81 Loores dad a Cristo el Rey

C20

Al Cordero sean la bendición y la honra y la gloria y el poder — Apocalipsis 5:13 RVA

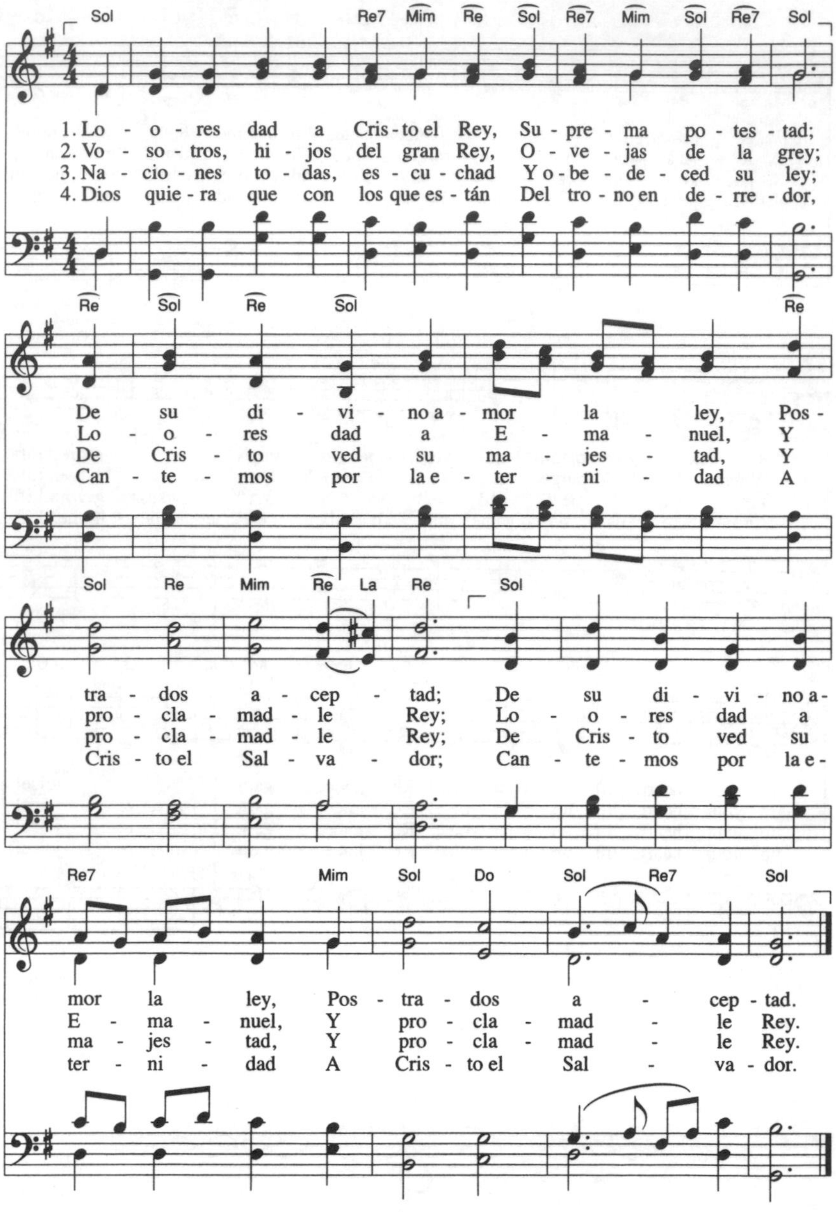

Sol Re7 Mim Re Sol Re7 Mim Sol Re7 Sol
1. Lo - o - res dad a Cris - to el Rey, Su - pre - ma po - tes - tad;
2. Vo - so - tros, hi - jos del gran Rey, O - ve - jas de la grey;
3. Na - cio - nes to - das, es - cu - chad Y o - be - de - ced su ley;
4. Dios quie - ra que con los que es - tán Del tro - no en de - rre - dor,
Re Sol Re Sol Re
De su di - vi - no a - mor la ley, Pos -
Lo - o - res dad a E - ma - nuel, Y
De Cris - to ved su ma - jes - tad, Y
Can - te - mos por la e - ter - ni - dad A
Sol Re Mim Re La Re Sol
tra - dos a - cep - tad; De su di - vi - no a -
pro - cla - mad - le Rey; Lo - o - res dad a
pro - cla - mad - le Rey; De Cris - to ved su
Cris - to el Sal - va - dor; Can - te - mos por la e -
Re7 Mim Sol Do Sol Re7 Sol
mor la ley, Pos - tra - dos a - cep - tad.
E - ma - nuel, Y pro - cla - mad - le Rey.
ma - jes - tad, Y pro - cla - mad - le Rey.
ter - ni - dad A Cris - to el Sal - va - dor.

LETRA: Estrofas 1, 2, Edward Perronet, 1726-1792; estrofas 3, 4, John Rippon 1751-1836; tr., T.M. Westrup
MÚSICA: Oliver Holden, 1765-1844

CORONATION
8.6.8.6.(M.C.)

C20

All Hail the Power of Jesus' Name

81

To the Lamb be praise and honor and glory — Revelation 5:13 NIV

G D7 Em D G D7 Em G D7 G
1.All hail the pow'r of Je - sus' name! Let an - gels pros - trate fall;
2.Ye cho - sen seed of Is - rael's race, Ye ran - somed from the fall,
3.Let ev - 'ry kin - dred, ev - 'ry tribe, On this ter - res - trial ball,
4.O that with yon - der sa - cred throng We at His feet may fall!
D G D G D
Bring forth the roy - al di - a - dem, And
Hail Him who saves you by His grace, And
To Him all maj - es - ty as - cribe, And
We'll join the ev - er - last - ing song, And
G D Em D A D G
crown Him Lord of all; Bring forth the roy - al
crown Him Lord of all; Hail Him who saves you
crown Him Lord of all; To Him all maj - es -
crown Him Lord of all; We'll join the ev - er -
D7 Em G C G D7 G
di - a - dem, And crown Him Lord of all.
by His grace, And crown Him Lord of all.
ty as - cribe, And crown Him Lord of all.
last - ing song, And crown Him Lord of all.

WORDS: Stanzas 1, 2, Edward Perronet, 1726-1792; stanzas 3, 4, John Rippon, 1751-1836
MUSIC: Oliver Holden, 1765-1844

CORONATION
8.6.8.6.(C.M.)

82 Gloria a Cristo
All Hail, King Jesus

C21

La bendición y la gloria... sean a nuestro Dios por los siglos de los siglos — Apocalipsis 7:12 RVA
Praise and glory ... be to our God for ever and ever — Revelation 7:12 NIV

C:1 Re La La7 Sol Re
¡Glo - ria a Cris - to! Al San - to E - ma - nuel,
All hail, King Je - sus! All hail, Em - man - u - el:
Fa♯7 Sim Sim7 Mi7 3 Mim7
Rey de re - yes, la Es - tre - lla Ce - les - tial.
King of kings, Lord of lords, Bright Morn - ing Star,
La7 Mim7 La7 Re Mim7 Re7 3 Sol
Pa - ra siem - pre rei - na - rá; dé - mos - le hon - ra
And through - out e - ter - ni - ty I'll sing Your prais - es,
Solm (Solm) Re Sim7 Mim7 La7 Re
A quien rei - na - rá por la e - ter - ni - dad.
And I'll reign with You through - out e - ter - ni - ty.

LETRA / WORDS: Dave Moody, 1948-; tr., Salomón R. Mussiett
MÚSICA / MUSIC: Dave Moody, 1948-

ALL HAIL KING JESUS
Irregular

Poderoso y grande

Great and Mighty

Grandes y maravillosas son tus obras, Señor Dios Todopoderoso — Apocalipsis 15:3 RVA
Great and marvelous are your deeds, Lord God Almighty — Revelation 15:3 NIV

C:1 Re — Mim7 La7

Po - de - ro - so y gran-de es nues-tro Dios, Po - de - ro - so es él.
Great and might - y is the Lord our God, Great and might - y is He.

Mim7 — La7 — Re

Po - de - ro - so y gran-de es nues-tro Dios, Po - de - ro - so es él.
Great and might - y is the Lord our God, Great and might - y is He.

Re — La7 Re — Sol

Al - za can - tos de lo - or a Dios, rín - de - le ho - nor;
Lift your ban - ner, let the an - thems ring prais-es to our King;

Mim7 La7 — Re Si7 — Mim7 La7 — Re

Po - de - ro - so y gran-de es nues-tro Dios, Po - de - ro - so es él.
Great and might - y is the Lord our God, Great and might - y is He.

LETRA / WORDS: Marlene Bigley; tr., Salomón R. Mussiett
MÚSICA / MUSIC: Marlene Bigley

GREAT AND MIGHTY
Irregular

84 Maravilloso es el nombre de Jesús

C23

Porque un niño nos es nacido... Se llamará su nombre: Admirable — Isaías 9:6 RVA

Fa Re7 Solm
Ma - ra - vi - llo - so es El nom - bre de Je - sús,
Rey po - de - ro - so y fiel, De to - do es due - ño él,
Do Fa Sol7 Do7 Do7 Fa
1 2
Ma - ra - vi - llo - so es Cris - to el Se - ñor;
Ma - ra - vi - llo - so es Cris - to el Se - ñor.
Do7 Fa Sol7
Pas - tor di - vi - no, la Ro - ca e - ter - na, Dios po - de -
Do Do7 Fa Re7
ro - so es; Ve - nid, a - mad - le, hoy a - do -
Solm Do Fa Do7 Fa
rad - le; Ma - ra - vi - llo - so es Cris - to el Se - ñor.

LETRA: Audrey Mieir, 1916-; tr., Marjorie J. de Caudill
MÚSICA: Audrey Mieir, 1916-

MIEIR
Irregular

C23

His Name Is Wonderful

For to us a child is born ... And he will be called Wonderful — Isaiah 9:6 NIV

F
D7
Gm
His name is Won - der - ful, His name is Won - der - ful,
He is the might - y King, Mas - ter of ev - 'ry - thing,
C
F
G7
C7
1
2
C7
F
His name is Won - der - ful, Je - sus, my Lord;
His name is Won - der - ful, Je - sus, my Lord.
C7
F
G7
He's the great Shep - herd, the Rock of all a - ges, Al - might - y
C
C7
F
D7
God is He; Bow down be - fore Him, Love and a -
Gm
C
F
C7
F
dore Him, His name is Won - der - ful, Je - sus, my Lord.

WORDS: Audrey Mieir, 1916-
MUSIC: Audrey Mieir, 1916-

MIEIR
Irregular

85 Gloria demos al Salvador 

Dios... le otorgó el nombre que es sobre todo nombre — Filipenses 2:9 RVA

C:1 Sol Do Sol Re

1. ¡Oh quién tu - vie - ra len - guas mil! Glo - ria de - mos al Sal - va - dor.
2. Je - sús di - si - pa to - do mal, Glo - ria de - mos al Sal - va - dor.
3. Al pe - ca - dor po - drá lim - piar, Glo - ria de - mos al Sal - va - dor.
4. A Cris - to hon - ra y lo - or, Glo - ria de - mos al Sal - va - dor.

Sol Do Sol Re7 Sol

Con gra - ti - tud al Rey de - cid: "Glo - ria de - mos al Sal - va - dor".
Nos da pu - re - za ce - les - tial, Glo - ria de - mos al Sal - va - dor.
Su ser él quie - re trans - for - mar, Glo - ria de - mos al Sal - va - dor.
Por - que sal - vó al pe - ca - dor, Glo - ria de - mos al Sal - va - dor.

Do Sol Re

Glo - ria al Sal - va - dor, Glo - ria al Sal - va - dor, Glo - ria de - mos al Sal - va - dor;

Sol Do Sol Re7 Sol

Glo - ria al Sal - va - dor, Glo - ria al Sal - va - dor, Glo - ria de - mos al Sal - va - dor.

LETRA: Charles Wesley, 1707-1788, adap.; coro, Ralph E. Hudson, 1843-1901; tr., Honorato T. Reza
MÚSICA: Anónimo; arr., Ralph E. Hudson, 1843-1901

BLESSED NAME
8.8.8.8.(M.L.) con Coro

Blessed Be the Name

C24

85

God ... gave him the name that is above every name — Philippians 2:9 NIV

C:1
G C G D
1. O for a thou - sand tongues to sing, Bless-ed be the name of the Lord!
2. Je - sus, the name that calms my fears, Bless-ed be the name of the Lord!
3. He breaks the pow'r of can - celed sin, Bless-ed be the name of the Lord!
4. I nev - er shall for - get that day, Bless-ed be the name of the Lord!
G C G D7 G
The glo - ries of my God and King, Bless-ed be the name of the Lord!
'Tis mu - sic in the sin - ner's ears, Bless-ed be the name of the Lord!
His blood can make the foul - est clean, Bless-ed be the name of the Lord!
When Je - sus washed my sins a - way, Bless-ed be the name of the Lord!
C G D
Bless - ed be the name, Bless - ed be the name, Bless-ed be the name of the Lord!
G C G D7 G
Bless - ed be the name, Bless - ed be the name, Bless-ed be the name of the Lord!

WORDS: Charles Wesley, 1707-1788, alt.; refrain, Ralph E. Hudson, 1843-1901
MUSIC: Anonymous; arr., Ralph E. Hudson, 1843-1901

BLESSED NAME
8.8.8.8.(L.M.) with Refrain

86 ¡Oh Cristo!, tu ayuda quisiera tener

D1

Sí, Señor; tú sabes que te amo — Juan 21:15 RVA

C:1
Mi La Mi Si7 Mi
1. ¡Oh Cris - to!, tu a - yu - da qui - sie - ra te - ner
2. ¡Oh Cris - to!, la glo - ria del mun - do bus - qué,
3. ¡Oh Cris - to!, qui - sie - ra lle - gar a vi - vir
4. ¡Oh Cris - to!, qui - sie - ra tus hue - llas se - guir
La Mi Si7 Mi
En to - das las lu - chas que a - gi - tan mi ser;
Y an - sio - so mi vi - da y a - fán le en - tre - gué.
De a - que - llos a - lien - tos que tú ha - ces sen - tir
Y gra - cia cons - tan - te de ti re - ci - bir;
La Mi Si7 Mi Si Mi Fa♯m Mi Si(7)
Tan só - lo tú pue - des la vi - da sal - var,
Y en cam - bio mi pe - cho tan só - lo en - con - tró
Al al - ma que hu - yen - do del mal ten - ta - dor,
Ha - llar en mis no - ches con - ti - go la luz,
Mi La Mi Si7 Mi
Tú so - lo la fuer - za le pue - des pres - tar.
Tor - tu - ras sin cuen - to, que el al - ma a - pu - ró.
Se vuel - ve an - he - lan - te, ¡se vuel - ve a tu a - mor!
¡A - li - vio a mis pe - nas al pie de la cruz!

LETRA: William R. Featherston, 1846-1873; tr., Vicente Mendoza
MÚSICA: Adoniram J. Gordon, 1836-1895

GORDON
11.11.11.11.

D1

My Jesus, I Love Thee

86

Yea, Lord; thou knowest that I love thee — John 21:15 KJV

C:1
E A E B7 E
1. My Je - sus, I love Thee, I know Thou art mine;
2. I love Thee be - cause Thou hast first lov - ed me,
3. I'll love Thee in life, I will love Thee in death,
4. In man - sions of glo - ry and end - less de - light,
A E B7 E
For Thee, all the fol - lies of sin I re - sign;
And pur - chased my par - don on Cal - va - ry's tree;
And praise Thee as long as Thou lend - est me breath;
I'll ev - er a - dore Thee in heav - en so bright;
A E B7 E B E F♯m E B(7)
My gra - cious Re - deem - er, my Sav - ior art Thou;
I love Thee for wear - ing the thorns on Thy brow;
And say, when the death dew lies cold on my brow;
And sing - ing Thy prais - es, be - fore Thee I'll bow;
E A E B7 E
If ev - er I loved Thee, my Je - sus, 'tis now.
If ev - er I loved Thee, my Je - sus, 'tis now.
If ev - er I loved Thee, my Je - sus, 'tis now.
If ev - er I loved Thee, my Je - sus, 'tis now.

WORDS: William R. Featherston, 1846-1873
MUSIC: Adoniram J. Gordon, 1836-1895

GORDON
11.11.11.11.

87 Cristo es el Señor

He Is Lord

Jesucristo es Señor — Filipenses 2:11 RVA
Jesus Christ is Lord — Philippians 2:11 NIV

Sim7 Lam7 Re7 Sol Do Sol

¡Es Je - sús el Se - ñor! Ya la
He is Lord, He is Lord! He is

Sol La7 Re7 (Re sus - Re7) Sol Sol7

muer-te do - mi - nó nues-tro Se - ñor. To-dos dad lo - or al Se -
ris - en from the dead and He is Lord! Ev-'ry knee shall bow, ev-'ry

Do La° Sol Re7 Sol

ñor Je - sús, pues Cris - to es el Se - ñor.
tongue con - fess that Je - sus Christ is Lord.

LETRA / WORDS: Anónimo / Anonymous; tr., Salomón R. Mussiett
MÚSICA / MUSIC: Anónimo / Anonymous; arr., Tom Fettke

HE IS LORD
Irregular

Te amo, Rey
I Love You, Lord

Tú sabes que te amo — Juan 21:17 RVA
You know that I love you — John 21:17 NIV

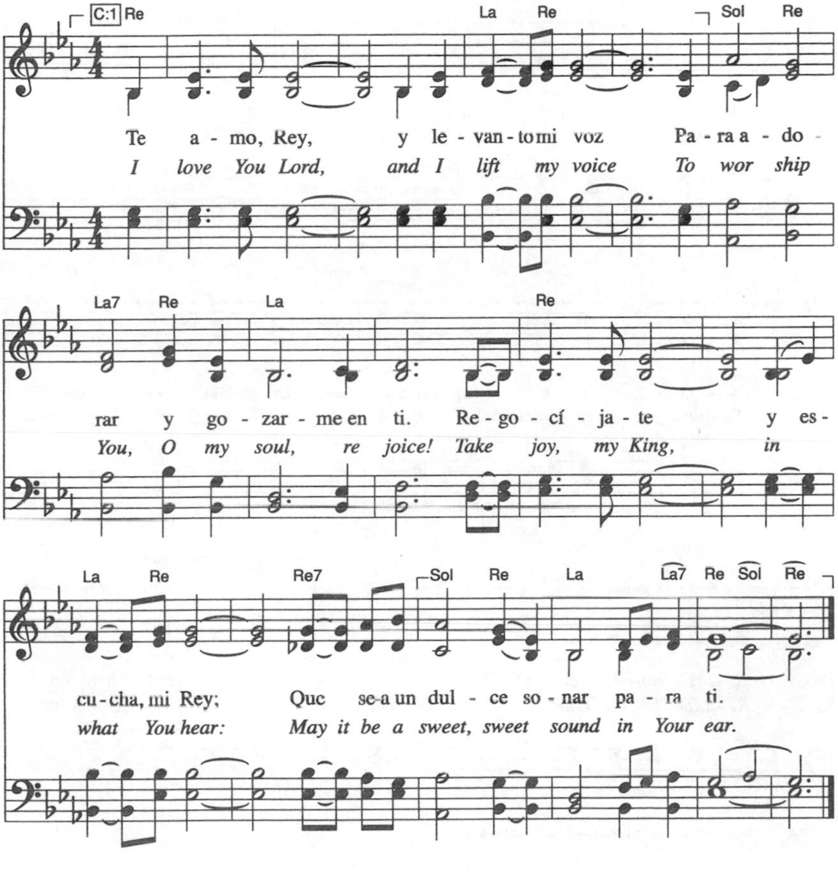

C:1

Te amo, Rey, y levanto mi voz Para adorar y gozarme en ti. Regocíjate y escucha, mi Rey; Que sea un dulce sonar para ti.

I love You Lord, and I lift my voice To worship You, O my soul, rejoice! Take joy, my King, in what You hear: May it be a sweet, sweet sound in Your ear.

LETRA / WORDS: Laurie Klien, 1950-; arr., Eugene Thomas; es traducción.
MÚSICA / MUSIC: Laurie Klien, 1950-

I LOVE YOU, LORD
Irregular

89 Alégrense en el Señor
Rejoice in the Lord Always

D4

¡Regocijaos en el Señor siempre! Otra vez lo digo: ¡Regocijaos! — Filipenses 4:4 RVA
Rejoice in the Lord always. I will say it again: Rejoice! — Philippians 4:4 NIV

C:1 Mi Fa♯m7 Si7 Mi

① Unísono / *Unison*

A - lé - gren - se en el Se - ñor; siem - pre a - le - gres es - tén.
Re - joice in the Lord al - ways: a - gain I say, Re - joice.

② Fa♯m7 Si7 Mi

A - la - ben a Cris - to, quien es vues - tro Sal - va - dor.
Re - joice, re - joice, And a - gain I say, Re - joice.

③ Fa♯m7 Si7 Mi

A - lé - gren - se en el Se - ñor; siem - pre a - le - gres es - tén.
Re - joice in the Lord al - ways: a - gain I say, Re - joice.

LETRA / WORDS: Filipenses / Philippians 4:4; tr., Salomón R. Mussiett
MÚSICA / MUSIC: Anónimo / Anonymous

REJOICE
Irregular

Se puede cantar este coro como una ronda, entrando donde se indica. *This chorus may be sung as a round, starting where indicated.*

D5

Canta aleluya al Señor
Sing Hallelujah to the Lord

90

¡Aleluya! La salvación y la gloria y el poder pertenecen a nuestro Dios — Apocalipsis 19:1 RVA
Hallelujah! Salvation and glory and power belong to our God — Revelation 19:1 NIV

LETRA / WORDS: Linda Stassen; es traducción.
MÚSICA / MUSIC: Linda Stassen

STASSEN
Irregular

91 Tu santo nombre alabaré

Mi lengua hablará... de tu alabanza, todo el día — Salmo 35:28 RVA

Sol Re Sol Re7 Mim Re Sol Re7 Sol Re
1. Tu san - to nom - bre a - la - ba - ré, Ben - di - to Re - den - tor;
2. Ben - di - to mi Se - ñor y Dios, Te quie - ro pro - cla - mar,
3. Dul - ce es tu nom - bre pa - ra mí, Pues qui - ta mi te - mor;
4. So - bre pe - ca - do y ten - ta - ción Vic - to - ria te da - rá.
Sol Do (Do) Sol Re7 Sol
Ni len - guas mil can - tar po - drán La gran - de - za de tu a - mor.
De - cir al mun - do en de - rre - dor De tu sal - va - ción sin par.
En él en - cuen - tra paz, sa - lud El po - bre pe - ca - dor.
Su san - gre lim - pia al ser más vil. ¡Glo - ria a Dios, soy lim - pio ya!

LETRA: Charles Wesley, 1707-1788; tr., R. H. Dalke y Ellen de Eck
MÚSICA: Carl G. Gläser, 1784-1829; arr., Lowell Mason

AZMON
8.6.8.6.(M.C.)

92 ¡Cantad alegres a Jehovah!

¡Cantad alegres a Jehovah, habitantes de toda la tierra! Servid a Jehovah con alegría; venid ante su presencia con regocijo. Reconoced que Jehovah es Dios; él nos hizo, y no nosotros a nosotros mismos. Pueblo suyo somos, y ovejas de su prado. Entrad por sus puertas con acción de gracias, por sus atrios con alabanza. Dadle gracias; bendecid su nombre, porque Jehovah es bueno. Para siempre es su misericordia, y su fidelidad por todas las generaciones.

Salmo 100 RVA

D6

O for a Thousand Tongues to Sing 91

My tongue will speak ... of your praises all day long — Psalm 35:28 NIV

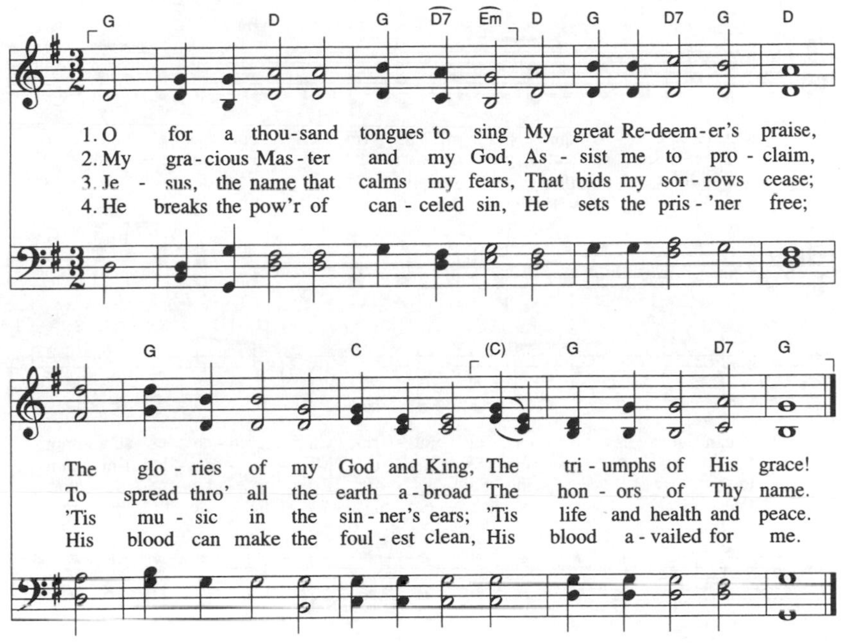

G D G D7 Em D G D7 G D
1. O for a thou-sand tongues to sing My great Re-deem-er's praise,
2. My gra-cious Mas-ter and my God, As - sist me to pro - claim,
3. Je - sus, the name that calms my fears, That bids my sor-rows cease;
4. He breaks the pow'r of can-celed sin, He sets the pris-'ner free;
G C (C) G D7 G
The glo - ries of my God and King, The tri-umphs of His grace!
To spread thro' all the earth a-broad The hon - ors of Thy name.
'Tis mu - sic in the sin-ner's ears; 'Tis life and health and peace.
His blood can make the foul-est clean, His blood a-vailed for me.

WORDS: Charles Wesley, 1707-1788
MUSIC: Carl G. Gläser, 1784-1829; arr., Lowell Mason

AZMON
8.6.8.6.(C.M.)

Shout for Joy to the Lord 92

Shout for joy to the Lord, all the earth. Worship the Lord with gladness; come before him with joyful songs. Know that the Lord is God. It is he who made us, and we are his; we are his people, the sheep of his pasture. Enter his gates with thanksgiving and his courts with praise; give thanks to him and praise his name. For the Lord is good and his love endures forever; his faithfulness continues through all generations.

Psalm 100 NIV

93 Es Cristo quien por mí murió

D7

A él le amáis, sin haberle visto — 1 Pedro 1:8 RVA

C:1 Sol
Re
Sol
1. Es Cris - to quien por mí mu - rió, Mis cul - pas él bo - rró.
2. Je - sús su san - gre de - rra - mó, El Rey por mí mu - rió;
3. ¡Oh! nun - ca pue - do yo pa - gar, La deu - da de su a - mor;
4. Vi - vir con Cris - to me tra - e paz, Con él ha - bi - ta - ré;
Do
Sol
Re7
Sol
¡Cuán gran - des pe - nas él su - frió, Cuán gran - de es su a - mor!
Por mí, por - que él me a - mó, Mi i - ni - qui - dad lim - pió.
Es - toy a - quí, mi Sal - va - dor, Re - cí - be - me, Se - ñor.
Pues su - yo soy, y de hoy en más, A na - die te - me - ré.
Re7
Sol
¡Oh, cuán - to le a - la - bo! ¡Oh, cuán - to le a - do - ro!
Do
Sol
Re7
Sol
Y siem - pre le si - go De to - do co - ra - zón.

LETRA: Frederick Whitfield, 1829-1904; es traducción.
MÚSICA: Anónimo

OH, HOW I LOVE JESUS
8.6.8.6.(M.C.) con Coro

Oh, How I Love Jesus

93

Though you have not seen him, you love him — 1 Peter 1:8 NIV

C:1 G D G

1. There is a name I love to hear, I love to sing its worth;
2. It tells me of a Sav-ior's love, Who died to set me free;
3. It tells me what my Fa-ther has In store for ev - 'ry day;
4. It tells of One whose lov - ing heart Can feel my deep - est woe,

C G D7 G

It sounds as mu - sic in my ear, The sweet-est name on earth.
It tells me of His pre - cious blood, The sin - ner's per - fect plea.
And though I tread a dark-some path, Yields sun - shine all the way.
Who in each sor - row bears a part, That none can bear be - low.

D7 G

Oh, how I love Je - sus, Oh, how I love Je - sus,

C G D7 G

Oh, how I love Je - sus, Be - cause He first loved me.

WORDS: Frederick Whitfield, 1829-1904
MUSIC: Anonymous

OH, HOW I LOVE JESUS
8.6.8.6.(C.M.) with Refrain

94 Aleluya

D8

Oí como la voz de una gran multitud... diciendo: ¡Aleluya! — Apocalipsis 19:6 RVA

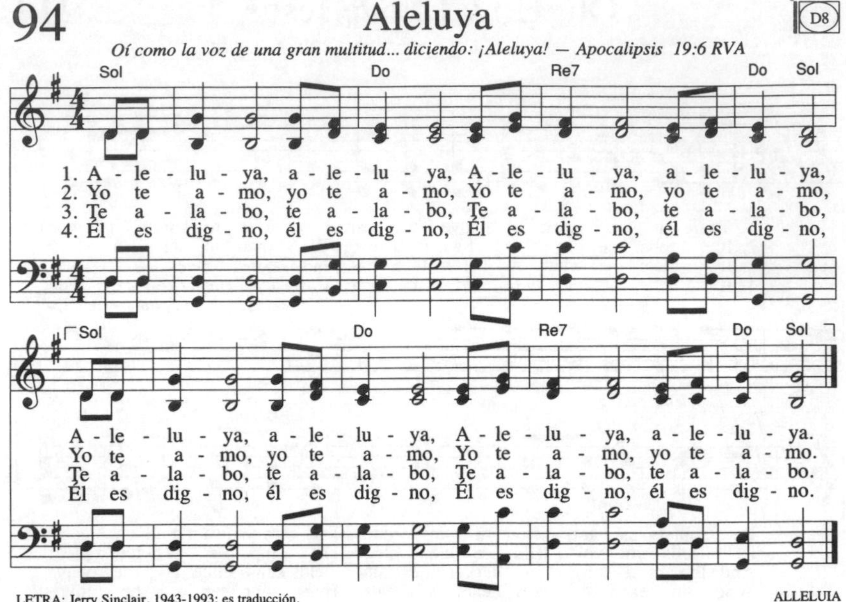

LETRA: Jerry Sinclair, 1943-1993; es traducción.
MÚSICA: Jerry Sinclair, 1943-1993

ALLELUIA
8.8.8.8.(M.L.)

95 Padre, te adoro

D9

Para que así seáis llenos de toda la plenitud de Dios — Efesios 3:19 RVA

LETRA: Terrye Coelho Strom, 1952-; es traducción.
MÚSICA: Terrye Coelho Strom, 1952-

MARANATHA
Irregular

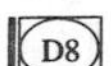

Alleluia

94

I heard what sounded like a great multitude ... shouting Hallelujah! — Revelation 19:6 NIV

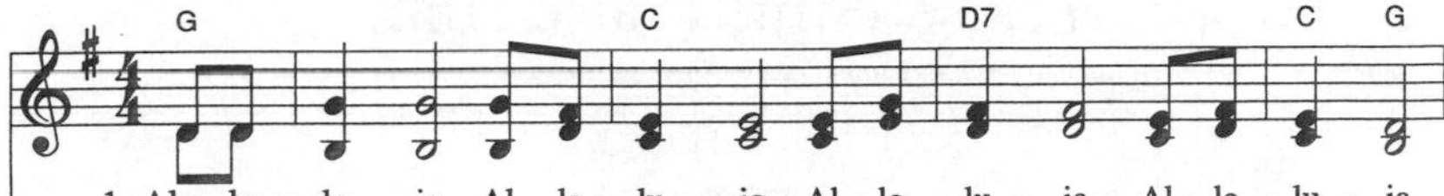

1. Al - le - lu - ia, Al - le - lu - ia, Al - le - lu - ia, Al - le - lu - ia,
2. He is God's Son, He is God's Son, He is God's Son, He is God's Son,
3. He's my Sav - ior, He's my Sav - ior, He's my Sav - ior, He's my Sav - ior,
4. I will praise Him, I will praise Him, I will praise Him, I will praise Him,

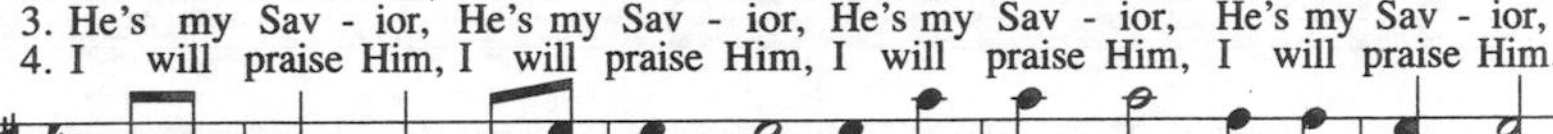

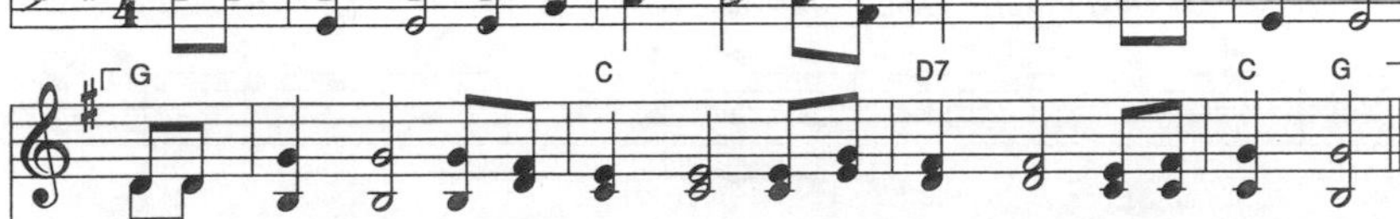

Al - le - lu - ia, Al - le - lu - ia, Al - le - lu - ia, Al - le - lu - ia.
He is God's Son, He is God's Son, He is God's Son, He is God's Son.
He's my Sav - ior, He's my Sav - ior, He's my Sav - ior, He's my Sav - ior.
I will praise Him, I will praise Him, I will praise Him, I will praise Him.

WORDS: Jerry Sinclair, 1943-1993
MUSIC: Jerry Sinclair, 1943-1993

ALLELUIA
8.8.8.8.(L.M.)

D9

Father, I Adore You

95

That you may be filled to the measure of all the fullness of God — Ephesians 3:19 NIV

WORDS: Terrye Coelho Strom, 1952-
MUSIC: Terrye Coelho Strom, 1952-

MARANATHA
Irregular

96 ¡Gloria! ¡Gloria! Praise Him! Praise Him!

D10

Grande es Jehovah y digno de suprema alabanza — Salmo 48:1 RVA
Great is the Lord, and most worthy of praise — Psalm 48:1 NIV

Sol Do Sol
1. ¡Glo - ria! ¡Glo - ria! a Je - sús Sal - va - dor nues - tro. ¡Can - ta,
Praise Him! praise Him! Je - sus, our bless - ed Re - deem - er! Sing, O
Mim La7 Re Sol Do
tie - rra! Can - ta su gran a - mor. ¡Glo - ria! ¡Glo - ria! Án - ge - les
earth, His won - der - ful love pro - claim! Hail Him! hail Him! high - est arch-
Sol Sol7 Do Lam Sol Re7 Sol
san - tos del cie - lo, A su nom - bre den e - ter - nal lo - or.
an - gels in glo - ry, Strength and hon - or give to His ho - ly name!
Re Sol Re Re7 Sol Re Sol Mim
Cuen - ta có - mo él des - cen - dió del cie - lo A na - cer y en
Like a shep - herd, Je - sus will guard His chil - dren; In His arms He

LETRA / WORDS: Fanny J. Crosby, 1820-1915; tr., estrofas 1, 2, C. V. Pelegrín; estrofa 3, Salomón R. Mussiett
MÚSICA / MUSIC: Chester G. Allen, 1838-1878

JOYFUL SONG
Irregular

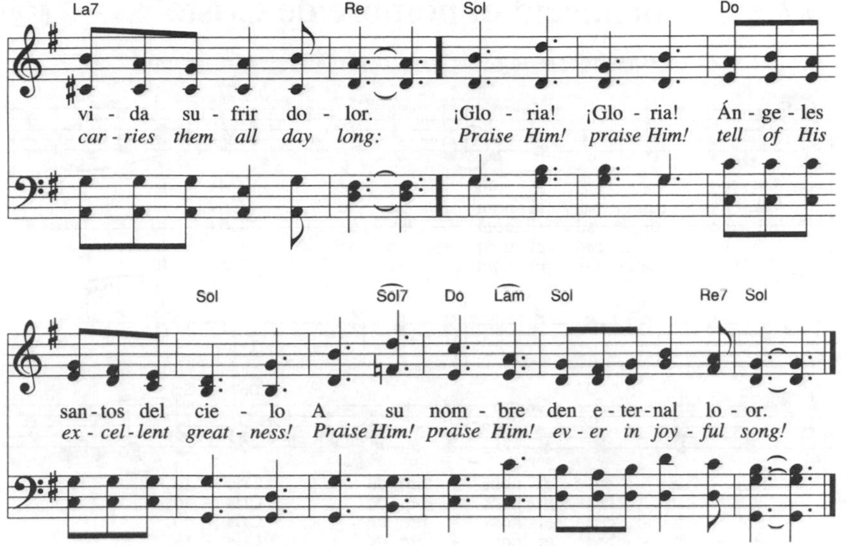

2. ¡Gloria! ¡Gloria! a Jesús Salvador nuestro.
Por nosotros él con la cruz cargó:
Por salvarnos él sufrió pena de muerte,
Del pecado Cristo nos libertó.
¡Alabadle! ¡Oh qué amor tan grande!
Que nos brinda éste que él mostró.
¡Gloria! ¡Gloria! Ángeles santos del cielo
A su nombre den eternal loor.

2. Praise Him! praise Him! Jesus, our blessed Redeemer!
For our sins, He suffered and bled and died;
He our Rock, our hope of eternal salvation,
Hail Him! hail Him! Jesus the crucified:
Sound His praises! Jesus who bore our sorrows,
Love unbounded, wonderful, deep, and strong;
Praise Him! praise Him! tell of His excellent greatness!
Praise Him! praise Him! ever in joyful song!

3. ¡Gloria! ¡Gloria! a Jesús, Salvador nuestro.
Cielos canten su gloria y majestad.
Jesucristo reina por siglos eternos.
Coronadle Rey por la eternidad.
Pronto viene sublime y victorioso;
Honra y gloria son de nuestro Señor.
¡Gloria! ¡Gloria! Ángeles santos del cielo
A su nombre den eternal loor.

3. Praise Him! praise Him! Jesus, our blessed Redeemer!
Heav'nly portals loud with hosannas ring!
Jesus, Savior, reigneth forever and ever;
Crown Him! crown Him! prophet and priest and King!
Christ is coming, over the world victorious,
Pow'r and glory unto the Lord belong:
Praise Him! praise Him! tell of His excellent greatness!
Praise Him! praise Him! ever in joyful song!

97 Bendecid el nombre de Cristo

De manera que el nombre de nuestro Señor Jesús sea glorificado — 2 Tesalonicenses 1:12 RVA

Sol Do Sol Do Do7 Sol Sol Do Sol Si7 Mim Do Mim Mi7 La7 Re7 Sol Do7 Sol

1. Ben - de - cid el nom - bre de Cris - to,
Ben - de - cid el nom - bre de Cris - to,
Ben - de - cid el nom - bre de Cris - to.
No hay o - tro co - mo él.

2. Y can - tad al nom - bre de Cris - to,
Y can - tad al nom - bre de Cris - to,
Y can - tad al nom - bre de Cris - to.
No hay o - tro co - mo él.

3. Pre - di - cad el nom - bre de Cris - to,
Pre - di - cad el nom - bre de Cris - to,
Pre - di - cad el nom - bre de Cris - to.
No hay o - tro co - mo él.

4. A - la - bad el nom - bre de Cris - to,
A - la - bad el nom - bre de Cris - to,
A - la - bad el nom - bre de Cris - to.
No hay o - tro co - mo él.

5. Com - par - tid el nom - bre de Cris - to,
Com - par - tid el nom - bre de Cris - to,
Com - par - tid el nom - bre de Cris - to.
No hay o - tro co - mo él.

LETRA: Tradicional afroamericana; tr. estrofas 1, 2, 4, Alfredo Colman; estrofas 3, 5, Eduardo Steele
MÚSICA: Tradicional afroamericana

WONDERFUL NAME
9.9.9.6.

D11

97 Bless That Wonderful Name

That the name of our Lord Jesus may be glorified — 2 Thessalonians 1:12 NIV

WORDS: Traditional African American
MUSIC: Traditional African American

WONDERFUL NAME
9.9.9.6.

98 ¡Oh Padre, eterno Dios!

D12

¿Quién es este Rey de gloria? ¡Jehovah de los Ejércitos! – Salmo 24:10 RVA

C:1 Mi Fa♯m Mi Si(7) Mi Si Mi

1. ¡Oh Pa - dre, e - ter - no Dios! Al - za - mos
2. ¡Ben - di - to Sal - va - dor! Te da - mos
3. ¡Es - pí - ri - tu de Dios! Es - cu - cha
4. Con go - zo y a - mor, Can - te - mos

Si7 Mi Si Mi Si(7) Si7

nues - tra voz Con san - to ar - dor, Por cuan - to
con a - mor El co - ra - zón. Y tú nos
nues - tra voz; Y tu bon - dad De - rra - me en
con fer - vor Al Tri - no Dios. En la e -

Mi Si7 Mi

tú nos das, Tu a - yu - da sin i - gual,
pue - des ver Que hu - mil - des a tu al - tar,
nues - tro ser Di - vi - na cla - ri - dad,
ter - ni - dad Mo - ra la Tri - ni - dad;

(Mi) Fa♯m Mi Si7 Mi

Ha - llan - do nues - tra paz En ti, Se - ñor.
Ve - ni - mos a tra - er, Pre - cio - so don.
Pa - ra po - der vi - vir En san - ti - dad.
¡Por siem - pre a - la - bad Al Tri - no Dios!

LETRA: Estrofas 1-3 Vicente Mendoza, 1875-1955; estrofa 4 en *Estrella de Belén, 1867*
MÚSICA: Felice de Giardini, 1716-1796

ITALIAN HYMN
6.6.4.6.6.6.4.

Come, Thou Almighty King

Who is this King of glory? The LORD of hosts— Psalm 24:10 KJV

C:1 E F♯m E B(7) E B E

1. Come, Thou Al - might - y King, Help us Thy
2. Come, Thou In - car - nate Word, Gird on Thy
3. Come, Ho - ly Com - fort - er, Thy sa - cred
4. To Thee, great One in Three, The high - est

B7 E B E B(7) B7

name to sing, Help us to praise: Fa - ther, all -
might - y sword, Our prayer at - tend! Come, and Thy
wit - ness bear In this glad hour! Thou, who al -
prais - es be, Hence ev - er - more; Thy sov - 'reign

E B7 E

glo - ri - ous, O'er all vic - to - ri - ous,
peo - ple bless, And give Thy word suc - cess:
might - y art, Now rule in ev - 'ry heart
maj - es - ty May we in glo - ry see,

(E) F♯m E B7 E

Come, and reign o - ver us, An - cient of Days.
Spir - it of ho - li - ness, On us de - scend.
And ne'er from us de - part, Spir - it of pow'r.
And to e - ter - ni - ty Love and a - dore.

WORDS: Anonymous
MUSIC: Felice de Giardini, 1716-1796

ITALIAN HYMN
6.6.4.6.6.6.4.

99 ¡Santo Espíritu, lléname!

Todos fueron llenos del Espíritu Santo — Hechos 2:4 RVA

C:1 Re Re° Re Sol Solm La7 Re Re° Re Sol Re La

1. ¡Oh, San - to Es - pí - ri - tu de Dios! Un - ge mi co - ra - zón;
2. ¡Oh, San - to Es - pí - ri - tu de Dios! To - ma mi vo - lun - tad;
3. ¡Oh, San - to Es - pí - ri - tu de Dios! Da - me tu gran po - der;
4. ¡Oh, San - to Es - pí - ri - tu de Dios! Es - cu - cha mi o - ra - ción;

Re Re° Re La7 Re Sol Sol♯° Re La7 Re

Tu luz di - vi - na bri - lle en mí Con to - do su es - plen - dor.
Haz - me sa - ber el gran po - der De Cris - to con cla - ri - dad.
En - cien - de el fue - go de tu a - mor Muy den - tro de mi ser.
Mi vi - da en - te - ra te la doy En fiel con - sa - gra - ción.

(Re ReM7 Re7) Sol Solm Re Sol Re Mi7 La7

¡Llé - na - me! ¡Llé - na - me! San - to Es - pí - ri - tu de Dios.

Re La7 Re Sol Sol♯° Re Mi7 La7 Re

Mue - ve mi ser con tu po - der, ¡Oh, San - to Es - pí - ri - tu, Llé - na - me!

LETRA: Edwin Hatch, 1835-1889; adap., B. B. McKinney, 1886-1952; tr., Adolfo Robleto y Guillermo Blair
MÚSICA: B. B. McKinney, 1886-1952

TRUETT
Irregular

D13

Breathe on Me

All of them were filled with the Holy Spirit — Acts 2:4 NIV

C:1
D D° D G Gm A7 D D° D G D A
1. Ho - ly Spir - it, breathe on me, Un - til my heart is clean;
2. Ho - ly Spir - it, breathe on me, My stub - born will sub - due;
3. Ho - ly Spir - it, breathe on me, Fill me with pow'r di - vine;
4. Ho - ly Spir - it, breathe on me, Till I am all Thine own,
D D° D A7 D G G♯° D A7 D
Let sun - shine fill its in - most part, With not a cloud be - tween.
Teach me in words of liv - ing flame What Christ would have me do.
Kin - dle a flame of love and zeal With in this heart of mine.
Un - til my will is lost in Thine, To live for Thee a - lone.
(D DM7 D7) G Gm D G D E7 A7
Breathe on me, breathe on me, Ho - ly Spir - it, breathe on me;
D A7 D G G♯° D E7 A7 D
Take Thou my heart, cleanse ev-'ry part, Ho - ly Spir - it, breathe on me.

WORDS: Edwin Hatch, 1835-1889; adapt., B. B. McKinney, 1886-1952
MUSIC: B. B. McKinney, 1886-1952

TRUETT
Irregular

100 Dulce espíritu
Sweet, Sweet Spirit

D14

Y el Dios de paz y de amor estará con vosotros — 2 Corintios 13:11 RVA
And the God of love and peace will be with you — 2 Corinthians 13:11 NIV

Sol Lam7 Sol Do Sol Re Sol Sol7 Mi7
1. Hay un dul - ce es - pí - ri - tu a - quí, Y yo
ros - tro ex - pre - sa el go - zo, sí, Pues sen-
There's a sweet, sweet spir - it in this place, And I
sweet ex - pres - sions on each face, And I
Lam Mim Lam Sol Re7 Sol Do Sol Lam7
1
sé que es el Es - pí - ri - tu del Se - ñor. Ca - da
ti - mos la pre - sen - cia del Sal - va -
know that it's the spir - it of the Lord. There are
know that it's the pres - ence of the
Sol Do Sol Do Sol Do Sol
2
dor.
Lord.
San - to Es - pí - ri - tu, Fiel, ce - les - tial,
Sweet Ho - ly Spir - it, Sweet Heav'n-ly Dove,

LETRA / WORDS: Doris Akers, 1922-; arr., Kurt Kaiser, 1934-; tr., Adolfo Robleto
MÚSICA / MUSIC: Doris Akers, 1922-; arr., Kurt Kaiser, 1934-

MANNA
Irregular

2. Bendiciones puedes recibir,
Si le entregas fiel tu vida a tu Salvador.
Eres tú dichoso al decir:
"A Jesús con fe yo siempre le seguiré".

Coro
Santo Espíritu, Fiel, celestial,
Quédate aquí, Y llénanos de tu amor.
Y por tus obras te damos hoy loor;
Y sin dudar yo sé que nueva vida en ti
Tendremos siempre aquí.

2. There are blessings you cannot receive
Till you know Him in His fullness, and believe.
You're the one to profit when you say,
"I am going to walk with Jesus all the way."

Refrain
Sweet Holy Spirit, Sweet Heav'nly Dove,
**You're right here with us*
Filling us with Your love.
And for these blessings
We lift our hearts in praise;
Without a doubt we'll know that we have been revived,
When we shall leave this place.

*Author's original word is "stay."

101 Oh, deja que el Señor
Spirit Song

D15

El Espíritu Santo cayó sobre todos los que oían la palabra — Hechos 10:44 RVA
The Holy Spirit came on all who heard the message — Acts 10:44 NIV

Re La7 Re Sol La7 Fa♯m7
1. Oh, de - ja que el Se-ñor te en-vuel-va, con su Es - pí - ri -
le lo que te im - pi - da y su Es - pí - ri -
O let the Son of God en - fold you with His Spir - it
have the things that hold you, and His Spir - it,
Sim 1 Mim7 La7
tu de a - mor, Sa - tis - fa - ga hoy tu al - ma y co - ra -
tu ven - drá So - bre
and His love; Let Him fill your heart and sat - is - fy your
like a dove, Will de -
Re La7 Re 2 Mim7
zón. En - tré - ga - ti, y vi - da
soul. O let Him scend up - on your
La7 Re Sol La7 Sol
nue - va te da - rá. Cris - to, oh
life and make you whole. Je - sus, O

LETRA / WORDS: John Wimber, 1934-; es traducción.
MÚSICA / MUSIC: John Wimber, 1934-

SPIRIT SONG
Irregular

2. Alzamos nuestra voz con gozo,
nuestra alabanza a ti;
Con dulzura te entregamos nuestro ser.
Entrega toda tu tristeza
en el nombre de Jesús,
Y abundante vida hoy tendrás en él.

Coro
Cristo, oh Cristo,
Ven y llénanos.
Cristo, oh Cristo,
Llénanos de ti.

2. O come and sing the song with gladness
as your hearts are filled with joy;
Lift your hands in sweet surrender to His name.
O give Him all your tears and sadness;
give Him all your years of pain,
And you'll enter into life in Jesus' name.

Refrain
Jesus, O Jesus,
Come and fill Your lambs.
Jesus, O Jesus,
Come and fill Your lambs.

102 Espíritu de Dios
Oh Spirit of God

Más bien, sed llenos del Espíritu Santo — Efesios 5:18 RVA
Instead, be filled with the Spirit — Ephesians 5:18 NIV

Mim

Es - pí - ri - tu de Dios, lle - na mi
Oh Spir - it of God, come fill my

Re Do

vi - da, lle - na mi al - ma,
life, come fill my soul,

Re7 **3ra vez a la Coda** 1 Si(7) 2 Si(7)

lle - na mi ser. Es- ser.
my all in all. Oh all.

Mim

Llé - na - me, llé - na - me Con tu pre -
Fill me now, fill me now; Come with your

LETRA / WORDS: Anónimo / Anonymous; tr., Eduardo Steele
MÚSICA / MUSIC: Anónimo / Anonymous; arr., Annette Herrington, Eduardo Steele

ESPIRITU DE DIOS
Irregular

Re
sen - cia; llé - na - me, llé - na - me Con tu po -
pre-sence, fill me now, fill me now; Come with your
Do
Si(7)
1
der; llé-na-me, llé-na - me Con tu a - mor.
pow'r, fill me now, fill me now; Come with your love.
Si(7)
2
D.S. al Coda
mor. Es -
love. Oh
Si(7)
Coda
rit.
Mim
ser. Es - pí - ri - tu de Dios.
all. Oh Spir - it of God.

103 Gloria a tu nombre por doquier

D17

Doy gracias a tu nombre por tu misericordia y tu verdad — Salmo 138:2 RVA

LETRA: Donna Adkins, 1940-; es traducción.
MÚSICA: Donna Adkins, 1940-

GLORIFY THY NAME
Irregular

D17

Glorify Thy Name

103

I will ... praise your name for your love and your faithfulness — Psalm 138:2 NIV

WORDS: Donna Adkins, 1940-
MUSIC: Donna Adkins, 1940-

GLORIFY THY NAME
Irregular

104 Bellas palabras de vida

D18

En tus ordenanzas meditaré — Salmo 119:15 RVA

C:1 Mi
Si7
Mi
1. ¡Oh, can - tád - me - las o - tra vez! Be - llas pa - la-bras de vi - da;
2. Je - su - cris - to a to - dos da Be - llas pa - la-bras de vi - da;
3. Gra - to el cán - ti - co so - na - rá, Be - llas pa - la-bras de vi - da;
Si7
Mi
Ha - llo en e - llas mi go - zo y luz, Be - llas pa - la-bras de vi - da.
El lla - mán - do - te hoy es - tá, Be - llas pa - la-bras de vi - da.
Tus pe - ca - dos per - do - na - rá, Be - llas pa - la-bras de vi - da.
La Mi
La Mi
Sí, de luz y vi - da Son sos - tén y guí - a;
Bon - da - do - so te sal - va, Y al cie - lo te lla - ma;
Sí, de luz y vi - da Son sos - tén y guí - a;
Si7 Mi Si7 Mi
¡Qué be - llas son, qué be - llas son! Be - llas pa - la-bras de vi - da,
Si7 Mi Si7 Mi
¡Qué be - llas son, qué be - llas son! Be - llas pa - la-bras de vi - da.

LETRA: Philip P. Bliss, 1838-1876; tr., Julia Butler
MÚSICA: Philip P. Bliss, 1838-1876

WORDS OF LIFE
Irregular

Wonderful Words of Life

I will meditate on your precepts — Psalm 119:15 KJV

C:1 E B7 E

1. Sing them o - ver a - gain to me, Won - der - ful words of life;
2. Christ, the bless - ed One, gives to all Won - der - ful words of life;
3. Sweet - ly ech - o the gos - pel call, Won - der - ful words of life;

B7 E

Let me more of their beau - ty see, Won - der - ful words of life;
Sin - ner, list to the lov - ing call, Won - der - ful words of life;
Of - fer par - don and peace to all, Won - der - ful words of life;

A E A E

Words of life and beau - ty, Teach me faith and du - ty
All so free - ly giv - en, Woo - ing us to heav - en:
Je - sus, on - ly Sav - ior, Sanc - ti - fy for - ev - er,

B7 E B7 E

Beau - ti - ful words, won - der - ful words, Won - der - ful words of life;

B7 E B7 E

Beau - ti - ful words, won - der - ful words, Won - der - ful words of life.

WORDS: Philip P. Bliss, 1838-1876
MUSIC: Philip P. Bliss, 1838-1876

WORDS OF LIFE
Irregular

105 Vida abundante

D19

Yo he venido para que tengan vida... en abundancia — Juan 10:10 RVA

Sol Do Sol
Vi - da a-bun-dan - te Je - sús o - fre - ce, Vi - da triun-fan - te de
La7 Re Sol Do La7
dí - a en dí - a; Él es la fuen - te de vi - da e - ter - na que
Sol La7 Re7 Sol
Fine
Do
bro - ta siem - pre en mi co - ra - zón.
1. En la cruz mu - rió mi Je -
2. La mu - jer que fue y to -
3. En la cruz pi - dió el mal - he -
Sol Re Sol Sol7
sús; Con su muer - te vi - da me dio; Por su gra - cia me trans - for -
có El ves - ti - do del Se - ñor; Por su fe sa - lud re - ci -
chor De su al - ma la sal - va - ción; Vi - da e - ter - na pu - do al - can -
Do Sol La7 Re7 Sol
D.C. al Fine
mó Y la vi - da a - bun - dan - te me con - ce - dió.
bió Y la vi - da a - bun - dan - te Je - sús le dio.
zar, Pues la vi - da a - bun - dan - te Je - sús le dio.

LETRA: Rafael Enrique Urdaneta M., 1941-
MÚSICA: Rafael Enrique Urdaneta M., 1941-

VIDA ABUNDANTE
8.8.8.11. con Coro

D19

Life in Abundance

105

I have come that they may have life ... more abundantly – John 10:10 KJV

G C G A7 D G C A7 G A7 D7 G C G D G G7 C G A7 D7 G
Fine
D.C. al Fine
Life in a-bun-dance is what He of-fers, Tri-umph and vic-t'ry for e-v'ry day; He is the Foun-tain that's e-ver flow-ing with-in my heart to e-ter-nal life.
1. On the cross is where Je-sus died, With His death He pur-chased my life; By His grace He trans-formed my mind, He's a-bun-dant-ly giv-ing me life to-day.
2. 'Twas a wo-man who sought the Lord, When she found him she touched His robe, And by faith her health was re-stored; He a-bun-dant-ly gave her life on that day.
3. On the cross the thief asked for grace That his soul might one day be saved; In that in-stant Je-sus for-gave, He a-bun-dant-ly gave him life on that day.

WORDS: Rafael Enrique Urdaneta M., 1941-; tr., Regino Ramos, Jr.
MUSIC: Rafael Enrique Urdaneta M., 1941-

VIDA ABUNDANTE
8.8.8.11. with Refrain

106 Me guía él

D20

Junto a aguas tranquilas me conduce — Salmo 23:2 RVA

Do Fa Do Sol
1. Me guí - a él, con cuán - to a - mor, Me guí - a siem - pre mi Se - ñor;
2. En el a - bis - mo del do - lor O don - de in - ten - so bri - lla el sol,
3. La ma - no quie - ro yo to - mar De Cris - to; nun - ca va - ci - lar,
4. Y la ca - rre - ra al ter - mi - nar, El al - ba e - ter - na al vis - lum - brar,
Do Fa Do Lam Do Sol7 Do
En to - do tiem - po pue - do ver Con cuán - to a - mor me guí - a él.
En dul - ce paz o en lu - cha cruel, Con gran bon - dad me guí - a él.
Cum - plien - do con fi - de - li - dad Su sa - bia y san - ta vo - lun - tad.
No ha - brá ni du - das ni te - mor, Pues me guia - rá mi buen Pas - tor.
Sol7 Do Fa Do Fa Do Lam Do Sol
Me guí - a él, me guí - a él, Con cuán - to a - mor me guí - a él;
Sol7 Do Sol7 Do Fa Do Fa Do Lam Do Sol7 Do
No a - bri - go du - das ni te - mor, Pues me con - du - ce el buen Pas - tor.

LETRA: Joseph H. Gilmore, 1834-1918; tr., Epigmenio Velasco
MÚSICA: William B. Bradbury, 1816-1868

HE LEADETH ME
8.8.8.8.(M.L.) con Coro

He Leadeth Me! O Blessed Thought 106

He leadeth me beside the still waters – Psalm 23:2 KJV

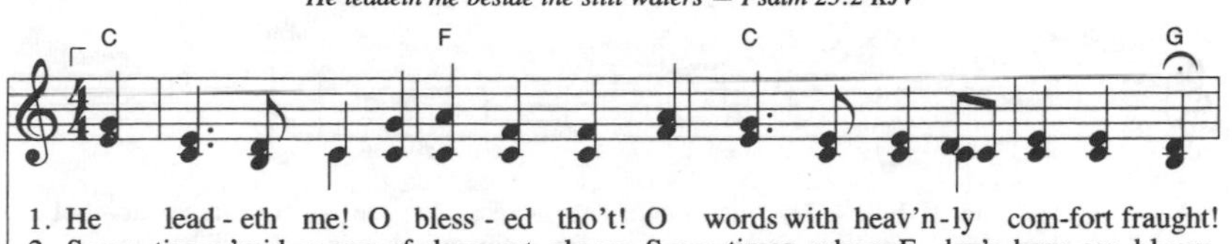

1. He lead-eth me! O bless-ed tho't! O words with heav'n-ly com-fort fraught!
2. Some-times 'mid scenes of deep-est gloom, Some-times where E-den's bow-ers bloom,
3. Lord, I would clasp Thy hand in mine, Nor ev-er mur-mur nor re-pine,
4. And when my task on earth is done, When, by Thy grace, the vic-t'ry's won,

What-e'er I do, wher-e'er I be, Still 'tis God's hand that lead-eth me!
By wa-ters still, o'er trou-bled sea, Still 'tis His hand that lead-eth me!
Con-tent, what-ev-er lot I see, Since 'tis Thy hand that lead-eth me!
E'en death's cold wave I will not flee, Since God thro' Jor-dan lead-eth me!

He lead-eth me, He lead-eth me, By His own hand He lead-eth me:

His faith-ful fol-l'wer I would be, For by His hand He lead-eth me.

WORDS: Joseph H. Gilmore, 1834-1918
MUSIC: William B. Bradbury, 1816-1868

HE LEADETH ME
8.8.8.8.(L.M.) with Refrain

107
Revelado al fin será
D21
He aquí, os digo un misterio — 1 Corintios 15:51 RVA
C:3
Unísono
La7 Re Mim7 La7 Re Re7 Sol La7 Re Sim Mim Fa♯7 Sim Sol La7 Re Sim Mim La7 Sol Re
1. De un bul - bo na - cen flo - res; la se - mi - lla un ár - bol da; De ca - pu - llos ma - ri - po - sas vue - lan a la li - ber - tad. Tras la nie - ve del in - vier - no pri - ma - ve - ra ha de bro - tar; Lo que só - lo Dios ve a - ho - ra re - ve - la - do al fin se - rá.
2. Hay un can - to en el si - len - cio que al - gún dí - a ha de vi - brar; Un a - ma - ne - cer her - mo - so tras la no - che ha de lle - gar. Del pa - sa - do, a un fu - tu - ro que ig - no - ra - mos qué trae - rá; Lo que só - lo Dios ve a - ho - ra re - ve - la - do al fin se - rá.
3. Nues - tro fin se - rá el prin - ci - pio, nues - tro tiem - po, in - fi - ni - dad; Nues - tras du - das, cer - ti - dum - bre, nues - tra vi - da e - ter - ni - dad; Nues - tra muer - te, nue - va vi - da de vic - to - ria y ma - jes - tad; Lo que só - lo Dios ve a - ho - ra re - ve - la - do al fin se - rá.

LETRA: Natalie Sleeth, 1930-1992; tr., Adelina Almanza
MÚSICA: Natalie Sleeth, 1930-1992

PROMISE
8.7.8.7.D.

D21

In the Bulb There Is a Flower

107

Listen, I tell you a mystery — 1 Corinthians 15:51 NIV

C:3
Unison
A7 D Em7
1. In the bulb there is a flower; in the seed, an apple
2. There's a song in every silence, seeking word and melo-
3. In our end is our beginning; in our time, infini-
A7 D
tree; In cocoons a hidden promise: butterflies will soon be
dy; There's a dawn in every darkness bringing hope to you and
ty; In our doubt there is believing; in our life, eterni-
D7 G A7 D Bm Em F♯7
free! In the cold and snow of winter there's a spring that waits to
me. From the past will come the future; what it holds, a myster-
ty. In our death, a resurrection; at the last, a victo-
Bm G A7 D Bm Em A7 G D
be, Unrevealed until its season, something God alone can see.
y, Unrevealed until its season, something God alone can see.
ry, Unrevealed until its season, something God alone can see.

WORDS: Natalie Sleeth, 1930-1992
MUSIC: Natalie Sleeth, 1930-1992

PROMISE
8.7.8.7.D.

108 No hay cual Jesús

Ya no os llamo más siervos... os he llamado amigos — Juan 15:15 RVA

C:1 Mi La Mi Si(7) Mi Si7 Mi

1. No hay cual Je - sús o - tro fiel a - mi - go. No lo hay, no lo hay.
2. No hay o - tro a - mi - go tan pu - ro y san - to. No lo hay, no lo hay.
3. No hay un ins - tan - te en que nos ol - vi - de. No lo hay, no lo hay.
4. No hay o - tro a - mor co - mo el de Cris - to. No lo hay, no lo hay.
5. No hay o - tro don co - mo nues - tro Cris - to. No lo hay, no lo hay.

La Mi Si(7) Mi Si7 Mi

O - tro que pue - da sal - var las al - mas. No lo hay, no lo hay.
Ni o - tro a - quí que es tan hu - mil - de. No lo hay, no lo hay.
No hay no - che obs - cu - ra que no nos cui - de. No la hay, no la hay.
Ha pro - me - ti - do es - tar con - mi - go, Has - ta el fin, has - ta el fin.
Nos lle - va - rá al ho - gar di - vi - no. ¡Glo - ria a Dios, glo - ria a Dios!

Si(7)

Co - no - ce to - das nues - tras lu - chas, Y só - lo él nos sos - ten - drá.

Mi La Mi Si(7) Mi Si7 Mi

No hay cual Je - sús o - tro fiel a - mi - go. No lo hay, no lo hay.

LETRA: Johnson Oatman, Jr., 1856-1922; tr. estrofas 1, 3, 4, anónimo; estrofas 2, 5, Eduardo Steele
MÚSICA: George C. Hugg, 1848-1907

HARPER MEMORIAL
10.6.10.6. con Coro

No, Not One

108

D22

I no longer call you servants ... I have called you friends – John 15:15 NIV

C:1
E A E B(7) E B7 E
1. There's not a friend like the low - ly Je - sus, No, not one! No, not one!
2. No friend like Him is so high and ho - ly, No, not one! No, not one!
3. There's not an hour that He is not near us, No, not one! No, not one!
4. Did ev - er saint find this friend for - sake Him? No, not one! No, not one!
5. Was e'er a gift like the Sav - ior giv - en? No, not one! No, not one!
A E B(7) E B7 E
None else could heal all our soul's dis - eas - es, No, not one! No, not one!
And yet no friend is so meek and low - ly, No, not one! No, not one!
No night so dark but His love can cheer us, No, not one! No, not one!
Or sin - ner find that He would not take him? No, not one! No, not one!
Will He re - fuse us a home in heav - en? No, not one! No, not one!
B(7)
Je - sus knows all a - bout our strug - gles, He will guide till the day is done;
E A E B(7) E B7 E
There's not a friend like the low - ly Je sus, No, not one! No, not one!

WORDS: Johnson Oatman, Jr., 1856-1922
MUSIC: George C. Hugg, 1848-1907

HARPER MEMORIAL
10.6.10.6. with Refrain

109 Un mandamiento nuevo
A New Commandment

D23

Este es mi mandamiento: que os améis los unos a los otros — Juan 15:12 RVA
My command is this: Love each other as I have loved you —John 15:12 NIV

Mim
Si7
Unísono / *Unison*
1. Un man - da - mien - to nue - vo os doy:
A new com - mand - ment with your heart,
Mim
Mim
1
2
Que os a - méis u - nos a o - tros; Un o - tros;
Tru - ly car - ing, not pre - tend - ing, A tend - ing,
Lam
Mim
Co - mo yo os he a - ma - do, Co - mo yo os he a -
Just as I have al - ways loved you, just as I have al - ways
Si7
Mim
1
ma - do, Que os a - méis tam - bién vo - so - tros.
loved you, You should all love one an - oth - er.

LETRA / WORDS: Gladys Terán de Prado, 1939-; tr. Regino Ramos, Jr.
MÚSICA / MUSIC: Gladys Terán de Prado, 1939-, arr., Felipe Kirk Bullington

MANDAMIENTO NUEVO
Irregular

2. Amémonos de corazón
Y de labios no fingidos

Amémonos de corazón
Y de labios no fingidos

Para cuando Cristo venga,
Para cuando Cristo venga
Estemos apercibidos.

Para cuando Cristo venga,
Para cuando Cristo venga
Estemos apercibidos.

3. ¿Cómo puedo yo orar
Resentido con mi hermano?

¿Cómo puedo yo orar
Resentido con mi hermano?

Dios no escucha la oración,
Dios no escucha la oración
Si no estoy reconciliado.

Dios no escucha la oración,
Dios no escucha la oración
Si no estoy reconciliado.

2. Love one another with your heart,
Truly caring, not pretending,

Love one another with your heart,
Truly caring, not pretending,

So that when our Lord shall come,
So that when our Lord shall come,
He shall find us waiting for Him.

So that when our Lord shall come,
So that when our Lord shall come,
He shall find us waiting for Him.

3. With resentment in my heart,
How can I kneel down in prayer?

With resentment in my heart,
How can I kneel down in prayer?

God will not honor our prayer;
God will not honor our prayer;
Unless we all love each other.

God will not honor our prayer;
God will not honor our prayer;
Unless we all love each other.

110 Que mi vida entera esté

D24

Que presentéis vuestros cuerpos como sacrificio vivo, santo y agradable a Dios — Romanos 12:1 RVA

C:1 Mi Sol♯m Si7 Mi Do♯m La Fa♯m

1. Que mi vi - da en - te - ra es - té Con - sa - gra - da a
2. Que mis pies tan só - lo en pos De lo san - to
3. Que mis la - bios al ha - blar Ha - blen só - lo
4. To - ma, ¡oh Dios!, mi vo - lun - tad, Y haz - la tu - ya

Mi Si7 Mi Si(7) Si7 Sol♯m Si7 Mi La Mi

ti, Se - ñor; Que a mis ma - nos pue - da guiar El im - pul - so
pue - dan ir; Y que a ti, Se - ñor, mi voz Se com - plaz - ca en
de tu a - mor; Que mis bie - nes o - cul - tar No los pue - da a
na - da más; To - ma, sí, mi co - ra - zón, Y tu tro - no en

Si7 Mi Si(7) Do♯m Si Mi La Mi Si(7) Mi

de tu a - mor, El im - pul - so de tu a - mor.
ben - de - cir, Se com - plaz - ca en ben - de - cir.
ti, Se - ñor, No los pue - da a ti, Se - ñor.
él ten - drás, Y tu tro - no en él ten - drás.

LETRA: Frances R. Havergal, 1836-1879; tr., Vicente Mendoza
MÚSICA: Henri A. C. Malan, 1787-1864; arr., Lowell Mason

HENDON
7.7.7.7.7.7.

D24

Take My Life, and Let It Be 110

Offer your bodies as living sacrifices, holy and pleasing to God — Romans 12:1 NIV

1. Take my life and let it be
Consecrated, Lord, to Thee;
Take my hands and let them move
At the impulse of Thy love,
At the impulse of Thy love.

2. Take my feet and let them be
Swift and beautiful for Thee;
Take my voice and let me sing
Always, only, for my King,
Always, only, for my King.

3. Take my silver and my gold,
Not a mite would I withhold;
Take my moments and my days,
Let them flow in ceaseless praise,
Let them flow in ceaseless praise.

4. Take my will and make it Thine,
It shall be no longer mine;
Take my heart, it is Thine own,
It shall be Thy royal throne,
It shall be Thy royal throne.

WORDS: Frances R. Havergal, 1836-1879
MUSIC: Henri A. C. Malan, 1787-1864; arr., Lowell Mason

HENDON
7.7.7.7.7.

111 Vivo por Cristo
Living for Jesus

Para que andéis como es digno del Señor — Colosenses 1:10 RVA
That you may live a life worthy of the Lord — Colossians 1:10 NIV

Fa Si♭ Fa Do Fa7 Si♭ Si♭m Fa Do Fa

1. Vi - vo por Cris-to, con - fian - do en su a - mor, Vi - da me im-par - te, po-
Liv-ing for Je - sus a life that is true, Striv - ing to please Him in

Sol Do Fa Si♭ Fa Do Fa7 Si♭ La

der y va - lor; Gran - de es el go - zo que ten - go por él,
all that I do; Yield - ing al - le - giance, glad - heart - ed and free,

Solm Mi Fa Solm7 Fa Lam Do7 Fa Do

Es de mi sen - da, Je - sús, guí - a fiel. ¡Oh Sal - va - dor ben-
This is the path - way of bless - ing for me. O Je - sus, Lord and

Fa Solm Re7 Solm Do7 Si♭ Fa

di - to!, Me doy tan só - lo a ti, Por - que tú en el Cal - va - rio Te
Sav - ior, I give my - self to Thee; For Thou, in Thine a - tone - ment, Didst

LETRA / WORDS: Thomas O. Chisholm, 1866-1960; tr., George P. Simmonds
MÚSICA / MUSIC: Harold C. Lowden, 1883-1963

LIVING
10.10.10.10. con Coro / with Refrain

2. Vivo por Cristo, murió él por mí.
Siempre servirle mi alma anheló;
Porque me ha dado tal prueba de amor,
Yo hoy me rindo por siempre al Señor.

Coro

¡Oh Salvador bendito!, me doy tan sólo a ti,
Porque tú en el Calvario te diste allí por mí;
No tengo más Maestro, yo fiel te serviré;
A ti me doy, pues tuyo soy,
De mi alma, eterno Rey.

3. Vivo sirviendo, siguiendo al Señor;
Quiero imitar a mi buen Salvador.
Busco a las almas hablándoles de él,
Y es mi deseo ser constante y fiel.

Coro

2. Living for Jesus who died in my place,
Bearing on Calv'ry my sin and disgrace;
Such love constrains me to answer His call,
Follow His leading, and give Him my all.

Refrain

O Jesus, Lord and Savior, I give myself to Thee;
For Thou, in Thine atonement,
Didst give Thyself for me;
I own no other Master,
My heart shall be Thy throne;
My life I give, henceforth to live,
O Christ, for Thee alone.

3. Living for Jesus thro' earth's little while,
My dearest treasure, the light of His smile;
Seeking the lost ones He died to redeem,
Bringing the weary to find rest in Him.

Refrain

112 Heme aquí, oh Señor

Guíame, oh Jehovah, en tu justicia — Salmo 5:8 RVA

LETRA: R. Maines Rawls, 1916-; tr., Salomón R. Mussiett
MÚSICA: R. Maines Rawls, 1916-

LANGELY
Irregular

113 La dicha del perdón

Bienaventurado aquel cuya transgresión ha sido perdonada, y ha sido cubierto su pecado. Bienaventurado el hombre a quien Jehovah no atribuye iniquidad, y en cuyo espíritu no hay engaño. Mientras callé, se envejecieron mis huesos en mi gemir, todo el día. Porque de día y de noche se agravó sobre mí tu mano; mi vigor se convirtió en sequedades de verano. Mi pecado te declaré y no encubrí mi iniquidad. Dije: "Confesaré mis rebeliones a Jehovah." Y tú perdonaste la maldad de mi pecado.

Salmo 32:1-5 RVA

D26

Take My Life, Lead Me, Lord

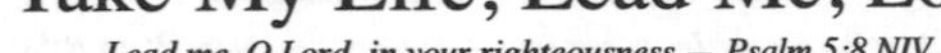

Lead me, O Lord, in your righteousness — Psalm 5:8 NIV

C:1

1. Take my life, lead me, Lord, Take my life, lead me, Lord, Make my life use-ful to Thee; Take my life, lead me, Lord, Take my life, lead me, Lord, Make my life use-ful to Thee.
2. Take my life, teach me, Lord, Take my life, teach me, Lord, Make my life use-ful to Thee; Take my life, teach me, Lord, Take my life, teach me, Lord, Make my life use-ful to Thee.
3. Here am I, send me, Lord, Here am I, send me, Lord, Make my life use-ful to Thee; Here am I, send me, Lord, Here am I, send me, Lord, Make my life use-ful to Thee.

WORDS: R. Maines Rawls, 1916-
MUSIC: R. Maines Rawls, 1916-

LANGELY
Irregular

The Joy of Forgiveness

Blessed is he whose transgressions are forgiven, whose sins are covered. Blessed is the man whose sin the Lord does not count against him and in whose spirit is no deceit. When I kept silent, my bones wasted away through my groaning all day long. For day and night your hand was heavy upon me; my strength was sapped as in the heat of summer. Then I acknowledged my sin to you and did not cover up my iniquity. I said, "I will confess my transgressions to the Lord" — and you forgave the guilt of my sin.

Psalm 32:1-5 NIV

114 Confío yo en Cristo

Junto a la cruz de Jesús estaban su madre... — Juan 19:25 RVA

C:1 Do Do°7 Do Sol7 Rem7 Sol7 Do

1. Con - fí - o yo en Cris - to, Que en la cruz mu - rió;
2. Me cu - bre tu jus - ti - cia De ple - na per - fec - ción;
3. Ve - nir a ti me in - vi - tas A dis - fru - tar, Se - ñor,

Mi Lam Mi7 Lam La7 Rem Lam Rem7 Fa7 Mi

Y por su muer - te, lis - to, Voy a la glo - ria yo.
Tú e - res mi de - li - cia, Mi e - ter - na sal - va - ción.
De - li - cias in - fi - ni - tas Y ce - les - tial a - mor.

Do Do7 Fa La Rem

Con san - gre tan va - lio - sa Mis cul - pas la - va él,
Je - sús, en ti des - can - so. Re - po - so tú me das;
Es - pe - ro yo mi - rar - te, O - ír tu dul - ce voz;

Sol7 Do Do7 Fa Do Mim Sol7 Do

La de - rra - mó co - pio - sa El san - to E - ma - nuel.
Con cal - ma yo a - van - zo Al cie - lo, don - de es - tás.
Es - pe - ro a - la - bar - te, ¡Mi Sal - va - dor, mi Dios!

LETRA: Elizabeth C. Clephane, 1830-1869; traducción en *Estrella de Belén*.
MÚSICA: Frederick C. Maker, 1844-1927

ST. CHRISTOPHER
Irregular

D27

Beneath the Cross of Jesus

Near the cross of Jesus stood his mother — John 19:25 NIV

C:1 C
C°7
C
G7
Dm7 G7 C
1. Be - neath the cross of Je - sus I fain would take my stand,
2. Up - on that cross of Je - sus Mine eye at times can see
3. I take, O Cross, thy shad - ow For my a - bid - ing place;
E Am
E7 Am
A7 Dm Am Dm7
F7 E
The shad - ow of a might - y rock With - in a wea - ry land;
The ver - y dy - ing form of One Who suf - fered there for me;
I ask no oth - er sun - shine than The sun - shine of His face;
C
C7 F A Dm
A home with - in the wil - der - ness, A rest up - on the way,
And from my smit - ten heart with tears Two won - ders I con - fess,
Con - tent to let the world go by, To know no gain or loss,
G7 C C7 F C Em G7 C
From the burn - ing of the noon - tide heat And the bur - den of the day.
The won - ders of His glo - rious love And my un - wor - thi - ness.
My sin - ful self my on - ly shame, My glo - ry all the cross.

WORDS: Elizabeth C. Clephane, 1830-1869
MUSIC: Frederick C. Maker, 1844-1927

ST. CHRISTOPHER
Irregular

115 Haz lo que quieras

E1

Yo caminaré en tu verdad – Salmo 86:11 RVA

C:1
Re Sol Re La7
1. Haz lo que quie - ras de mí, Se - ñor; Tú el Al - fa -
2. Haz lo que quie - ras de mí, Se - ñor; Mí - ra - me y
3. Haz lo que quie - ras de mí, Se - ñor; Cu - ra mis
4. Haz lo que quie - ras de mí, Se - ñor; Guí - a mi
Re Sol Re Re7
re - ro, yo el ba - rro soy; Dó - cil y hu - mil - de an - he - lo
prue - ba mi co - ra - zón; Lá - va - me y qui - ta to - da mal -
lla - gas y mi do - lor; Tu - yo es, ¡oh Cris - to!, to - do po -
vi - da, Se - ñor, a - quí; De tu po - ten - cia lle - na mi

Sol Re La7 Re
ser; Pues tu de - se - o es mi que - rer.
dad Pa - ra que pue - da con - ti - go es - tar.
der; Tu ma - no ex - tien - de y sa - na - ré.
ser, Y el mun - do a Cris - to pue - da en mí ver.

LETRA: Adelaide A. Pollard, 1862-1934; tr., Ernesto Barocio
MÚSICA: George C. Stebbins

ADELAIDE
5.4.5.4.D.

E1

Have Thine Own Way, Lord

I will walk in thy truth — Psalm 86:11 KJV

C:1 D G D A7

1. Have Thine own way, Lord! Have Thine own way! Thou art the
2. Have Thine own way, Lord! Have Thine own way! Search me and
3. Have Thine own way, Lord! Have Thine own way! Wound - ed and
4. Have Thine own way, Lord! Have Thine own way! Hold o'er my

D G D D7

pot - ter, I am the clay! Mold me and make me Af - ter Thy
try me, Mas - ter, to - day! Whit - er than snow, Lord, Wash me just
wea - ry, Help me, I pray! Pow - er, all pow - er Sure - ly is
be - ing Ab - so - lute sway! Fill with Thy Spir - it Till all shall

G D A7 D

will, While I am wait - ing, Yield - ed and still.
now, As in Thy pres - ence Hum - bly I bow.
Thine! Touch me and heal me, Sav - ior di - vine.
see Christ on - ly, al - ways, Liv - ing in me.

WORDS: Adelaide A. Pollard, 1862-1934
MUSIC: George C. Stebbins

ADELAIDE
5.4.5.4.D.

116 Cristo de todo es Rey

E2

La paz por medio de Jesucristo. Él es el Señor de todos — Hechos 10:36 RVA

C:1
Do Re°7 Do Sol7 Do Sol7
1. Cris - to es mi Due - ño, mi Rey y Se - ñor; Mi a-
2. San - to y ben - di - to es mi Rey Sal - va - dor,
3. ¿Quie - res ren - dir - le tu vi - da al Se - ñor
Do Re7 Rem7 Sol Do Do7
mor y mi glo - ria es él; Él me a-com - pa - ña en
Dig - no es de glo - ria y de prez; Le doy mi tri - bu - to y lo -
Y siem-pre an-dar en su ley? A - cép - ta - le hoy co - mo
Fa Fa♯°7 Do Sol7 Do
paz o en do - lor, Él es mi a - mi - go fiel.
or con a - mor, Vi - da y ca - mi - no es él.
tu Sal - va - dor, Haz - le a él tu Rey.
Sol7 Mim7 Do Fa Do Re7 Sol Do
Cris - to es el Buen Pas - tor, Cris - to de to - do es Rey: De mi pen -
Do7 Fa Fa♯°7 Do Sol7 Do
sar y de to - do mi a - mor. Cris - to de to - do es Rey.

LETRA: LeRoy McClard, 1926-; tr., Agustín Ruiz V.
MÚSICA: LeRoy McClard, 1926-

LORDSHIP OF CHRIST
Irregular

Jesus Is Lord of All

116

Peace through Jesus Christ, who is Lord of all — Acts 10:36 NIV

E2
C:1
1. Je - sus is Sav - ior and Lord of my life,
2. Bless - ed Re - deem - er, all glo - ri - ous King,
3. Will you sur - ren - der your all to Him now?
My hope, my glo - ry, my all; Won - der - ful Mas - ter in
Wor - thy of rev-'rence I pay; Trib - ute and prais - es I
Fol - low His will and o - bey, Crown Him as Sov-'reign, be -
joy and in strife, On Him, you too, may call.
joy - ful - ly bring To Him, the Life, the Way.
fore His throne bow; Give Him your heart to - day.
Je - sus is Lord of all, Je - sus is Lord of all, Lord of my
thoughts and my ser - vice each day, Je - sus is Lord of all.

WORDS: LeRoy McClard, 1926-
MUSIC: LeRoy McClard, 1926-

LORDSHIP OF CHRIST
Irregular

117 He decidido seguir a Cristo

E3

Si alguno me sirve, sígame — Juan 12:26 RVA

C:1 Do

1. He de - ci - di - do se - guir a Cris - to, He de - ci -
2. El Rey de glo - ria me ha trans - for - ma - do, El Rey de
3. Mi cruz le - van - to y si - go a Cris - to, Mi cruz le -
4. La vi - da vie - ja ya he de - ja - do, La vi - da

Fa Do

di - do se - guir a Cris - to, He de - ci - di - do se - guir a
glo - ria me ha trans-for - ma - do, El Rey de glo - ria me ha trans-for -
van - to y si - go a Cris - to, Mi cruz le - van - to y si - go a
vie - ja ya he de - ja - do, La vi - da vie - ja ya he de -

Mim Lam Sol7 Do Re7 Sol7 Do

Cris - to; No vuel - vo a - trás, no vuel - vo a - trás.
ma - do; No vuel - vo a - trás, no vuel - vo a - trás.
Cris - to; No vuel - vo a - trás, no vuel - vo a - trás.
ja - do; No vuel - vo a - trás, no vuel - vo a - trás.

LETRA: Estrofa 1, anónimo; estrofas 2, 4 originales de Roberto Savage; tr. estrofa 3, Salomón R. Mussiett
MÚSICA: Canción folklórica de India ; arr., William J. Reynolds

ASSAM
10.10.10.8.

E3

I Have Decided to Follow Jesus

Whoever serves me must follow me — John 12:26 NIV

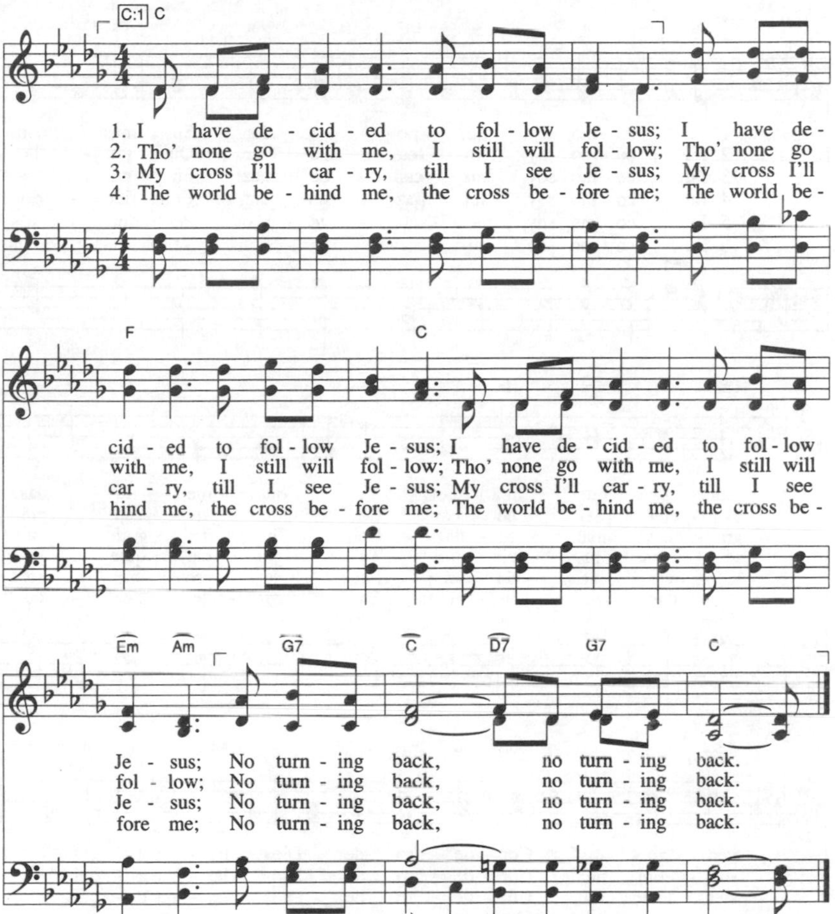

1. I have decided to follow Jesus; I have decided to follow Jesus; I have decided to follow Jesus; No turning back, no turning back.
2. Tho' none go with me, I still will follow; Tho' none go with me, I still will follow; Tho' none go with me, I still will follow; No turning back, no turning back.
3. My cross I'll carry, till I see Jesus; My cross I'll carry, till I see Jesus; My cross I'll carry, till I see Jesus; No turning back, no turning back.
4. The world behind me, the cross before me; The world behind me, the cross before me; The world behind me, the cross before me; No turning back, no turning back.

WORDS: Stanzas 1, 2, Garo Christians; stanza 3, John Clark
MUSIC: Indian Folk Song; arr., William J. Reynolds

ASSAM
10.10.10.8.

118 Tal como soy

Lávame más y más de mi maldad, y límpiame de mi pecado — Salmo 51:2 RVA

C:1 Re · La7 · Re · La

1. Tal co - mo soy, de pe - ca - dor, Sin más con -
2. Tal co - mo soy, sin es - pe - rar Qui - tar la
3. Tal co - mo soy, bus - can - do paz En mi des -
4. Tal co - mo soy, sin paz, sin luz, Con - fian - do
5. Tal co - mo soy, me a - co - ge - rás; Per - dón, a -
6. Tal co - mo soy, tu com - pa - sión Ven - ci - do ha

La7 · Sol · Re

fian - za que tu a - mor, Ya que me lla - mas,
man - cha del pe - car. Oh, pon tu san - gre
gra - cia y mal te - naz, Con - flic - to gran - de
só - lo en tu vir - tud; Tu gra - cia quie - ro
li - vio me da - rás; Pues tu pro - me - sa
to - da o - po - si - ción; Ya per - te - nez - co

Sol · (Sol) · Re · La · Re

ven - go a ti; Cor - de - ro de Dios, he - me a - quí.
so - bre mí; Cor - de - ro de Dios, he - me a - quí.
sien - to en mí; Cor - de - ro de Dios, he - me a - quí.
re - ci - bir; Cor - de - ro de Dios, he - me a - quí.
ya cre - í; Cor - de - ro de Dios, he - me a - quí.
só - lo a ti; Cor - de - ro de Dios, he - me a - quí.

LETRA: Charlotte Elliott, 1789-1871; tr., estrofas 1, 3, 5, 6; T. M. Westrup; estrofas 2, 4; Jorge Alfonso Lockward
MÚSICA: William B. Bradbury, 1816-1868

WOODWORTH
8.8.8.8.(M.L.)

E4

Just As I Am 118

Wash away all my iniquity and cleanse me from my sin — Psalm 51:2 NIV

C:1 D A7 D A A7 (G) D G (G) D A D

1. Just as I am, with - out one plea,
But that Thy blood was shed for me,
And that Thou bidd'st me come to Thee,
O Lamb of God, I come! I come!

2. Just as I am, and wait - ing not
To rid my soul of one dark blot,
To Thee whose blood can cleanse each spot,
O Lamb of God, I come! I come!

3. Just as I am, tho' tossed a - bout
With man - y a con - flict, many a doubt,
Fight - ings with - in and fears with - out,
O Lamb of God, I come! I come!

4. Just as I am, poor, wretch - ed, blind;
Sight, rich - es, heal - ing of the mind,
Yea, all I need in Thee to find,
O Lamb of God, I come! I come!

5. Just as I am, Thou wilt re - ceive,
Wilt wel - come, par - don, cleanse, re - lieve,
Be - cause Thy prom - ise I be - lieve,
O Lamb of God, I come! I come!

6. Just as I am, Thy love un - known
Hath bro - ken ev - 'ry bar - rier down;
Now to be Thine, yea, Thine a - lone,
O Lamb of God, I come! I come!

WORDS: Charlotte Elliott, 1789-1871
MUSIC: William B. Bradbury, 1816-1868

WOODWORTH
8.8.8.8.(L.M.)

119 Cuán tiernamente Jesús hoy nos llama

E5

Venid a mí, todos los que estáis fatigados y cargados, y yo os haré descansar — Mateo 11:28 RVA

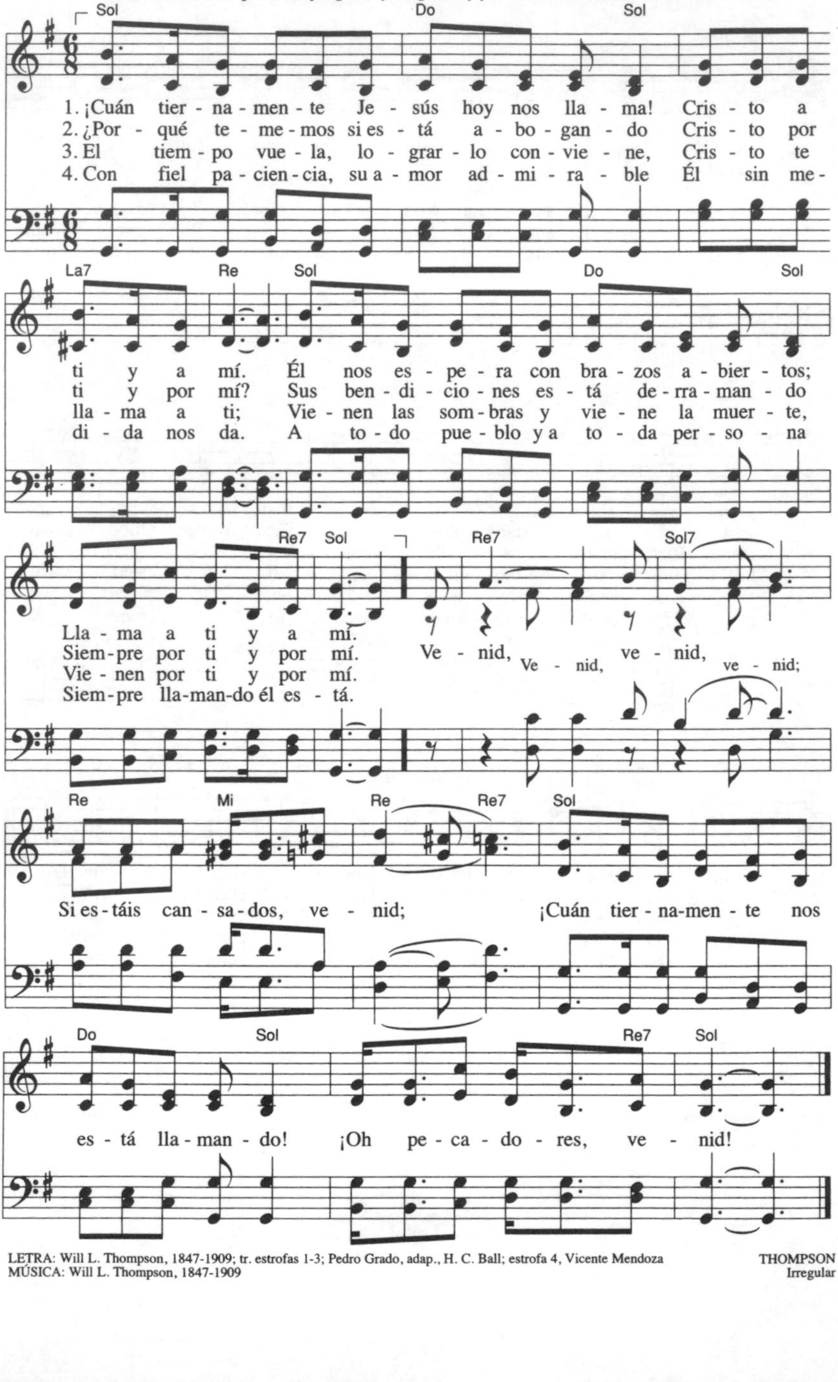

Sol Do Sol
1. ¡Cuán tier - na - men - te Je - sús hoy nos lla - ma! Cris - to a
2. ¿Por - qué te - me - mos si es - tá a - bo - gan - do Cris - to por
3. El tiem - po vue - la, lo - grar - lo con - vie - ne, Cris - to te
4. Con fiel pa - cien - cia, su a - mor ad - mi - ra - ble Él sin me -
La7 Re Sol Do Sol
ti y a mí. Él nos es - pe - ra con bra - zos a - bier - tos;
ti y por mí? Sus ben - di - cio - nes es - tá de - rra - man - do
lla - ma a ti; Vie - nen las som - bras y vie - ne la muer - te,
di - da nos da. A to - do pue - blo y a to - da per - so - na
Re7 Sol Re7 Sol7
Lla - ma a ti y a mí.
Siem - pre por ti y por mí.
Vie - nen por ti y por mí.
Siem - pre lla - man - do él es - tá.
Ve - nid, Ve - nid, ve - nid, ve - nid;
Re Mi Re Re7 Sol
Si es - táis can - sa - dos, ve - nid; ¡Cuán tier - na - men - te nos
Do Sol Re7 Sol
es - tá lla - man - do! ¡Oh pe - ca - do - res, ve - nid!

LETRA: Will L. Thompson, 1847-1909; tr. estrofas 1-3; Pedro Grado, adap., H. C. Ball; estrofa 4, Vicente Mendoza
MÚSICA: Will L. Thompson, 1847-1909

THOMPSON
Irregular

Softly and Tenderly

119

Come to me, all you who are weary and burdened, and I will give you rest — Matthew 11:28 NIV

1. Soft - ly and ten - der - ly Je - sus is call - ing, Call - ing for you and for me; See, on the por - tals He's wait - ing and watch - ing, Watch - ing for you and for me.
2. Why should we tar - ry when Je - sus is plead - ing, Plead - ing for you and for me? Why should we lin - ger and heed not His mer - cies, Mer - cies for you and for me?
3. Time is now fleet - ing, the mo - ments are pass - ing, Pass - ing from you and from me; Shad - ows are gath - er - ing, death - beds are com - ing, Com - ing for you and for me.
4. Oh! for the won - der - ful love He has prom - ised, Prom - ised for you and for me; Tho' we have sinned He has mer - cy and par - don, Par - don for you and for me.

Refrain:
Come home, (Come home,) come home, (come home,) Ye who are wea - ry come home; Ear - nest - ly, ten - der - ly, Je - sus is call - ing, Call - ing, O sin - ner, come home!

WORDS: Will L. Thompson, 1847-1909
MUSIC: Will L. Thompson, 1847-1909

THOMPSON
Irregular

120 El Salvador te espera

E6

Yo estoy a la puerta y llamo; si alguno... abre la puerta, entraré a él — Apocalipsis 3:20 RVA

C:3
Re Re♯°7 Mim Si7 Mim La7
1. En tu al - ma de - se - a Je - sús hoy en - trar, ¿No le qui-
2. Si tú te de - ci - des a Cris - to ve - nir, El pa - ra-
Re Si7 Mim Si7 Mim
sie - ras a - brir? No hay na - da en el mun - do que te ha de a - par - tar,
bién te da - rá; Por él tus ti - nie - blas ten - drán que sa - lir,
La7 Mim La7 Re Sol La7 Fa♯m
¿Qué le vas tú a de - cir? ¡Tan - to el Se - ñor te ha es - pe - ra - do a
Y con su luz te guia - rá.
Sim Mim Mim7 La7 Re Re7 Sol
ti, Y a - ún hoy te es - pe - ra o - tra vez! A ver si la
La7 Fa♯m Lam7 Si7 Mim La7 Re
puer - ta le quie - res a - brir, Quie - re él en - trar don - de es - tés.

LETRA: Ralph Carmichael, 1927-; tr., Adolfo Robleto
MÚSICA: Ralph Carmichael, 1927-

CARMICHAEL
Irregular

The Savior Is Waiting 120

I stand at the door and knock. If anyone ... opens the door, I will come in — Revelation 3:20 NIV

E6
C:3
D D♯°7 Em B7 Em A7
1. The Savior is waiting to enter your heart, Why don't you
2. If you'll take one step t'ward the Savior, my friend, You'll find His
D B7 Em B7 Em
let Him come in? There's nothing in this world to keep you apart,
arms open wide; Receive Him, and all of your darkness will end,
A7 Em A7 D G A7 F♯m
What is your answer to Him? Time, after time, He has waited be-
Within your heart He'll abide.
Bm Em Em7 A7 D D7 G
fore, And now He is waiting again To see if you're
A7 F♯m Am7 B7 Em A7 D
willing to open the door, Oh, how He wants to come in.

WORDS: Ralph Carmichael, 1927-
MUSIC: Ralph Carmichael, 1927-

CARMICHAEL
Irregular

121 Gracia admirable

E7

Según las riquezas de su gracia — Efesios 1:7 RVA

Sol Re7 Mim Do Sol Re7 Sol
1. Oh gra - cia ad-mi-ra - ble, ¡dul - ce es! ¡Que a mí, pe-ca - dor, sal - vó!
2. La gra - cia me en - se - ñó a te - mer; Del mie - do li - bre fui.
3. Pe - li - gro, lu - cha y ten - ta - ción, Por fin los lo - gré pa - sar;
4. Des-pués de a-ños mil de es - tar a - llí, En luz co - mo la del sol;
Do Sol Mim Sol Re7 Sol
Per - di-do es-ta-ba yo, mas vi - ne a sus pies; Fui cie - go, vi-sión me dio.
¡Cuán be - lla e-sa gra - cia fue en mi ser, La ho - ra en que cre - í!
La gra - cia me li - bró de per - di - ción, Y me lle-va-rá al ho - gar.
Po - dre - mos can-tar por tiem - po sin fin Las glo - rias del Se - ñor.

LETRA: Estrofas 1-3, John Newton, 1725-1807; estrofa 4, anónimo; tr., Adolfo Robleto
MÚSICA: *Virginia Harmony*, arr., Edwin O. Excell, 1851-1921

NEW BRITAIN
8.6.8.6.(M.C.)

122 Yo no tendré temor

E8

¿De quién temeré? — Salmo 27:1 RVA

C:1 Sol Re7 1 Sol 2 Sol

1. Yo no ten - dré te - mor; mor; Pon - dré mis
2. Él es - ta - rá con - mi - go; mi - go; I - rá a - de -
3. Su a - po - yo me da - rá; rá; Y con ter -
4. La Bi - blia nun - ca fa - lla; fa - lla; Sus en - se -
5. Su glo - ria él me da - rá; rá; Por las e -
6. Mar - cha - mos a su en - cuen - tro; cuen - tro; No hay te -

Do Sol La7 Sol Sim Re7 Sol

o - jos en Je - su - cris - to y no te - me - ré.
lan - te siem - pre con - mi - go y no te - me - ré.
nu - ra me re - con - for - ta y no te - me - ré.
ñan - zas me guí - an siem - pre y no te - me - ré.
da - des es mi re - fu - gio y no te - me - ré.
mo - res, va - mos con - fia - dos a la e - ter - ni - dad.

LETRA: Ellis Govan, 1897-; tr., Salomón R. Mussiett
MÚSICA: Compositor anónimo

UNAFRAID
Irregular

E7 Amazing Grace! How Sweet the Sound 121
According to the riches of his grace — Ephesians 1:7 KJV
G D7 Em C G D7 G
1. A - maz - ing grace! how sweet the sound, That saved a wretch like me!
2. 'Twas grace that taught my heart to fear, And grace my fears re - lieved;
3. Thro' man - y dan - gers, toils, and snares, I have al - read - y come;
4. When we've been there ten thou - sand years, Bright shin - ing as the sun,
C G Em G D7 G
I once was lost, but now am found, Was blind, but now I see.
How pre - cious did that grace ap - pear The hour I first be - lieved!
'Tis grace hath bro't me safe thus far, And grace will lead me home.
We've no less days to sing God's praise Than when we first be - gun.
WORDS: St. 1-3, John Newton, 1725-1807; st. 4, anonymous
MUSIC: Virginia Harmony, arr. Edwin O. Excell, 1851-1921
NEW BRITAIN
8.6.8.6.(C.M.)
E8 I Will Not Be Afraid 122
Whom shall I fear? — Psalm 27:1 NIV
C:1 G D7 1 G 2 G
1. I will not be a - fraid, fraid; I will look
2. He says He will be with me, with me; He goes be -
3. His arms are un - der - neath me, neath me; His hands up -
4. His Word will stand for - ev - er, ev - er; His truth — it
5. He will give grace and glo - ry, glo - ry; His cross be -
6. So we go sing - ing on - ward, on - ward; We're press - ing
C G A7 G Bm D7 G
up - ward, And trav - el on - ward, And not be a - fraid.
fore me, And is be - side me, So I'm not a - fraid.
hold me, His love en - folds me, So I'm not a - fraid.
shall be My shield and buck - ler, So I'm not a - fraid.
fore me, His ban - ner o'er me, So I'm not a - fraid.
up - ward, We're march - ing home - ward To Him un - a - fraid.
WORDS: Ellis Govan, 1897-
MUSIC: Anonymous
UNAFRAID
Irregular

123 Tuyo soy, Jesús

E9

Acerquémonos con corazón sincero, en plena certidumbre de fe — Hebreos 10:22 RVA

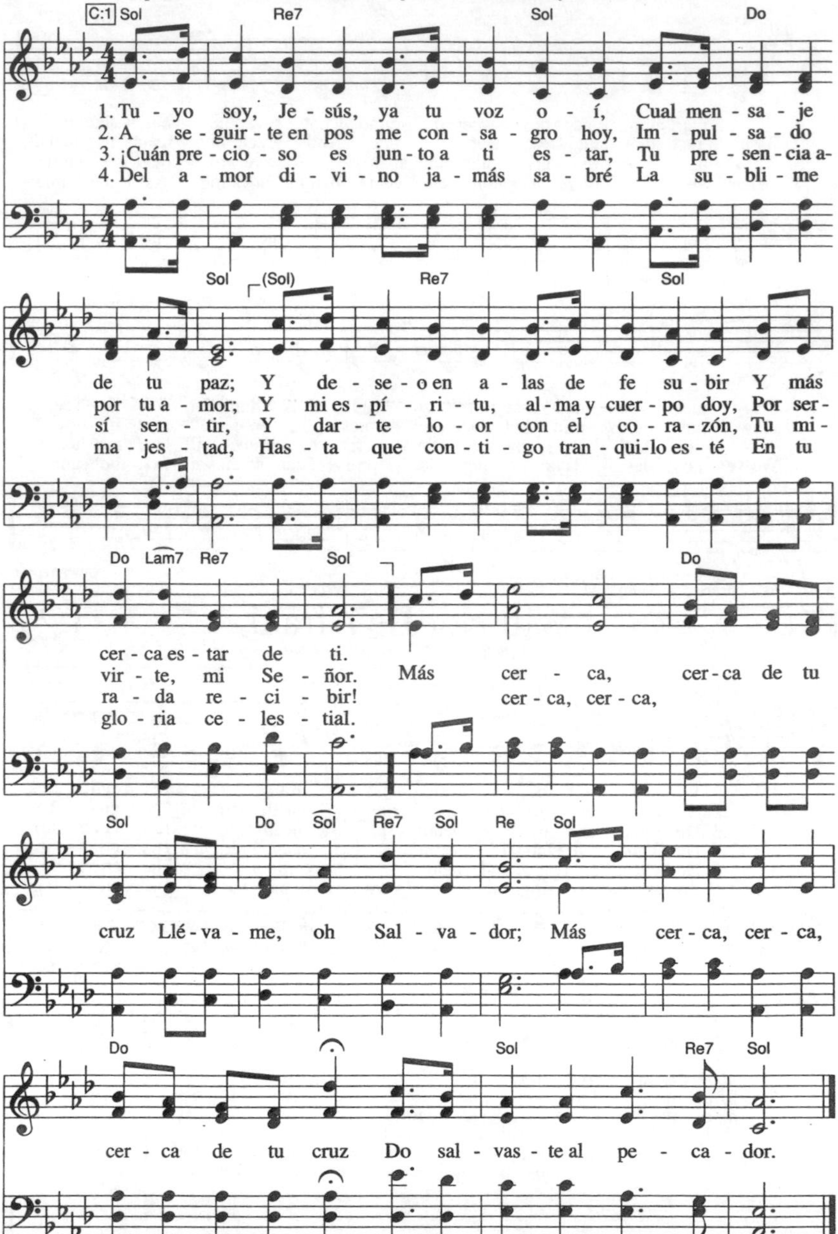
C:1
Sol Re7 Sol Do
1. Tu - yo soy, Je - sús, ya tu voz o - í, Cual men - sa - je
2. A se - guir - te en pos me con - sa - gro hoy, Im - pul - sa - do
3. ¡Cuán pre - cio - so es jun - to a ti es - tar, Tu pre - sen - cia a-
4. Del a - mor di - vi - no ja - más sa - bré La su - bli - me
Sol (Sol) Re7 Sol
de tu paz; Y de - se - o en a - las de fe su - bir Y más
por tu a - mor; Y mi es - pí - ri - tu, al - ma y cuer - po doy, Por ser-
sí sen - tir, Y dar - te lo - or con el co - ra - zón, Tu mi -
ma - jes - tad, Has - ta que con - ti - go tran - qui - lo es - té En tu
Do Lam7 Re7 Sol Do
cer - ca es - tar de ti.
vir - te, mi Se - ñor. Más cer - ca, cer - ca de tu
ra - da re - ci - bir! cer - ca, cer - ca,
glo - ria ce - les - tial.
Sol Do Sol Re7 Sol Re Sol
cruz Llé - va - me, oh Sal - va - dor; Más cer - ca, cer - ca,
Do Sol Re7 Sol
cer - ca de tu cruz Do sal - vas - te al pe - ca - dor.

LETRA: Fanny J. Crosby, 1820-1915; adap., T. M. Westrup, estrofa 3, Salomón R. Mussiett
MÚSICA: William H. Doane, 1832-1915

I AM THINE
10.7.10.7. con Coro

I Am Thine, O Lord

123

Let us draw near with a true heart in full assurance of faith — Hebrews 10:22 KJV

E9
C:1
1. I am Thine, O Lord, I have heard Thy voice, And it told Thy
2. Con - se - crate me now to Thy ser - vice, Lord, By the pow'r of
3. O the pure de - light of a sin - gle hour That be - fore Thy
4. There are depths of love that I can - not know Till I cross the
love to me; But I long to rise in the arms of faith, And be
grace di - vine; Let my soul look up with a stead - fast hope, And my
throne I spend; When I kneel in prayer, and with Thee, my God, I com -
nar - row sea; There are heights of joy that I may not reach Till I
clos - er drawn to Thee.
will be lost in Thine. Draw me near - er, near - er, bless - ed
mune as friend with friend! near - er, near - er,
rest in peace with Thee.
Lord, To the cross where Thou hast died; Draw me near - er, near - er,
near - er, bless - ed Lord, To Thy pre - cious, bleed - ing side.

WORDS: Fanny J. Crosby, 1820-1915
MUSIC: William H. Doane, 1832-1915

I AM THINE
10.7.10.7. with Refrain

124 En Jesucristo, el Rey de paz

Somos más que vencedores por medio de aquel que nos amó — Romanos 8:37 RVA

E10
Re Sol Re La
1. En Je - su - cris - to, el Rey de paz, En ho - ras ne - gras
2. En nues - tras lu - chas, en el do - lor, En tris - tes ho - ras
3. Cuan - do lu - cha - mos lle - nos de fe Y no que - re - mos
Mi7 La Re Sol Re
de tem - pes - tad, Ha - llan las al - mas dul - ce so - laz,
de ten - ta - ción, Cris - to nos lle - na de su vi - gor,
des - fa - lle - cer, Cris - to nos di - ce: "Siem - pre os da - ré
Sol Mim Re La7 Re Sol
Gra - to con - sue - lo, fe - li - ci - dad.
Y da a - lien - to al co - ra - zón.
Gra - cia di - vi - na, san - to po - der."
Glo - ria can - te - mos al Re - den -
Re Sol Re La Mi La La7 Re
tor Que por no - so - tros vi - no a mo - rir; Y que la gra - cia
Sol Re Sol Mim Re La7 Re
del Sal - va - dor Siem - pre pro - te - ja nues - tro vi - vir.

LETRA: Fanny J. Crosby, 1820-1915; tr., E. A. Monfort Díaz
MÚSICA: Phoebe Palmer Knapp, 1839-1908

ASSURANCE
Irregular

E10

Blessed Assurance, Jesus is Mine

We are more than conquerors through him who loved us — Romans 8:37 NIV

D G D A
1. Bless - ed as - sur - ance, Je - sus is mine! Oh, what a fore - taste of
2. Per - fect sub - mis - sion, per - fect de - light, Vi - sions of rap - ture now
3. Per - fect sub - mis - sion, all is at rest, I in my Sav - ior am
E7 A D G D
glo - ry di - vine! Heir of sal - va - tion, pur - chase of God,
burst on my sight: An - gels de - scend - ing bring from a - bove
hap - py and blest: Watch - ing and wait - ing, look - ing a - bove,
G Em D A7 D G
Born of His Spir - it, washed in His blood.
Ech - oes of mer - cy, whis - pers of love.
Filled with His good - ness, lost in His love.
This is my sto - ry, this is my
D G D A E A A7 D
song, Prais - ing my Sav - ior all the day long; This is my sto - ry,
G D G Em D A7 D
this is my song, Prais - ing my Sav - ior all the day long.

WORDS: Fanny J. Crosby, 1820-1915
MUSIC: Phoebe Palmer Knapp, 1839-1908

ASSURANCE
Irregular

125 Todas las promesas del Señor

E11
Nos han sido dadas preciosas y grandísimas promesas — 2 Pedro 1:4 RVA
C:1 La
Re
1. To - das las pro - me - sas del Se - ñor Je - sús, Son a - po - yo po - de -
2. To - das sus pro - me - sas pa - ra el hom - bre fiel, El Se - ñor en sus bon -
3. To - das las pro - me - sas del Se - ñor se - rán, Go - zo y fuer - za en nues - tra
4. To - das sus pro - me - sas me a - yu - da - rán A ven - cer las ten - ta -
La
(La)
ro - so de mi fe; Mien - tras vi - va a - quí cer - ca - do de su luz,
da - des cum - pli - rá, Y con - fia - do sé que pa - ra siem - pre en él,
vi - da te - rre - nal; E - llas en la du - ra lid nos sos - ten - drán,
cio - nes de Sa - tán. Pue - do yo con - fiar en que mi Sal - va - dor
Sim
Mi7
La
Re
Fa♯m
Siem - pre en sus pro - me - sas con - fia - ré.
Paz e - ter - na mi al - ma go - za - rá.
Y triun - far po - dre - mos so - bre el mal.
Con su dul - ce voz me gui - a - rá.
Gran - des, fie - les,
Gran - des, gran - des, fie - les son, Gran - des, gran - des, fie - les son,
Mi
La
Re
La
Las pro - me - sas que el Se - ñor Je - sús ha da - do, Gran - des,
Gran - des, gran - des, fie - les son,
Re
La
Mi7
La
fie - - - les, En e - llas pa - ra siem - pre con - fia - ré.
Gran - des, gran - des, fie - les son,

LETRA: R. Kelso Carter, 1849-1928; tr., estrofas 1-3, Vicente Mendoza; estrofa 4, Eduardo Steele
MÚSICA: R. Kelso Carter, 1849-1928

PROMISES
Irregular

E11

Standing on the Promises

125

He has given us his very great and precious promises — 2 Peter 1:4 NIV

C:1
A
D
1. Stand - ing on the prom-is-es of Christ my King, Thro' e - ter - nal a - ges
2. Stand - ing on the prom-is-es that can - not fail, When the howl-ing storms of
3. Stand - ing on the prom-is-es of Christ the Lord, Bound to Him e - ter - nal-
4. Stand - ing on the prom-is-es I can - not fall, Lis - t'ning ev - 'ry mo - ment
A
(A)
let His prais - es ring; Glo - ry in the high-est, I will shout and sing,
doubt and fear as - sail, By the liv - ing Word of God I shall pre - vail,
ly by love's strong cord, O - ver-com-ing dai - ly with the Spir - it's sword,
to the Spir - it's call, Rest - ing in my Sav - ior as my all in all,
Bm
E7
A
D
F♯m
Stand-ing on the prom-is-es of God. Stand - ing, stand - ing,
Stand-ing on the prom-is-es, stand-ing on the prom-is-es,
E
A
D
A
Stand-ing on the prom-is-es of God my Sav-ior; Stand - - ing,
Stand - ing on the prom - is - es,
D
A
E7
A
stand - ing, I'm stand-ing on the prom-is-es of God.
stand - ing on the prom - is - es,

WORDS: R. Kelso Carter, 1849-1928
MUSIC: R. Kelso Carter, 1849-1928

PROMISES
Irregular

126 Yo sé a quién he creído

E12

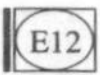

Porque yo sé a quien he creído, y... él es poderoso — 2 Timoteo 1:12 RVA

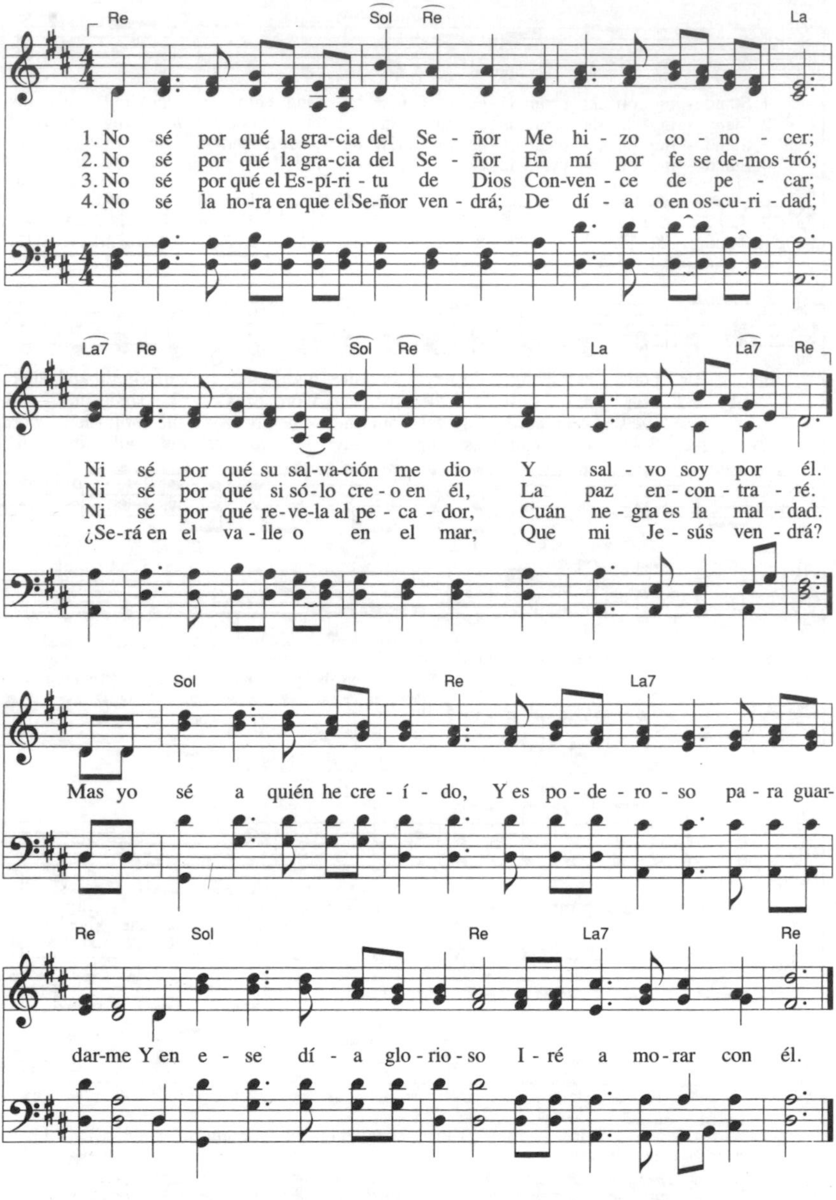

Re Sol Re La
1. No sé por qué la gra-cia del Se - ñor Me hi - zo co - no - cer;
2. No sé por qué la gra-cia del Se - ñor En mí por fe se de-mos -tró;
3. No sé por qué el Es-pí-ri - tu de Dios Con-ven - ce de pe - car;
4. No sé la ho-ra en que el Se-ñor ven - drá; De dí - a o en os-cu-ri - dad;
La7 Re Sol Re La La7 Re
Ni sé por qué su sal-va-ción me dio Y sal - vo soy por él.
Ni sé por qué si só-lo cre - o en él, La paz en - con - tra - ré.
Ni sé por qué re-ve-la al pe - ca - dor, Cuán ne - gra es la mal - dad.
¿Se-rá en el va - lle o en el mar, Que mi Je - sús ven - drá?
Sol Re La7
Mas yo sé a quién he cre - í - do, Y es po - de - ro - so pa - ra guar-
Re Sol Re La7 Re
dar-me Y en e - se dí - a glo - rio - so I - ré a mo - rar con él.

LETRA: Daniel W. Whittle, 1840-1901; tr., Salomón R. Mussiett
MÚSICA: James McGranahan, 1840-1907

EL NATHAN
8.6.8.6.(M.C.) con Coro

E12

I Know Whom I Have Believed

126

I know whom I have believed, and ... he is able — 2 Timothy 1:12 NIV

1. I know not why God's won-drous grace To me He hath made known,
2. I know not how this sav - ing faith To me He did im - part,
3. I know not how the Spir - it moves, Con-vinc-ing men of sin,
4. I know not when my Lord may come, At night or noon-day fair,
Nor why, un-wor - thy, Christ in love Re - deemed me for His own.
Nor how be-liev - ing in His Word Wrought peace with-in my heart.
Re - veal-ing Je - sus thro' the Word, Cre - at - ing faith in Him.
Nor if I'll walk the vale with Him, Or meet Him in the air.
But "I know whom I have be-liev - ed, And am per-suad-ed that He is
a-ble To keep that which I've com mit-ted Un-to Him a-gainst that day."

WORDS: Daniel W. Whittle, 1840-1901
MUSIC: James McGranahan, 1840-1907

EL NATHAN
8.6.8.6.(C.M.) with Refrain

127 Tierra santa
Holy Ground

E13

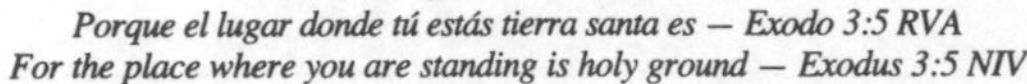
Porque el lugar donde tú estás tierra santa es — Exodo 3:5 RVA
For the place where you are standing is holy ground — Exodus 3:5 NIV

C:1

Unísono / *Unison*

La7 Re La7 Re Sol Re La7

Nos pos - tra - mos en tie - rra san - ta,
We are stand - ing on ho - ly ground,

Re La7 Fa♯°7 Si7 Mi(sus) Mi7

Sé que hay án - ge-les can - tan-do al-re-de - dor.
And I know that there are an-gels all a - round.

La7 Re La7 Re Sol Re La7

A Cris-to Je - sús, a - la - ba - mos,
Let us praise Je - sus now.

Re Sol Re Sol Re La7 Re Sol Re

En su pre - sen - cia le a - do - ra - mos y da - mos lo - or.
We are stand - ing in His pres - ence on ho - ly ground.

LETRA / WORDS: Geron Davis, 1960-; tr., Russell Herrington
MÚSICA / MUSIC: Geron Davis, 1960-

HOLY GROUND
Irregular

E14

Por gracia soy perdonado
Forgiven

Bienaventurado aquel cuya transgresión ha sido perdonada — Salmo 32:1 RVA
Blessed is he whose transgressions are forgiven — Psalm 32:1 NIV

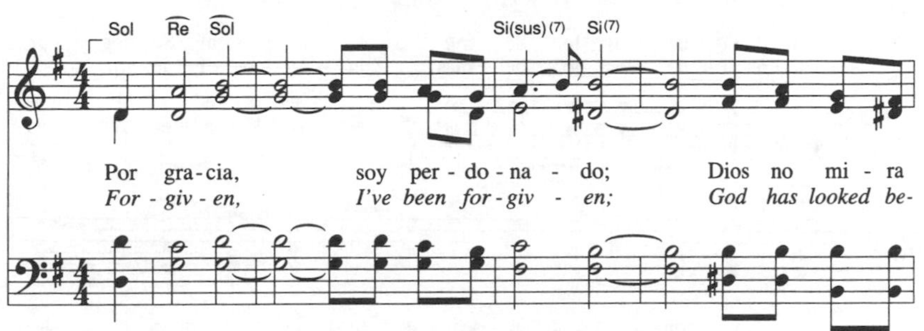
Sol Re Sol Si(sus)(7) Si(7)
Por gra-cia, soy per-do-na-do; Dios no mi-ra
For-giv-en, I've been for-giv-en; God has looked be-

Mim Mim7 Re Do Mim7
mi pe-car; Y sal-vo de la cul-pa vil,
yond my sin, Saved me from what I might have been,

Lam7 Mim7 Re Lam Lam7 Re7 Sol
Nue-va vi-da hay en mí, Pues por su gra-cia sal-vo soy.
Gave me a new life with-in, I am for-giv-en by His grace.

LETRA / WORDS: Mark Blankenship, 1943-; tr., Salomón R. Mussiett
MUSICA / MUSIC: Buryl Red, 1936-

RIDGECREST
Irregular

129 Olvidemos lo demás

E15

Yo me alegré con los que me decían: "¡Vayamos a la casa de Jehovah!" — Salmo 122:1 RVA

LETRA: Bruce Ballinger, 1945-; es traducción (adaptación).
MÚSICA: Bruce Ballinger, 1945-

WORSHIP HIM
Irregular

E15

We Have Come into His House

I rejoiced with those who said to me, "Let us go to the house of the Lord" – Psalm 122:1 NIV

C:1
Em7 A7 D G
1. We have come in - to His house and gath - ered in His name to
2. Let's for - get a - bout our - selves and mag - ni - fy His name and
F♯m A7 Em7 A7
wor - ship Him. We have come in - to His house and
wor - ship Him. Let's for - get a - bout our - selves and
Em7 A G D D A7
gath - ered in His name to wor - ship Him. We have
mag - ni - fy His name and wor - ship Him. Let's for -
Am7 D7 Am7 D7
come in - to His house and gath - ered in His name to
get a - bout our - selves and mag - ni - fy His name and
G E°7 (Em7) D A7 D
wor - ship Christ the Lord. Wor - ship Him, Christ the Lord.
wor - ship Christ the Lord. Wor - ship Him, Christ the Lord.

WORDS: Bruce Ballinger, 1945-
MUSIC: Bruce Ballinger, 1945-

WORSHIP HIM
Irregular

130 Corazones te ofrecemos
Brethren, We Have Met to Worship

E16

¡Venid, adoremos y postrémonos! — Salmo 95:6 RVA
Come, let us bow down in worship — Psalm 95:6 NIV

C:1
Sol Re Sol
1. Co - ra - zo - nes te o - fre - ce - mos, Dios de
Breth - ren, we have met to wor - ship And a -
2. Tú res - pon - des en jus - ti - cia Y tre -
Breth - ren, see poor sin - ners round you Slum - b'ring
Re7 Sol Re Sol
vi - da y ple - ni - tud; Al Se - ñor hoy hon - ra - re - mos
dore the Lord our God; Will you pray with all your pow - er,
men - das co - sas das; Tie - rra y mar los be - ne - fi - cias
on the brink of woe; Death is com - ing, hell is mov - ing,
Re7 Sol
Con leal - tad y gra - ti - tud. Tú per - do - nas re - be -
While we try to preach the Word? All is vain un - less the
Con sa - lud, sos - tén y paz. En la tie - rra tú a -
Can you bear to let them go? See our fa - thers and our
Re7 Sol Re Sol
lio - nes Al que es - co - ges pa - ra bien; En tus a -
Spir - it Of the Ho - ly One comes down; Breth - ren, pray,
fir - mas Las mon - ta - ñas con po - der; Y el ru - gir
moth - ers, And our chil - dren sink - ing down; Breth - ren, pray,

LETRA: Maurilio López L., 1919-; WORDS: George Atkins
MÚSICA / MUSIC: William Moore

HOLY MANNA
8.7.8.7.D.

3. Las mañanas las alegras,
A las tardes das favor;
Maravillas son tus obras,
Como muestras de tu amor.
Tú visitas a la tierra
Con tus lluvias, oh Señor,
Y la riegas por doquiera;
La enriqueces con verdor.

3. Sisters, will you join and help us?
Moses' sister aided him;
Will you help the trembling mourners
Who are struggling hard with sin?
Tell them all about the Savior,
Tell them that He will be found;
Sisters, pray, and holy manna
Will be showered all around.

4. Con las aguas, los desiertos
De renuevos vestirás,
Y los valles como huertos
Con sus frutos llenarás.
Gracias hoy, Señor, te damos
Porque aceptas la oración,
Y los votos te pagamos
Con placer y devoción.

4. Let us love our God supremely,
Let us love each other too;
Let us love and pray for sinners,
Till our God makes all things new.
Then He'll call us home to heaven,
At His table we'll sit down;
Christ will gird Himself, and serve us
With sweet manna all around.

131 Por los lazos del santo amor
The Bond of Love

E17

Pero sobre todas estas cosas, vestíos de amor, que es el vínculo perfecto — Colosenses 3:14 RVA
Over all these virtues put on love, which binds them all together — Colossians 3:14 NIV

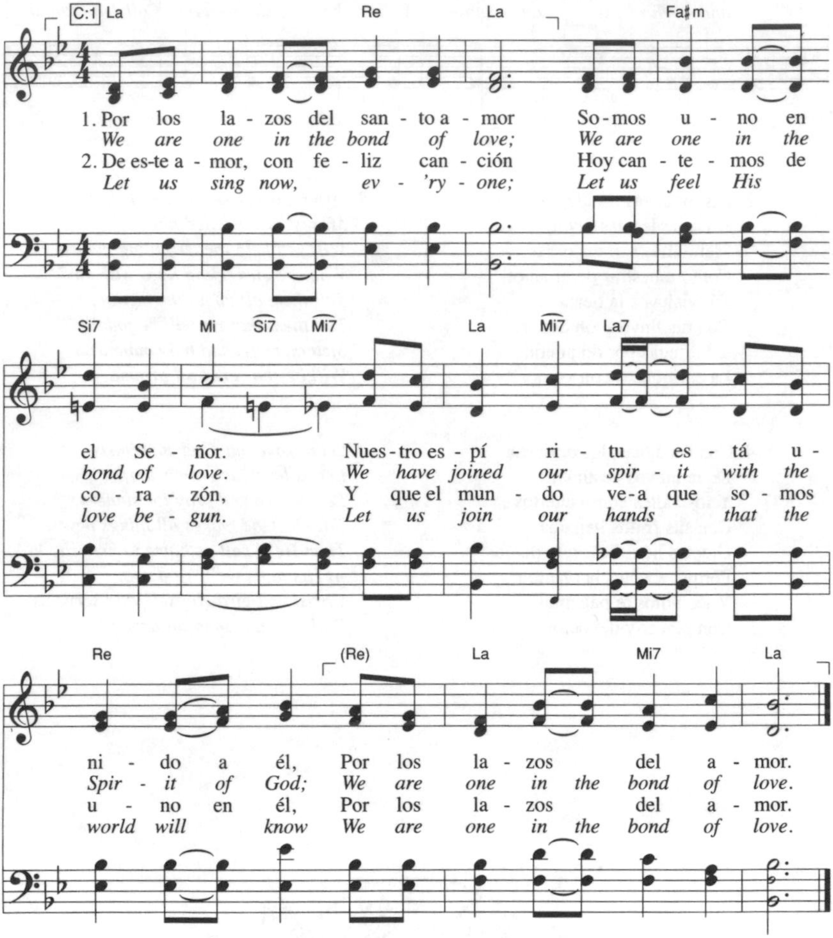

C:1

1. Por los lazos del santo amor
Somos uno en el Señor.
Nuestro espíritu está unido a él,
Por los lazos del amor.

We are one in the bond of love;
We are one in the bond of love.
We have joined our spirit with the Spirit of God;
We are one in the bond of love.

2. De este amor, con feliz canción
Hoy cantemos de corazón,
Y que el mundo vea que somos uno en él,
Por los lazos del amor.

Let us sing now, ev'ryone;
Let us feel His love begun.
Let us join our hands that the world will know
We are one in the bond of love.

LETRA / WORDS: Otis Skillings, 1935-; tr., Marjorie J. de Caudill
MÚSICA / MUSIC: Otis Skillings, 1935-

SKILLINGS
Irregular

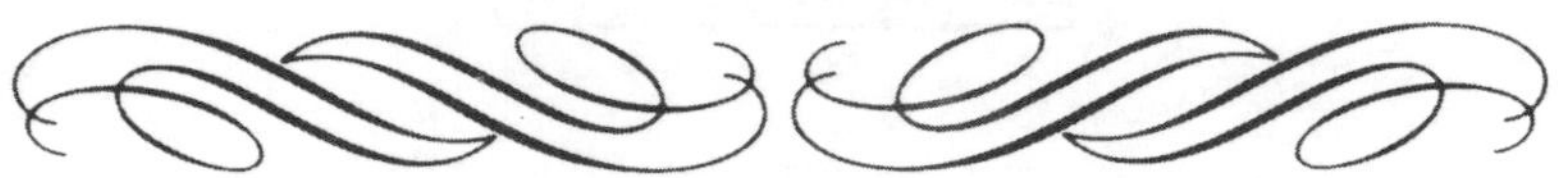

E18

La familia de Dios
The Family of God

132

De quien toma nombre toda familia en los cielos y en la tierra — Efesios 3:15 RVA
His whole family in heaven and on earth — Ephesians 3:15 NIV

C:1 Mi
Fa♯7
Soy fe - liz por - que soy de la fa - mi - lia de Dios; Me la -
I'm so glad I'm a part of the fam - 'ly of God — I've been
Si7
Fa♯m7 Si7
Mi
vó en la san - gre mi Sal - va - dor. He - re - de - ro con
washed in the foun - tain, cleansed by His blood! Joint heirs with
Fa♯7
Cris - to, hi - jo soy por su a - mor; Soy fe -
Je - sus as we trav - el this sod; For I'm
Si7
Mi La Mi
liz en la fa - mi - lia, la fa - mi - lia de Dios.
part of the fam - 'ly, the fam - 'ly of God.

LETRA / WORDS: William J. Gaither, 1936-; Gloria Gaither, 1942-; tr., Sid D. Guillén
MÚSICA / MUSIC: William J. Gaither, 1936-

FAMILY OF GOD
Irregular

133 Adorar, trabajar, testificar

E19

Y que en su nombre se predicase el arrepentimiento y la remisión de pecados — Lucas 24:47 RVA

C:1 Sol Do Sol Re Sol Re

1. Ser - vid hoy al Ma - es - tro, Las nue - vas es - par - cid;
2. Haz tu - yo el plan de Cris - to: Vé, bus - ca al pe - ca - dor;
3. De Cris - to sé el cuer - po, Je - sús ca - be - za es;
4. Ca - be - za de la i - gle - sia, Ven, da - nos tu pen - sar;

Sol Do Sol Re7 Sol

I - gle - sia del Dios vi - vo, A pre - di - car sa - lid.
Res - ca - ta a los es - cla - vos, Pe - ro haz - lo con va - lor.
Sé u - na car - ta a - bier - ta Que el mun - do pue - da ver.
Que - re - mos que nos guí - es Tu o - bra a rea - li - zar.

Re Mim Re Sol Do Sol Do Lam Sol Re

Crea - ción del Pa - dre e - res En Cris - to el Sal - va - dor;
A - mar a los hu - mil - des; Al que en do - lor, cal - mar;
De Cris - to sé el tem - plo, El fun - da - men - to es él;
Los do - nes de tu gra - cia Im - pár - te - nos, Se - ñor;

Sol Do Sol Re7 Sol

El Pa - ra - cle - to San - to Da - rá po - der y a - mor.
Las car - gas de los o - tros Tú de - bes a - li - viar.
Sé tú el al - tar de Cris - to Do le a - do - res fiel.
Y que vi - va - mos jun - tos, Con to - dos en a - mor.

LETRA: Henry Lyle Lambdin, 1892-; tr., Daniel Díaz
MÚSICA: George J. Webb, 1803-1887

WEBB
7.6.7.6.D.

 Esta tonada se encuentra en una tonalidad más alta en núm. 149.

E19

To Worship, Work, and Witness

133

And repentance and forgiveness of sins will be preached in his name — Luke 24:47 NIV

C:1
G C G D G D
1. To wor - ship, work, and wit - ness, The Good News spread a - broad,
2. Be thine thy Mas-ter's pur - pose To seek and save the lost,
3. Be thou to Christ His bod - y, Hold fast to Christ thy Head;
4. Head of the Church, in - spire us To have in us Thy mind,
G C G D7 G
We mag - ni - fy Thy mis - sion, Church of the liv - ing God;
To ran - som those in bond - age, To dare nor count the cost;
Be thou Christ's o - pen let - ter By all men to be read;
To hum - bly wait Thy guid - ance, Thy joy in serv - ing find.
D Em D G C G C Am G D
The Fa - ther's new cre - a - tion Thro' Je - sus Christ His Son,
To love and lift the low - ly, To heed the pris - 'ner's groan,
Be thou Christ's ho - ly tem - ple, Him - self the cor - ner - stone;
Be - stow the Spir - it's grace - gifts To serve the com - mon good,
G C G D7 G
The Spir - it has em - pow - ered To do as Christ has done.
To take up oth - er's bur - dens And bear them as thine own.
Be thou Christ's liv - ing al - tar Where - on His love is shown.
While help - ing each the oth - er To love Thy broth - er - hood.

WORDS: Henry Lyle Lambdin, 1892
MUSIC: George J. Webb, 1803-1887

WEBB
7.6.7.6.D.

 This tune is in a higher key in No. 149.

134 Dios de gracia, Dios de gloria

E20

El Dios de toda gracia,... os ha llamado a su eterna gloria en Cristo Jesús — 1 Pedro 5:10 RVA

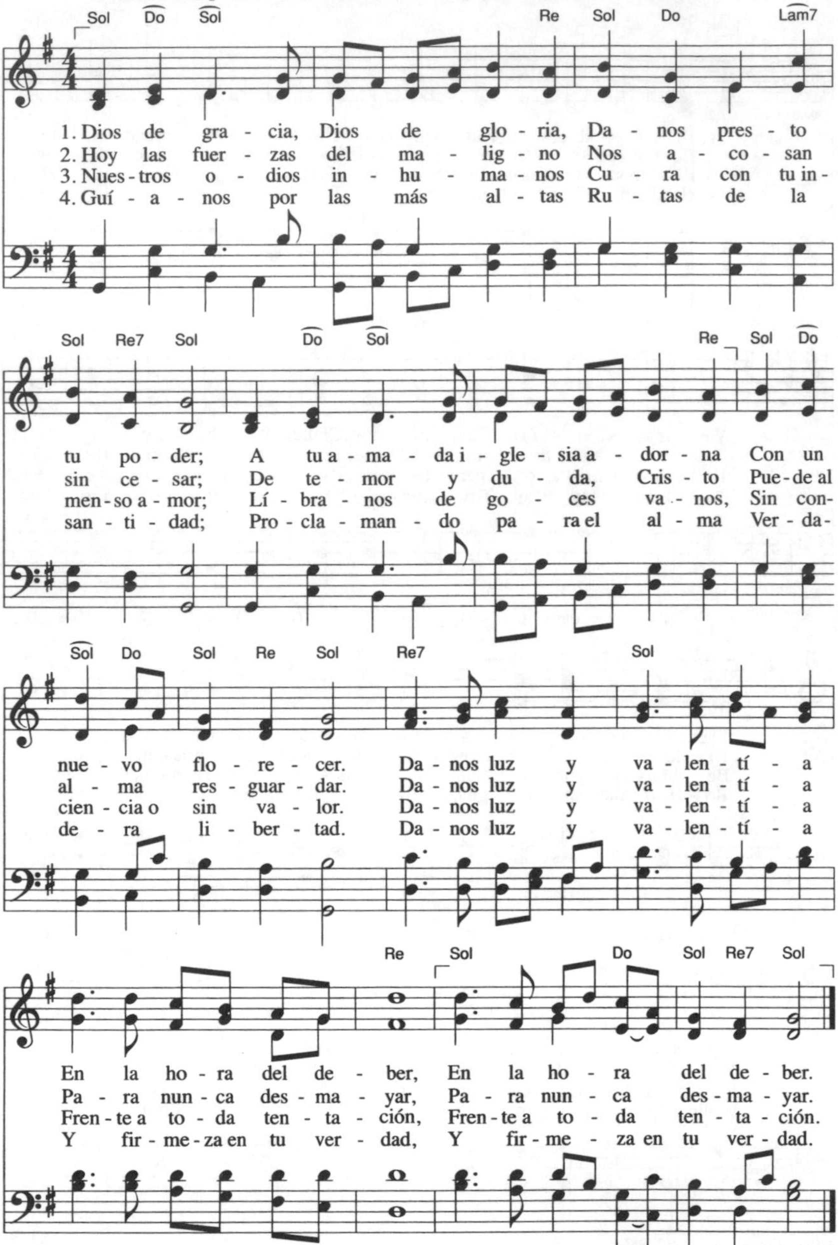
Sol Do Sol Re Sol Do Lam7
1. Dios de gra - cia, Dios de glo - ria, Da - nos pres - to
2. Hoy las fuer - zas del ma - lig - no Nos a - co - san
3. Nues - tros o - dios in - hu - ma - nos Cu - ra con tu in -
4. Guí - a - nos por las más al - tas Ru - tas de la
Sol Re7 Sol Do Sol Re Sol Do
tu po - der; A tu a - ma - da i - gle - sia a - dor - na Con un
sin ce - sar; De te - mor y du - da, Cris - to Pue - de al
men - so a - mor; Lí - bra - nos de go - ces va - nos, Sin con -
san - ti - dad; Pro - cla - man - do pa - ra el al - ma Ver - da -
Sol Do Sol Re Sol Re7 Sol
nue - vo flo - re - cer. Da - nos luz y va - len - tí - a
al - ma res - guar - dar. Da - nos luz y va - len - tí - a
cien - cia o sin va - lor. Da - nos luz y va - len - tí - a
de - ra li - ber - tad. Da - nos luz y va - len - tí - a
Re Sol Do Sol Re7 Sol
En la ho - ra del de - ber, En la ho - ra del de - ber.
Pa - ra nun - ca des - ma - yar, Pa - ra nun - ca des - ma - yar.
Fren - te a to - da ten - ta - ción, Fren - te a to - da ten - ta - ción.
Y fir - me - za en tu ver - dad, Y fir - me - za en tu ver - dad.

LETRA: Harry Emerson Fosdick, 1878-1969; tr. F. J. Pagura
MÚSICA: John Hughes, 1873-1932

Letra usada con permiso de Elinor Fosdick Downs.

CWM RHONDDA
8.7.8.7.8.7.

God of Grace and God of Glory 134

E20

The God of all grace ... hath called us unto his eternal glory — 1 Peter 5:10 KJV

G C G D G C Am7
1. God of grace and God of glory, On Thy people
2. Lo! the hosts of evil round us Scorn Thy Christ, as-
3. Cure Thy children's warring madness, Bend our pride to
4. Set our feet on lofty places; Gird our lives that
G D7 G C G D G C
pour Thy pow'r; Crown Thine ancient church's story, Bring her
sail His ways! Fears and doubts too long have bound us, Free our
Thy control; Shame our wanton, selfish gladness, Rich in
they may be Armored with all Christlike graces In the
G C G D G D7 G
bud to glorious flow'r. Grant us wisdom, Grant us courage,
hearts to work and praise. Grant us wisdom, Grant us courage,
things and poor in soul. Grant us wisdom, Grant us courage,
fight to set men free. Grant us wisdom, Grant us courage,
D G C G D7 G
For the facing of this hour, For the facing of this hour.
For the living of these days, For the living of these days.
Lest we miss Thy kingdom's goal, Lest we miss Thy kingdom's goal.
That we fail not man nor Thee! That we fail not man nor Thee!

WORDS: Harry Emerson Fosdick, 1878-1969
MUSIC: John Hughes, 1873-1932

CWM RHONDDA
8.7.8.7.8.7.

135 Ten fe en Dios

E21

Tened fe en Dios — Marcos 11:22 RVA

Do Fa Do Sol7
1. Ten fe en Dios cuan-do es - tás a - ba - ti - do; Él ve tu
2. Ten fe en Dios, y ve - rás que él es - cu - cha, Tus pe - ti -
3. Ten fe en Dios cuan - do su - fres do - lo - res; Él ve tus
4. Ten fe en Dios aun - que to - do te fa - lle; En Dios ten
Do
sen - da y es - cu - cha tu voz; Nun - ca ja - más an - dan
cio - nes; él no ol - vi - da - rá. Pon tu con - fian - za en sus
prue - bas y de - so - la - ción; Y él es - pe - ra que
fe, pues te so - co - rre - rá; Él nun - ca fa - lla, aun-que
Rem Do Fa Do Sol7 Do
so - los sus hi - jos; Siem - pre ten fe com - ple - ta en Dios.
san - tas pro - me - sas, Siem - pre ten fe; res - pon - de - rá.
trai - gas tus car - gas, Y ten - gas de él con - so - la - ción.
rei - nos pe - rez - can, Él rei - na y siem - pre rei - na - rá.
Sol7 Do Fa Do Re7 Sol7
Ten fe en Dios, rei-nan-do es-tá; Ten fe en Dios, pues fiel te guar-da - rá;
Do Fa Si7 Do Re7 Sol7 Do
No fa - lla - rá, Él ven - ce - rá, Siem - pre ten fe com - ple - ta en Dios.

LETRA: B. B. McKinney, 1886-1952; tr., George P. Simmonds
MÚSICA: B. B. McKinney, 1886-1952

MUSKOGEE
Irregular

Have Faith in God

Have faith in God — Mark 11:22 NIV

E21
C F C G7 Dm C G7 D7 B7
1. Have faith in God when your path-way is lone-ly, He sees and knows all the way you have trod; Nev-er a-lone are the least of His chil-dren; Have faith in God, have faith in God.
2. Have faith in God when your pray'rs are un-an-swered, Your ear-nest plea He will nev-er for-get; Wait on the Lord, trust His Word and be pa-tient, Have faith in God, He'll an-swer yet.
3. Have faith in God in your pain and your sor-row, His heart is touched with your grief and de-spair; Cast all your cares and your bur-dens up-on Him, And leave them there, oh, leave them there.
4. Have faith in God tho' all else fail a-bout you; Have faith in God, He pro-vides for His own; He can-not fail tho' all king-doms shall per-ish, He rules, He reigns up-on His throne.
Have faith in God, He's on His throne; Have faith in God, He watch-es o'er His own;
He can-not fail, He must pre-vail; Have faith in God, have faith in God.

WORDS: B. B. McKinney, 1886-1952
MUSIC: B. B. McKinney, 1886-1952

MUSKOGEE
Irregular

136 Porque él vive – Because He Lives

Porque yo vivo, vosotros también viviréis. — Juan 14:19 RVA

C:1 Sol Sol7 Do Sol Lam

1. Dios nos en - vió a su Hi - jo, Cris - to; Él es sa - lud,
God sent His Son, they called Him Je - sus; He came to love,
2. Gra - to es te - ner a un tier - no ni - ño; To - car su piel
How sweet to hold a new - born ba - by, And feel the pride,

Sol Lam7 Re7 Sol Sol7

paz y per - dón. Vi - vió y mu - rió por mi pe -
heal, and for - give; He lived and died to buy my
go - zo nos da; Pe - ro es me - jor la dul - ce
and joy He gives; But great - er still the calm as -

Do Sol Re7 Sol

ca - do; Va - cí - a es - tá la tum - ba por - que él triun - fó.
par - don, An emp - ty grave is there to prove my Sav - ior lives.
cal - ma Que Cris - to el Rey nos pue - de dar, pues vi - vo es - tá.
sur - ance, This child can face un - cer - tain days be - cause He lives.

Re Sol Sol7 Do

Por - que él vi - ve triun - fa - ré ma - ña - na, Por - que él
Be - cause He lives I can face to - mor - row; Be - cause He

LETRA / WORDS: Gloria Gaither, 1942- William J. Gaither, 1936-; tr., Sid D. Guillén
MÚSICA / MUSIC: William J. Gaither, 1936-

RESURRECTION
Irregular

Sol Re7 Sol Lam7 Re7 Sol Re7 Sol Sol7
vi - ve ya no hay te - mor; Por - que yo sé que el fu-tu-ro es
lives all fear is gone; Be - cause I know He holds the
Do Sol Do Sol Re7 Sol
su - yo, La vi - da va - le más y más só - lo por él.
fu - ture, And life is worth the liv - ing just be-cause He lives.

3. Yo sé que un día el río cruzaré;
Con el dolor batallaré.
Y al ver la vida triunfando invicta,
Veré gloriosas luces y veré al Rey.

3. And then one day I'll cross the river;
I'll fight life's final war with pain;
And then as death gives way to vict'ry,
I'll see the lights of glory and I'll know He lives.

Coro

Refrain

Los planes de Dios 137

"Porque yo sé los planes que tengo acerca de vosotros", dice Jehovah, "planes de bienestar y no de mal, para daros porvenir y esperanza. Entonces me invocaréis. Vendréis y oraréis a mí, y yo os escucharé. Me buscaréis y me hallaréis, porque me buscaréis con todo vuestro corazón."

Jeremías 29:11-14 RVA

The Plans of God 137

"For I know the plans I have for you," declares the Lord, "plans to prosper you and not to harm you, plans to give you hope and a future. Then you will call upon me and come and pray to me, and I will listen to you. You will seek me with all your heart. I will be found by you," declares the Lord.

Jeremiah 29:11-14 NIV

138 Afirma nuestra fe

Cristo murió... resucitó... apareció — 1 Corintios 15:3-5 RVA

Do Fa Sol7 Do Lam Rem7 Sol Do

1. A - fir - ma nues - tra fe de Dios la gran ver - dad.
2. El pan to - ma - mos y la co - pa del do - lor,
3. En du - da o do - lor ten - ga - mos fe en él.
4. Es - ta es la gran ver - dad que sí nos gui - a - rá

Fa Mim Sol7 Do Sol7 Lam Mi7 Lam Mi7 Sol Re7 Sol

Lo pro - cla - ma - mos hoy go - zo - sos al a - do - rar:
Tes - ti - fi - can - do en la Ce - na del Se - ñor:
Es - ta se - gu - ri - dad nos guar - da siem - pre fiel:
Ha - cia el be - llo ho - gar do Cris - to mo - ra ya.

Do Rem7 Do Fa Mi(sus) Mi Lam Rem7 Sol7 Do

¡Cris - to mu - rió, re - su - ci - tó y él ven - drá o - tra vez!

LETRA: Fred Pratt Green, 1903-; tr. estrofas 1-3, Annette Herrington y Josie Smith; estrofa 4, Salomón R. Mussiett
MÚSICA: Jack Schrader, 1942-

ACCLAMATIONS
Irregular

¡Cristo murió,
resucitó y
él vendrá otra vez!

E23

This Is the Threefold Truth

Christ died ... he was raised ... and ... he appeared — 1 Corinthians 15:3-5 NIV

C F G7 C Am Dm7 G C
1. This is the three-fold truth on which our faith de-pends,
2. On this we fix our minds as, pray-ing side by side,
3. By this we are up-held when doubt or grief as-sails
4. This is the three-fold truth which, if we hold it fast,
F Em G7 C G7 Am E7 Am E7 G D7 G
and with this joy-ful cry wor-ship be-gins and ends:
we take the bread and wine from Christ the cru-ci-fied:
our Christ-ian for-ti-tude, and on-ly grace a-vails:
chang-es the world and us and brings us home at last:
C Dm7 C F E(sus) E Am Dm7 G7 C
Christ has died! Christ is ris-en! Christ will come a-gain!

WORDS: Fred Pratt Green, 1903-
MUSIC: Jack Schrader, 1942-

ACCLAMATIONS
Irregular

Christ has died!
Christ has risen!
Christ will come again!

139 Estoy bien

(Alcancé salvación)

E24

Mi oración es que seas prosperado en todas las cosas... así como... tu alma — 3 Juan 2 RVA

C:1
Do Sol7 Do Sol7 Do Lam
1. De paz i - nun - da - da mi sen - da ya es - té, O cú -
2. Ya ven - ga la prue - ba o me tien - te Sa - tán, No a - men -
3. Fe - liz yo me sien - to al sa - ber que Je - sús, Li - bró -
4. La fe tor - na - rá - se en gran rea - li - dad Al ir -
Mi7 Lam Sol Re Sol Sol7 Do Fa La7
bra - la un mar de a - flic - ción, Mi suer - te cual - quie - ra que
guan mi fe ni mi a - mor; Pues Cris - to com - pren - de mis
me de yu - go o - pre - sor; Qui - tó mi pe - ca - do, cla -
se la nie - bla ve - loz; Des - cien - de Je - sús con su
Rem Re7 Sol Do Rem Do Sol Do
se - a, di - ré: "Es - toy bien, ten - go paz, ¡Glo - ria a Dios!"
lu - chas, mi a - fán Y su san - gre ver - tió en mi fa - vor.
vo - lo en la cruz: Glo - ria de - mos al buen Sal - va - dor.
gran ma - jes - tad, ¡A - le - lu - ya! Es - toy bien con mi Dios.
Sol Do Fa Do Sol Do
Es - toy bien, ¡Glo - ria a Dios! Ten - go paz en mi ser, ¡Glo - ria a Dios!
Es - toy bien, ¡Glo - ria a Dios!

LETRA: Horatio G. Spafford, 1828-1888; tr., Pedro Grado Valdés
MÚSICA: Philip P. Bliss, 1838-1876

Se agradece a los editores de Celebremos su Gloria el uso de porciones de la traducción de este himno.

VILLE DU HAVRE
Irregular

E24

It Is Well with My Soul

I pray that ... your soul is ... well — 3 John 2 NIV

C:1
C G7 C G7 C Am
1. When peace, like a riv - er, at - tend - eth my way, When sor -
2. Tho' Sa - tan should buf - fet, tho' tri - als should come, Let this
3. My sin — oh, the bliss of this glo - ri - ous tho't: My sin
4. And, Lord, haste the day when the faith shall be sight, The clouds
E7 Am G D G G7 C F A7
rows like sea bil - lows roll; What ev - er my lot, Thou hast
blest as - sur - ance con - trol, That Christ has re - gard - ed my
not in part, but the whole Is nailed to the cross and I
be rolled back as a scroll, The trump shall re - sound and the
Dm D7 G C Dm C G C
taught me to say, It is well, it is well with my soul.
help - less es - tate, And hath shed His own blood for my soul.
bear it no more, Praise the Lord, praise the Lord, O my soul!
Lord shall de - scend, "E - ven so," it is well with my soul.
G C F C G C
It is well with my soul, It is well, it is well with my soul.
It is well with my soul,

WORDS: Horatio G. Spafford, 1828-1888
MUSIC: Philip P. Bliss, 1838-1876

VILLE DU HAVRE
Irregular

140 ¡Oh cuán dulce es fiar en Cristo!

E25

Dios es mi salvación. Confiaré — Isaías 12:2 RVA

1. ¡Oh cuán dul - ce es fiar en Cris - to, Y en - tre - gar - se
2. Es muy dul - ce fiar en Cris - to, Y cum - plir su
3. Siem-pre es gra - to fiar en Cris - to, Cuan - do bus - ca el
4. Siem-pre en ti con - fiar yo quie - ro Mi pre - cio - so
to - do a él; Es - pe - rar en sus pro - me - sas,
vo - lun - tad, No du - dan - do su pa - la - bra,
co - ra - zón, Los te - so - ros ce - les - tia - les
Sal - va - dor; En la vi - da y en la muer - te
Y en sus sen - das ser - le fiel!
Que es la luz y la ver - dad.
De la paz y del per - dón.
Pro - tec - ción me dé tu a - mor.
Je - su - cris - to,
Je - su - cris - to, Ya tu a - mor pro - bas - te en mí;
Je - su - cris - to, Je - su - cris - to, Siem-pre quie - ro fiar en ti.

LETRA: Louisa M. R. Stead, *c.* 1850-1917; es traducción.
MÚSICA: William J. Kirkpatrick, 1838-1921

TRUST IN JESUS
8.7.8.7. con Coro

E25

'Tis So Sweet to Trust in Jesus

God is my salvation; I will trust — Isaiah 12:2 NIV

G C G
1. 'Tis so sweet to trust in Je - sus, Just to take Him
2. O how sweet to trust in Je - sus, Just to trust His
3. Yes, 'tis sweet to trust in Je - sus, Just from sin and
4. I'm so glad I learned to trust Him, Pre - cious Je - sus,
D A7 D G C G
at His word; Just to rest up - on His prom - ise,
cleans - ing blood; Just in sim - ple faith to plunge me
self to cease; Just from Je - sus sim - ply tak - ing
Sav - ior, Friend; And I know that He is with me,
C G D G
Just to know, "Thus saith the Lord."
'Neath the heal - ing, cleans - ing flood!
Life and rest, and joy and peace.
Will be with me to the end.
Je - sus, Je - sus,
D7 Em G D G D A7 D
how I trust Him! How I've proved Him o'er and o'er!
G C G C G D7 G
Je - sus, Je - sus, pre - cious Je - sus! O for grace to trust Him more!

WORDS: Louisa M. R. Stead, *c.* 1850-1917
MUSIC: William J. Kirkpatrick, 1838-1921

TRUST IN JESUS
8.7.8.7. with Refrain

141 Dulces melodías cantaré

E26

Puso en mi boca un cántico nuevo — Salmo 40:3 RVA

C:1
Sol Do Sol La7 Re
1. Dul - ces me - lo - dí - as can - ta - ré, Y a - la - ban - zas
2. Yo vi - ví - a en som - bras y en do - lor, Tris - te, he - ri - do,
3. Fuen - te pe - ren - nal de gra - cia ha - llé Al am - pa - ro
4. Aun - que por el va - lle de a - flic - ción Ten - ga que pa -
5. La ro - sa - da au - ro - ra a - nun - cia ya Que Je - sús por
Sol Re7 Sol Do Sol La7
al Se - ñor, A su nom - bre glo - ria yo da - ré,
po - bre y vil, Mas la tier - na ma - no del Se - ñor
de su a - mor. Su son - rien - te faz me im - par - te fe,
sar a - quí, Cris - to me da - rá su pro - tec - ción,
mí ven - drá, Mi al - ma a - le - gre con él rei - na - rá
Re Sol Re7 Sol Re7
Por su i - ne - fa - ble a - mor.
Me lle - vó a su re - dil.
Es - pe - ran - za y va - lor. De Je - sús el nom - bre Dul - ce es
Él se a - cor - da - rá de mí.
En la ce - les - tial ciu - dad.
Sol Do Re Sol Re7 Sol
pa - ra mí, Can - ta el al - ma mí - a Me - lo - dí - as a mi Rey.

LETRA: Luther B. Bridgers, 1884-1948; tr., S. D. Athans
MÚSICA: Luther B. Bridgers, 1884-1948

SWEETEST NAME
Irregular

E26

He Keeps Me Singing

He put a new song in my mouth — Psalm 40:3 NIV

C:1
1. There's with - in my heart a mel - o - dy Je - sus whis - pers
2. All my life was wrecked by sin and strife, Dis - cord filled my
3. Feast - ing on the rich - es of His grace, Rest - ing 'neath His
4. Tho' some - times He leads thro' wa - ters deep, Tri - als fall a -
5. Soon He's com - ing back to wel - come me Far be - yond the
sweet and low, "Fear not, I am with thee, peace, be still,"
heart with pain, Je - sus swept a - cross the bro - ken strings,
shel - t'ring wing, Al - ways look - ing on His smil - ing face,
cross the way Tho' some - times the path seems rough and steep,
star - ry sky I shall wing my flight to worlds un - known,
In all of life's ebb and flow.
Stirred the slum - b'ring chords a - gain.
That is why I shout and sing.
See His foot - prints all the way.
I shall reign with Him on high.
Je - sus, Je - sus, Je - sus, Sweet - est name I know, Fills my ev - 'ry long - ing, Keeps me sing - ing as I go.

WORDS: Luther B. Bridgers, 1884-1948
MUSIC: Luther B. Bridgers, 1884-1948

SWEETEST NAME
Irregular

142 Victoria en Cristo
Victory in Jesus

F1

Nos da la victoria por medio de nuestro Señor Jesucristo — 1 Corintios 15:57 RVA
He gives us the victory through our Lord Jesus Christ — 1 Corinthians 15:57 NIV

Sol Do Sol Do Sol
1. O - í ben - di - ta his - to - ria, De Je - sús quien de su glo - ria,
I heard an old, old sto - ry, how a Sav - ior came from glo - ry,
Mim Re Sol Mim Sol La La7 Re
Al Cal - va - rio de - ci - dió ve - nir Pa - ra sal - var - me a mí.
How He gave His life on Cal - va - ry to save a wretch like me:
Sol Do Sol Do Sol
Su san - gre de - rra - ma - da Se a - pli - có fe - liz a mi al - ma,
I heard a - bout His groan - ing, of His pre - cious blood's a - ton - ing,
Mim Re Sol Si7 Mim Sol7 Do Sol Re Sol
Me dio vic - to - ria sin i - gual cuan - do me a - rre - pen - tí.
Then I re - pent - ed of my sins and won the vic - to - ry.

LETRA / WORDS: E. M. Bartlett; 1885-1941; tr., H. T. Reza
MÚSICA / MUSIC: E. M. Bartlett; 1885-1941

HARTFORD
Irregular

Sol Do Sol Sol7 Do Sol Mim Re
Ya ten-go la vic-to-ria, Pues Cris-to me sal-va. Bus-co-me y com-
O vic-to-ry in Je-sus, my Sav-ior, for-ev-er, He sought me and
Sol La La7 Re Sol Do Sol Sol7 Do
pro-me Con su di-vi-no a-mor. Me im-par-te de su glo-ria, Su paz i-
bo't me with His re-deem-ing blood; He loved me ere I knew Him, and all my
Sol Do Sol Re Sol
nun-da mi al-ma; Vic-to-ria me con-ce-dió cuan-do por mí mu-rió.
love is due Him, He plunged me to vic-to-ry, be-neath the cleans-ing flood.

2. Oí que en amor tierno,
Él sanó a los enfermos;
A los cojos los mandó correr,
Al ciego lo hizo ver.
Entonces suplicante
Le pedí al Cristo amante,
Le diera a mi alma la salud y fe para vencer.

Coro
Ya tengo la victoria,
Pues Cristo me salva.
Buscome y comprome,
Con su divino amor.
Me imparte de su gloria,
Su paz inunda mi alma;
Victoria me concedió cuando por mí murió.

3. Oí que allá en la gloria,
Hay mansiones de victoria,
Que su santa mano preparó
Para los que él salvó.
Espero unir mi canto
Al del grupo sacrosanto,
Que victorioso rendirá tributo al Redentor.

Coro

2. I heard about His healing,
of His cleansing pow'r revealing,
How He made the lame to walk again
and caused the blind to see;
And then I cried, "Dear Jesus,
come and heal my broken spirit,"
And somehow Jesus came and bro't to me
the victory.

Refrain
O victory in Jesus, my Savior, forever,
He sought me and bought me
with His redeeming blood;
He loved me ere I knew Him,
and all my love is due Him,
He plunged me to victory,
beneath the cleansing flood.

3. I heard about a mansion
He has built for me in glory,
And I heard about the streets of gold
beyond the crystal sea;
About the angels singing,
and the old redemption story,
And some sweet day I'll sing up there
the song of victory.

Refrain

143 El placer de mi alma

Cristo es todo y en todos — Colosenses 3:11 RVA

1. ¿Quién po - drá con su pre - sen - cia Im - par - tir - me ben - di - ción?
2. Su a - mor no se li - mi - ta, Es su gra - cia sin i - gual;
3. Re - den - ción su - bli - me y san - ta Im - po - si - ble de ex - pli - car;
4. Cris - to su - ple en a - bun - dan - cia To - da mi ne - ce - si - dad;

Só - lo Cris - to y su cle - men - cia Pue - den dar con - so - la - ción.
Su mer - ced es in - fi - ni - ta, Más pro - fun - da que mi mal.
Que su san - gre sa - cro - san - ta Mi al - ma pu - do res - ca - tar.
Ser de él, es mi ga - nan - cia, I - ne - fa - ble es su bon - dad.

Só - lo Cris - to sa - tis - fa - ce Mi tran - si - do co - ra - zón;
co - ra - zón
Es el Li - rio de los va - lles Y la Ro - sa de Sa - rón.

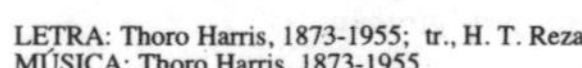

LETRA: Thoro Harris, 1873-1955; tr., H. T. Reza
MÚSICA: Thoro Harris, 1873-1955

HARRIS
8.7.8.7. con Coro

F2

All That Thrills My Soul

143

Christ is all, and is in all — Colossians 3:11 NIV

C:1
A D Bm7 E7 A
1. Who can cheer the heart like Je - sus, By His pres - ence all di - vine?
2. Love of Christ so free - ly giv - en, Grace of God be - yond de - gree,
3. What a won - der - ful re - demp - tion! Nev - er can a mor - tal know
4. Ev - 'ry need His hand sup - ply - ing, Ev - 'ry good in Him I see;
D Bm7 E7 A
True and ten - der, pure and pre - cious, O how blest to call Him mine!
Mer - cy high - er than the heav - en, Deep - er than the deep - est sea!
How my sin, tho' red like crim - son, Can be whit - er than the snow.
On His strength di - vine re - ly - ing, He is all in all to me.
C♯7 F♯m C♯7 D F♯7 B7 E E7
All that thrills my soul is Je - sus, He is more than life to me; (to me;)
A A7 D Bm7 E7 A
And the fair - est of ten thou - sand In my bless - ed Lord I see.

WORDS: Thoro Harris, 1873-1955
MUSIC: Thoro Harris, 1873-1955

HARRIS
8.7.8.7. with Refrain

144 Grande gozo hay en mi alma hoy

Dios... es el que ha resplandecido en nuestros corazones — 2 Corintios 4:6 RVA

F3
C:1
Sol Do Sol Re7 Sol
1. Gran - de go - zo hay en mi al-ma hoy, Pues Je-sús con - mi - go es - tá;
2. Hay un can - to en mi al - ma hoy; Me-lo - dí - as a mi Rey;
3. Paz di - vi - na hay en mi al-ma hoy, Por-que Cris - to me sal - vó;
4. Gra - ti - tud hay en mi al - ma hoy, Y a - la-ban - zas a Je - sús;
Do Sol Re La7 Re
Y su paz, que ya go - zan-do es - toy, Por siem - pre du - ra - rá.
En su a-mor fe - liz y li - bre soy, Y sal - vo por la fe.
Las ca - de - nas ro - tas ya es - tán; Je - sús me li - ber - tó.
Por su gra - cia a la glo - ria voy, Go - zán - do-me en la luz.
Sol Do Sol
Gran - de go - - - zo, ¡Cuán her - mo - - so!
Gran - de go - zo pa - ra mí Cuán her - mo - so con Je - sús
3
Re
Pa - so to - do el tiem - po bien fe - liz; Por-que
el tiem-po bien fe - liz;
Sol Do Sol Re7 Sol
ten-go en Cris - to gra-ta y dul-ce paz, Gran-de go - zo sien-to en mí.

LETRA: Eliza E. Hewitt, 1851-1920; es traducción.
MÚSICA: John R. Sweney, 1837-1899

SUNSHINE
Irregular

F3
Sunshine in My Soul
144
God ... made his light shine in our hearts — 2 Corinthians 4:6 NIV
C:1
1. There is sun-shine in my soul to-day, More glo-ri-ous and bright
2. There is mu-sic in my soul to-day, A car-ol to my King;
3. There is mu-sic in my soul to-day, For when my Lord is near,
4. There is glad-ness in my soul to-day, And hope and praise and love
Than glows in an-y earth-ly sky, For Je-sus is my light.
And Je-sus, lis-ten-ing, can hear The songs I can-not sing.
The dove of peace sings in my heart, The flow'rs of grace ap-pear.
For bless-ings which He gives me now, For joys "laid up" a-bove.
O there's sun-shine, bless-ed sun-shine,
O there's sun-shine in my soul, bless-ed sun-shine in my soul,
When the peace-ful, hap-py mo-ments roll; When
hap-py mo-ments roll;
Je-sus shows His smil-ing face, There is sun-shine in my soul.

WORDS: Eliza E. Hewitt, 1851-1920
MUSIC: John R. Sweney, 1837-1899

SUNSHINE
Irregular

145
Para andar con Jesús
F4
Caminó, pues, Enoc con Dios — Génesis 5:24 RVA
C:1
Mi Si7 Mi Si7 Mi
1. Pa - ra an - dar con Je - sús No hay sen - da me - jor
2. Cuan-do va - mos a - sí, ¡Có - mo bri - lla la luz
3. No po - dre - mos pro - bar Sus de - li - cias sin par
4. Mas sus do - nes de a - mor Nun-ca ha - bréis de al - can - zar,
La Mi Si(7) Mi Si7 Mi
Que guar - dar sus man - da - tos de a - mor; O - be - dien - tes a él
En la sen - da al an - dar con Je - sús! Su pro - me - sa de es - tar
Si se - gui - mos mun - da - no el pla - cer; Dis - fru - ta - mos su a - mor
Si ren - di - dos no vais a su al - tar, Pues su paz y su a - mor
Si7 Mi La Mi Si7 Mi
Siem-pre ha - bre - mos de ser, Y ten - dre - mos de Cris - to el po - der.
Con los su - yos es fiel, Si o - be - de - cen y es - pe - ran en él.
Y di - vi - no fa - vor Al ser fie - les en o - be - de - cer.
Só - lo son pa - ra a - quel Que a sus le - yes di - vi - nas es fiel.
Si(7) Mi Do♯7 Fa♯m
O - be - de - cer, y con - fiar en Je - sús, Es la
Si7 Mi Si7 Mi
re - gla mar - ca - da Pa - ra an - dar en la luz.

LETRA: John H. Sammis, 1846-1919; tr., Vicente Mendoza
MÚSICA: Daniel B. Towner, 1850-1919

Se agradece a los editores de Celebremos su Gloria el uso de la tercera estrofa de este himno.

TRUST AND OBEY
Irregular

F4

Trust and Obey

145

Enoch walked with God — Genesis 5:24 NIV

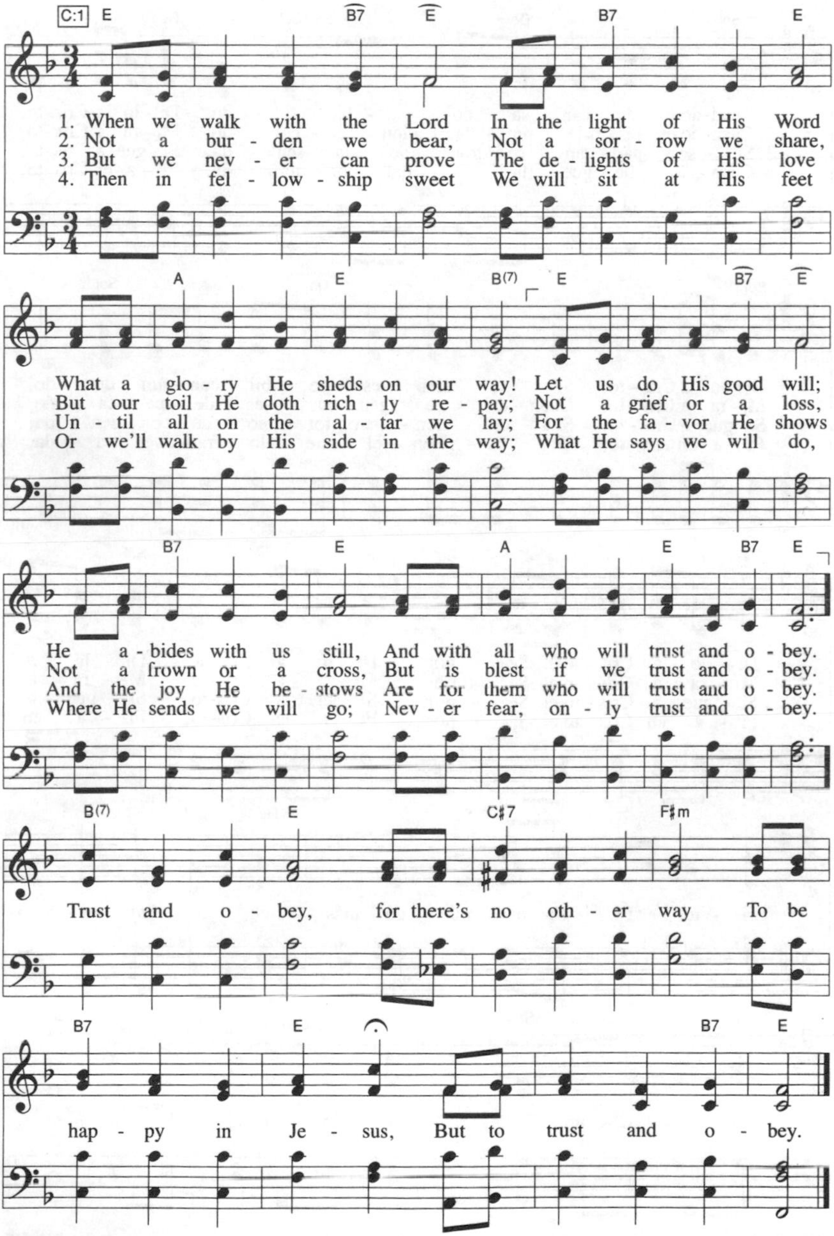

C:1
1. When we walk with the Lord In the light of His Word
2. Not a bur - den we bear, Not a sor - row we share,
3. But we nev - er can prove The de - lights of His love
4. Then in fel - low - ship sweet We will sit at His feet
What a glo - ry He sheds on our way! Let us do His good will;
But our toil He doth rich - ly re - pay; Not a grief or a loss,
Un - til all on the al - tar we lay; For the fa - vor He shows
Or we'll walk by His side in the way; What He says we will do,
He a - bides with us still, And with all who will trust and o - bey.
Not a frown or a cross, But is blest if we trust and o - bey.
And the joy He be - stows Are for them who will trust and o - bey.
Where He sends we will go; Nev - er fear, on - ly trust and o - bey.
Trust and o - bey, for there's no oth - er way To be
hap - py in Je - sus, But to trust and o - bey.

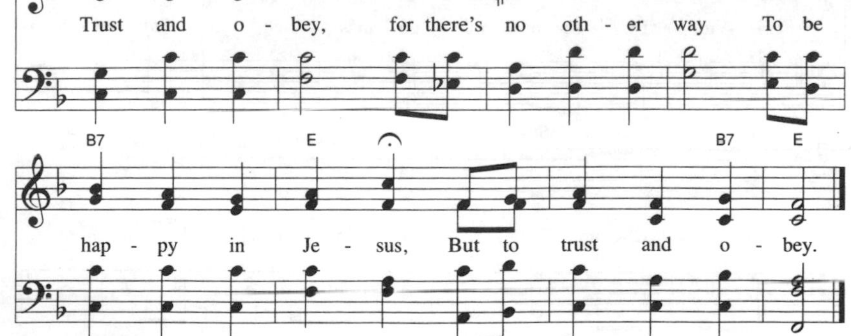

WORDS: John H. Sammis, 1846-1919
MUSIC: Daniel B. Towner, 1850-1919

TRUST AND OBEY
Irregular

146 Dilo a Cristo

Pedid, y se os dará — Lucas 11:9 RVA

Sol | Do | Sol | Re | Sol | Do | Sol | Re7 | Sol | Re | Sol | Do | Sol | Re | Sol | Do | Sol | Re7 | Sol

1. Cuan-do es-tés can-sa-do y a-ba-ti-do, Di-lo a Cris-to, Di-lo a Cris-to; Si te sien-tes dé-bil, con-fun-di-do, Di-lo a Cris-to el Se-ñor.
2. Cuan-do es-tés de ten-ta-ción cer-ca-do, Mi-ra a Cris-to, Mi-ra a Cris-to; Cuan-do ru-gen hues-tes de pe-ca-do, Mi-ra a Cris-to el Se-ñor.
3. Si se a-par-tan o-tros de la sen-da, Si-gue a Cris-to, Si-gue a Cris-to; Si a-cre-cien-ta en tor-no la con-tien-da, Si-gue a Cris-to el Se-ñor.
4. Cuan-do lle-gue la fi-nal jor-na-da, Fí-a en Cris-to, Fí-a en Cris-to; Te da-rá en el cie-lo fran-ca en-tra-da, Fí-a en Cris-to el Se-ñor.

Di-lo a Cris-to, Di-lo a Cris-to, Él es tu a-mi-go más fiel; No hay o-tro a-mi-go co-mo Cris-to, Di-lo tan só-lo a él.
Mi-ra a Cris-to, Mi-ra a
Si-gue a Cris-to, Si-gue a
Fí-a en Cris-to, Fí-a en

LETRA: Jeremiah E. Rankin, 1828-1904; es traducción.
MÚSICA: Edmund S. Lorenz, 1854-1942

DAYTON
Irregular

F5

Tell It to Jesus

146

Ask and it will be given to you — Luke 11:9 NIV

G C G D
1. Are you wea - ry, are you heav - y - heart - ed? Tell it to Je - sus,
2. Do the tears flow down your cheeks un - bid - den? Tell it to Je - sus,
3. Do you fear the gath - 'ring clouds of sor - row? Tell it to Je - sus,
4. Are you trou - bled at the thought of dy - ing? Tell it to Je - sus,
G C G
Tell it to Je - sus; Are you griev - ing o - ver joys de - part - ed?
Tell it to Je - sus; Have you sins that to men's eyes are hid - den?
Tell it to Je - sus; Are you anx - ious what shall be to - mor - row?
Tell it to Je - sus; For Christ's com - ing king - dom are you sigh - ing?
D7 G D G
Tell it to Je - sus a - lone.
Tell it to Je - sus a - lone.
Tell it to Je - sus a - lone.
Tell it to Je - sus a - lone.
Tell it to Je - sus, tell it to
C G D G
Je - sus, He is a friend that's well known; You've no oth - er
C G D7 G
such a friend or broth - er, Tell it to Je - sus a - lone.

WORDS: Jeremiah E. Rankin, 1828-1904
MUSIC: Edmund S. Lorenz, 1854-1942

DAYTON
Irregular

147 Te loamos, ¡oh Dios!

F6

El es tu alabanza; él es tu Dios — Deuteronomio 10:21 RVA

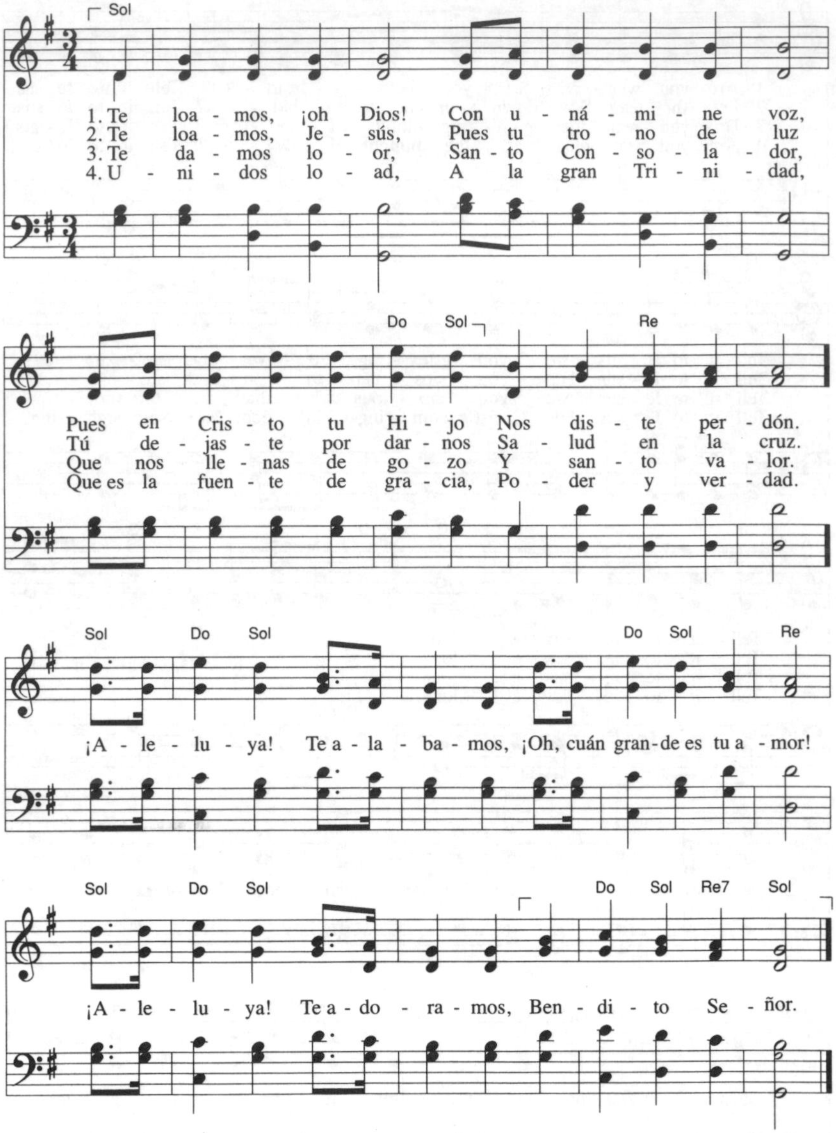

Sol
1. Te loa - mos, ¡oh Dios! Con u - ná - mi - ne voz,
2. Te loa - mos, Je - sús, Pues tu tro - no de luz
3. Te da - mos lo - or, San - to Con - so - la - dor,
4. U - ni - dos lo - ad, A la gran Tri - ni - dad,
Do Sol Re
Pues en Cris - to tu Hi - jo Nos dis - te per - dón.
Tú de - jas - te por dar - nos Sa - lud en la cruz.
Que nos lle - nas de go - zo Y san - to va - lor.
Que es la fuen - te de gra - cia, Po - der y ver - dad.
Sol Do Sol Do Sol Re
¡A - le - lu - ya! Te a - la - ba - mos, ¡Oh, cuán gran - de es tu a - mor!
Sol Do Sol Do Sol Re7 Sol
¡A - le - lu - ya! Te a - do - ra - mos, Ben - di - to Se - ñor.

LETRA: William P. Mackay, 1837-1885; tr., H. W. Cragin
MÚSICA: John J. Husband, 1760-1825

REVIVE US AGAIN
11.11. con Coro

F6

Revive Us Again

147

He is your praise; he is your God — Deuteronomy 10:21 NIV

WORDS: William P. Mackay, 1837-1885
MUSIC: John J. Husband, 1760-1825

REVIVE US AGAIN
11.11. with Refrain

148 Sé fiel al Señor

Fortaleceos en el Señor y en el poder de su fuerza. — Efesios 6:10 RVA

C:1 Sol Re Sol7 Do Sol

1. Sé fiel al Se - ñor y pon la con - fian - za En Cris - to Je -
2. Y pon la ar-ma-du - ra que Dios ha pro - vis - to, La pue-des u -
3. Sé fiel al Se - ñor; y ten for - ta - le - za; El Rey po - de -

Re7 Sol Re7 Sol Re Sol7

sús por - que fiel siem - pre es. A - bre tus a - las co-mo á - gui - la en
sar; es su a-mor re - den - tor. Con - fí - a en él, no te de - ja - rá
ro - so vic - to - ria da - rá. Y na - da te - mas, Je - sús trae el

Do Sol Re7 Sol Do Sol Do

vue - lo, Y ven - ce - rás cuan - do cla - mes a él.
so - lo; Con su luz siem - pre te a - lum - bra - rá. Sé fiel, sé
triun - fo. Su pro - tec - ción don - de es - tés te da - rá.

Re7 Sim Mim Lam Re7 Sol Rem7 Sol

fiel, sé fiel al Se - ñor, Y ten for - ta - le - za, pues él te guia - rá. Sé

Do Re7 Sim Mim Lam Re7 Sol

fiel, sé fiel, sé fiel al Se - ñor, La vic - to - ria es se - gu - ra en Je - sús.

LETRA: Linda Lee Johnson, 1947- ; tr., Salomón R. Mussiett
MÚSICA: Tom Fettke, 1941-

STRENGTH
11.11.11.10.

Be Strong in the Lord

Be strong in the Lord and in his mighty power — Ephesians 6:10 NIV

1. Be strong in the Lord, and be of good cour - age; Your might - y De-
2. So put on the ar - mour the Lord has pro - vid - ed; And place your de-
3. Be strong in the Lord, and be of good cour - age; Your might - y Com-

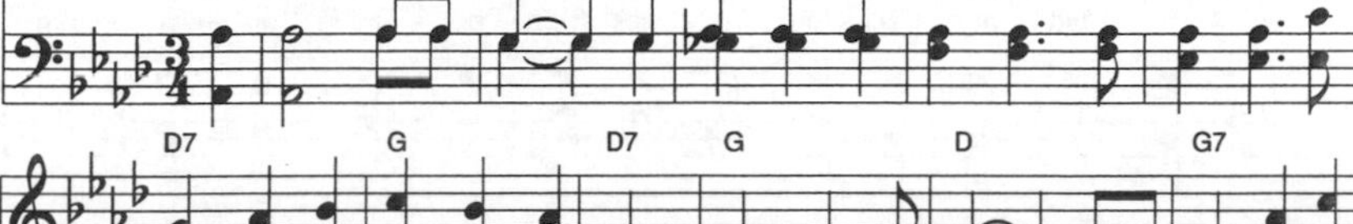

fend - er is al - ways the same. Mount up with wings, as the ea - gle as-
fense in His un - fail - ing care. Trust Him, for He will be with you in
mand - er will van - quish the foe. Fear not the bat - tle, for the vic - t'ry is

cend - ing; Vic - t'ry is sure when you call on His name.
bat - tle, Light - ing your path to a - void ev - 'ry snare. Be strong, be
al - ways His; He will pro - tect you where - ev - er you go.

strong, be strong in the Lord; And be of good cour - age, for He is your guide. Be

strong, be strong, be strong in the Lord; And re - joice, for the vic - t'ry is yours.

WORDS: Linda Lee Johnson, 1947-
MUSIC: Tom Fettke, 1941-

STRENGTH
11.11.11.10.

149 Estad por Cristo firmes

F8

Tomad toda la armadura de Dios, para que podáis... quedar firmes — Efesios 6:13, 14 RVA

C:1 La
Re
La
Mi
La
Mi
1. ¡Es - tad por Cris - to fir - mes! Sol - da - dos de la cruz;
2. ¡Es - tad por Cris - to fir - mes! Hoy lla - ma a la lid;
3. ¡Es - tad por Cris - to fir - mes! Las fuer - zas son de él.
4. ¡Es - tad por Cris - to fir - mes! Bien po - co du - ra - rán
La
Re
La
Mi7
La
Al - zad hoy la ban - de - ra En nom - bre de Je - sús.
Con él, pues, a la lu - cha, ¡Sol - da - dos to - dos, id!
El bra - zo de los hom - bres Por dé - bil no es fiel.
La lu - cha y la ba - ta - lla; Vic - to - ria vie - ne ya.
Mi
Fa♯m7
Mi
La
Re
La
Re
Sim
La
Mi
Es vues - tra la vic - to - ria Con él por ca - pi - tán,
Pro - bad que sois va - lien - tes Lu - chan - do con - tra el mal;
Ves - tí - os la ar - ma - du - ra, Ve - lad en o - ra - ción.
A to - do el que ven - cie - re Co - ro - na se da - rá;
La
Re
La
Mi7
La
Por él se - rán ven - ci - das Las hues - tes de Sa - tán.
Si es fuer - te el e - ne - mi - go, Je - sús es sin i - gual.
De - be - res y pe - li - gros De - man - dan más te - són.
Y con el Rey de glo - ria, Por siem - pre vi - vi - rá.

LETRA: George Duffield, h., 1818-1888, tr., Jaime Clifford
MÚSICA: George J. Webb, 1803-1887

WEBB
7.6.7.6.D

Esta tonada se encuentra en una tonalidad más baja en el Núm. 133.

Stand Up, Stand Up for Jesus

F8

149

Put on the full armor of God ... and ... stand firm – Ephesians 6:13-14 NIV

C:1
A D A E A E
1. Stand up, stand up for Je - sus, Ye sol - diers of the cross;
2. Stand up, stand up for Je - sus, The trum - pet call o - bey;
3. Stand up, stand up for Je - sus, Stand in His strength a - lone;
4. Stand up, stand up for Je - sus, The strife will not be long;
A D A E7 A
Lift high His roy - al ban - ner, It must not suf - fer loss:
Forth to the might - y con - flict, In this His glo - rious day:
The arm of flesh will fail you, Ye dare not trust your own:
This day the noise of bat - tle, The next, the vic - tor's song:
E F♯m7 E A D A D Bm A E
From vic - t'ry un - to vic - t'ry His ar - my shall He lead,
Ye who are men, now serve Him A - gainst un - num - bered foes;
Put on the gos - pel ar - mor, Each piece put on with pray'r;
To him who o - ver - com - eth A crown of life shall be;
A D A E7 A
Till ev - 'ry foe is van - quished, And Christ is Lord in - deed.
Let cour - age rise with dan - ger, And strength to strength op - pose.
Where du - ty calls, or dan - ger, Be nev - er want - ing there.
He, with the King of glo - ry, Shall reign e - ter - nal - ly.

WORDS: George Duffield, Jr., 1818-1888
MUSIC: George J. Webb, 1803-1887

WEBB
7.6.7.6.D

This tune is in a lower key in No. 133.

150 Listo y dispuesto, heme aquí

Y yo respondí: "Heme aquí, envíame a mí" — Isaías 6:8 RVA

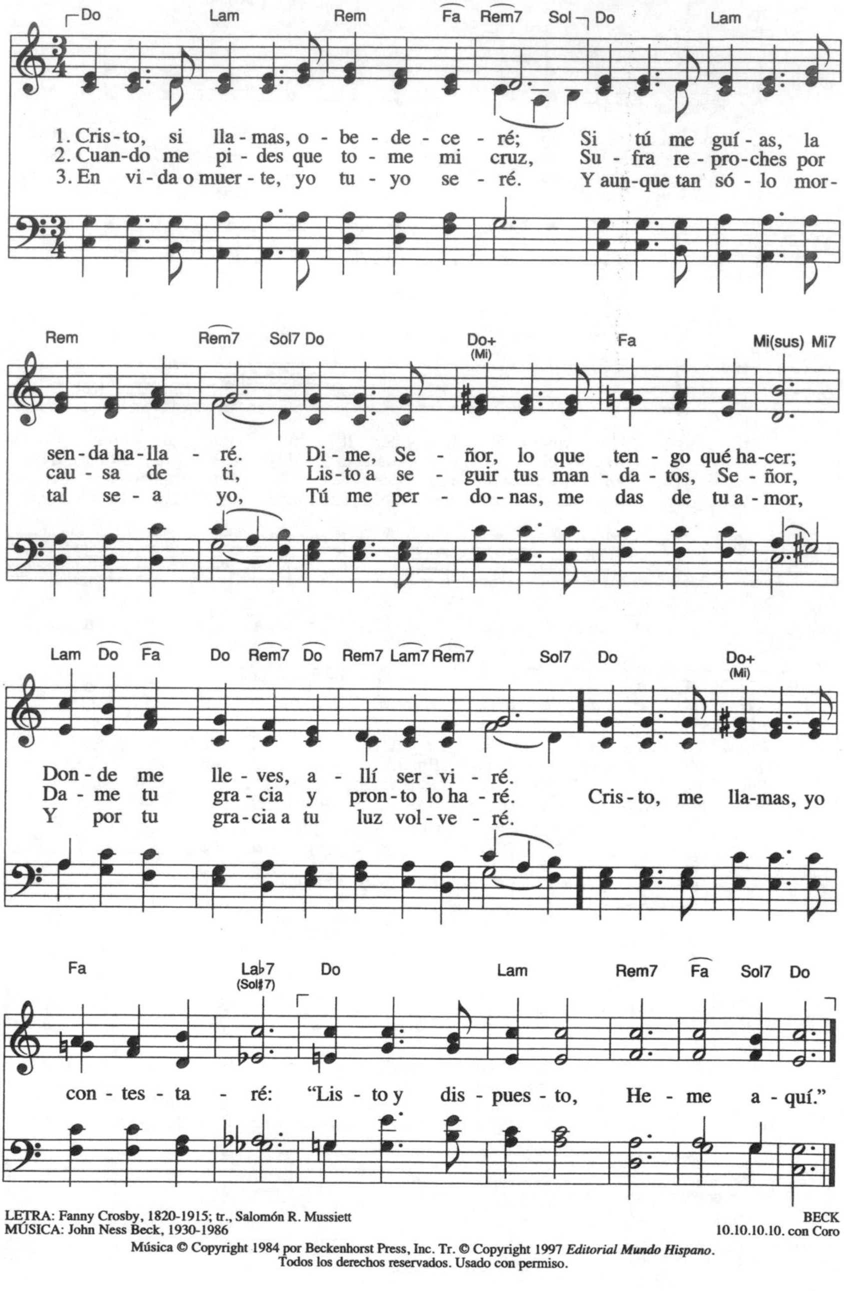

1. Cris-to, si lla-mas, o-be-de-ce-ré; Si tú me guí-as, la
2. Cuan-do me pi-des que to-me mi cruz, Su-fra re-pro-ches por
3. En vi-da o muer-te, yo tu-yo se-ré. Y aun-que tan só-lo mor-

sen-da ha-lla-ré. Di-me, Se-ñor, lo que ten-go qué ha-cer;
cau-sa de ti, Lis-to a se-guir tus man-da-tos, Se-ñor,
tal se-a yo, Tú me per-do-nas, me das de tu a-mor,

Don-de me lle-ves, a-llí ser-vi-ré.
Da-me tu gra-cia y pron-to lo ha-ré. Cris-to, me lla-mas, yo
Y por tu gra-cia a tu luz vol-ve-ré.

con-tes-ta-ré: "Lis-to y dis-pues-to, He-me a-quí."

LETRA: Fanny Crosby, 1820-1915; tr., Salomón R. Mussiett
MÚSICA: John Ness Beck, 1930-1986

BECK
10.10.10.10. con Coro

F9

Lord, Here Am I

Then said I, Here am I; send me — Isaiah 6:8 KJV

1. Mas-ter, Thou call-est, I glad-ly o-bey On-ly di-rect me, and
2. Will-ing, my Sav-ior, to take up the cross; Will-ing to suf-fer re-
3. Liv-ing, or dy-ing, I still would be Thine; Yet I am mor-tal while
I'll find Thy way. Teach me the mis-sion ap-point-ed for me,
proach-es and loss. Will-ing to fol-low, if Thou will but lead;
Thou art di-vine. Par-don, when-ev-er I turn from the right;
What is my la-bor, and where it shall be.
On-ly sup-port me with grace in my need.
Pit-y, and bring me a-gain to the light.
Mas-ter, Thou call-est, and
this I re-ply, "Read-y and will-ing, Lord, here am I."

WORDS: Fanny Crosby, 1820-1915
MUSIC: John Ness Beck, 1930-1986

BECK
10.10.10.10. with Refrain

151 Firmes y adelante

F10

Sé partícipe de los sufrimientos como buen soldado de Cristo Jesús — 2 Timoteo 2:3 RVA

C:1 Re Mim7 La7 Sim7 La7 Re

1. Fir - mes y a - de - lan - te, Hues - tes de la fe, Sin te -
2. Mué - ve - se po - ten - te La i - gle - sia de Dios, De los
3. Tro - nos y co - ro - nas Pue - den pe - re - cer; De Je -
4. Pue - blos, vues - tras vo - ces A la nues - tra u - nid, Y el can -

La(sus) La Mi7 Re Mi7 La Re

mor al - gu - no, Que Je - sús nos ve. Je - fe so - be - ra - no,
ya glo - rio - sos Va - mos hoy en pos: So - mos só - lo un cuer - po,
sús la i - gle - sia Siem-pre ha - brá de ser; Na - da en - con - tra su - ya
tar de triun - fo To - dos re - pe - tid: Prez, ho - nor y glo - ria

Sol Re Sol Re Sol Re Sol Re Sol Mim Mi7 La

Cris - to al fren - te va, Y la re - gia en - se - ña Tre - mo - lan - do es - tá:
Y u - no es el Se - ñor, U - na la es - pe - ran - za, Y u - no nues - tro a - mor.
Pre - va - le - ce - rá, Por - que la pro - me - sa Nun - ca fal - ta - rá.
Dad a Cris - to el Rey: Y por las e - da - des Can - te a - sí su grey.

Re La7 Re

Fir - mes y a - de - lan - te, Hues - tes de la fe,

La7 Re Sol Mim7 La7 Re

Sin te - mor al - gu - no, Que Je - sús nos ve.

LETRA: Sabine Baring-Gould, 1834-1924; tr., Juan B. Cabrera
MÚSICA: Arthur S. Sullivan, 1842-1900

ST. GERTRUDE
6.5.6.5.D. con Coro

Onward, Christian Soldiers 151

F10

Endure hardship ... like a good soldier of Christ Jesus — 2 Timothy 2:3 NIV

C:1
D Em7 A7 Bm7 A7 D
1. On - ward, Chris - tian sol - diers, march - ing as to war, With the
2. At the sign of tri - umph Sa - tan's host doth flee; On, then,
3. Like a might - y ar - my moves the church of God; Broth - ers,
4. On - ward, then, ye peo - ple, join our hap - py throng, Blend with
A(sus) A E7 D E7 A D
cross of Je - sus go - ing on be - fore! Christ, the roy - al Mas - ter,
Chris - tian sol - diers, on to vic - to - ry! Hell's foun - da - tions quiv - er
we are tread - ing where the saints have trod; We are not di - vid - ed;
ours your voic - es in the tri - umph song; Glo - ry, laud, and hon - or,
G D G D G D G D G Em E7 A
leads a - gainst the foe; For - ward in - to bat - tle, see His ban - ner go!
at the shout of praise; Broth - ers, lift your voic - es, loud your an - thems raise!
all one bod - y we, One in hope and doc - trine, one in char - i - ty.
un - to Christ the King; This thro' count less a - ges men and an - gels sing.
D A7 D
On - ward, Chris - tian sol - diers, march - ing as to war,
A7 D G Em7 A7 D
With the cross of Je - sus go - ing on be - fore!

WORDS: Sabine Baring-Gould, 1834-1924
MUSIC: Arthur S. Sullivan, 1842-1900

ST. GERTRUDE
6.5.6.5.D. with Refrain

152 Cual pendón hermoso
The Banner of the Cross

Has dado bandera a los que te temen, para que alcancen seguridad ante el arco — Salmo 60:4 RVA
But for those who fear you, you have raised a banner — Psalm 60:4 NIV

C:1 La

1. Cual pen - dón her - mo - so des - ple - gue - mos hoy
There's a roy - al ban - ner giv - en for dis - play

Mi7 La

La ban - de - ra de la cruz, La ver - dad del e - van -
To the sol - diers of the King; As an en - sign fair we

Mi Si7 Mi

ge - lio de per - dón Del sol - da - do de Je - sús.
lift it up to - day, While as ran - somed ones we sing.

Mi7 La La7

A - de - lan - te, a - de - lan - te, en
Mar - ching on, (on, on,) mar - ching on, (on, on,) For

LETRA / WORDS: Daniel W. Whittle, 1840-1901; tr., Henry C. Turrall
MÚSICA / MUSIC: James McGranahan, 1840-1907

ROYAL BANNER
11.7.11.7. con Coro / with Refrain

2. Prediquemos siempre lo que dice Dios
   De la sangre de Jesús,
   Cómo limpia del pecado al mortal
   Y le da su plenitud.

Coro
   Adelante, adelante,
   En pos de nuestro Salvador.
   Nos da gozo y fe nuestro Rey,
   Adelante con valor.

3. En el mundo proclamemos con fervor
   Esta historia de la cruz;
   Bendigamos sin cesar al Redentor,
   Quien nos trajo paz y luz.

Coro

4. En el cielo nuestro cántico será
   Alabanzas a Jesús;
   Nuestro corazón allí rebosará
   De amor y gratitud.

Coro

2. Tho the foe may rage and gather as the flood,
   Let the standard be displayed;
   And beneath its folds, as soldiers of the Lord,
   For the truth be not dismayed!

Refrain
   Marching on, marching on,
   For Christ count ev'rything but loss!
   And to crown him King, toil and sing
   'Neath the banner of the cross!

3. Over land and sea, wherever man may dwell,
   Make the glorious tidings known;
   Of the crimson banner now the story tell,
   While the Lord shall claim his own!

Refrain

4. When the glory dawns, 'tis drawing very near,
   It is hast'ning day by day;
   Then before our King the foe shall disappear,
   And the cross the world shall sway!

Refrain

153 En las aguas del bautismo

F12

Me mostró un río de agua de vida... que fluye del trono de Dios – Apocalipsis 22:1 RVA

Re
La7
1. En las a - guas del bau - tis - mo Su - mer - gi - do fue Je - sús;
2. En las a - guas del bau - tis - mo Hoy con - fie - so a - sí mi fe:
3. Yo, que es - toy cru - ci - fi - ca - do, Ya no quie - ro más pe - car.
4. E - se rí - o al - can - za - re - mos. Nues - tro tiem - po pa - sa - rá,
Re
La7
Re
Mas su a - mor no fue a - pa - ga - do Por sus pe - nas en la cruz;
Je - su - cris - to me ha sal - va - do Y por Cris - to vi - vi - ré;
Yo, que es - toy re - su - ci - ta - do, O - tra vi - da he de lle - var.
Go - zo ha - brá en los co - ra - zo - nes, Nues - tro can - to her - mo - so se - rá.
Sol
Re
La7
Re
Le - van - tó - se de la tum - ba, Las ca - de - nas Cris - to sa - cu - dió,
Des - de hoy yo pa - ra el mun - do Ya no vi - vo, Cris - to mo - ra en mí.
Pues, no rei - ne ya en no - so - tros El pe - ca - do en - ga - ña - dor;
En el cie - lo go - za - re - mos Con el Rey de Re - yes y Se - ñor,
Sol
Re
La7
Re
Y triun - fan - te y vic - to - rio - so Él a los cie - los su - bió.
Es mi an - he - lo con - sa - grar - me Y só - lo a Cris - to ser - vir.
Pre - sen - te - mos nues - tros cuer - pos Pa - ra ser - vir al Se - ñor.
Jun - to al a - gua de la vi - da Que vie - ne del Se - ñor.

LETRA: Enrique Turrall, 1867-1953; alt.
MÚSICA: Robert Lowry, 1826-1899

HANSON PLACE
8.7.8.7.D

F12

Shall We Gather at the River

153

The angel showed me the river ... flowing from the throne of God – Revelation 22:1 NIV

D
A7
1. Shall we gath - er at the riv - er, Where bright an - gel feet have trod;
2. On the mar - gin of the riv - er, Wash - ing up its sil - ver spray,
3. Ere we reach the shin - ing riv - er, Lay we ev - 'ry bur - den down;
4. Soon we'll reach the shin - ing riv - er, Soon our pil - grim - age will cease;
D
A7
D
With its crys - tal tide for - ev - er Flow - ing by the throne of God?
We will walk and wor - ship ev - er, All the hap - py gold - en day.
Grace our spir - its will de - liv - er, And pro - vide a robe and crown.
Soon our hap - py hearts will quiv - er With the mel - o - dy of peace.
G
D
A7
D
Yes, we'll gath - er at the riv - er, The beau - ti - ful, the beau - ti - ful riv - er;
G
D
A7
D
Gath - er with the saints at the riv - er That flows by the throne of God.

WORDS: Robert Lowry, 1826-1899
MUSIC: Robert Lowry, 1826-1899

HANSON PLACE
8.7.8.7. with Refrain

154 Yo te sirvo

I Will Serve Thee

F13

Servid a Jehovah con alegría — Salmo 100:2 RVA
Serve the Lord with gladness — Psalm 100:2 NIV

C:1
Re Sol Re Fa♯m Mim
Yo te sir - vo por - que te a - mo; Tú me has da - do
I will serve Thee be - cause I love Thee, You have giv - en
Fa♯m La7+5 Re Sol Re
vi - da a mí. No e - ra na - da y me bus - cas - te;
life to me; I was noth - ing be - fore You found me,
Fa♯m Mim Fa♯m La7 Re Sol
Tú me has da - do vi - da a mí. Vi - das he - chas pe -
You have giv - en life to me. Heart - aches, bro - ken
Re Fa♯m Mim Fa♯m La7+5 Re Mim7 Fa°7 Re Sol
da - zos, Te lle - va - ron al Cal - va - rio tan cruel; Tu a - mor
piec - es, Ru - ined lives are why You died on Cal - vary; Your touch
Re Fa♯m Mim Fa♯m La7 Re
se - rá mi an - he - lo, Tú me has da - do vi - da a mí.
was what I longed for, You have giv - en life to me.

LETRA / WORDS: Gloria Gaither, 1942-; William J. Gaither, 1936-; tr., Sid D. Guillén
MÚSICA / MUSIC: William J. Gaither, 1936-

SERVING
Irregular

F14

Tienen que saber
People Need the Lord

Aunque yo sea pobre y necesitado, Jehovah pensará en mí — Salmo 40:17 RVA
I am poor and needy; may the Lord think of me — Psalm 40:17 NIV

LETRA / WORDS: Greg Nelson, 1948-; Phill McHugh, 1951-; tr., Sid D. Guillén
MÚSICA / MUSIC: Greg Nelson, 1948-; Phill McHugh, 1951-

PEOPLE NEED THE LORD
Irregular

156 Mi corazón, oh examina hoy

Examíname, oh Dios, y conoce mi corazón — Salmo 139:23 RVA

Mi La Lam Mi Si7 Mi
1. Mi co - ra - zón, oh ex - a - mi - na hoy;
2. Da - me, Se - ñor, más de tu ple - ni - tud,
3. En tu re - dil por siem - pre es - ta - ré,
4. Lle - na, Se - ñor, tu Es - pí - ri - tu mi ser;
La Fa♯m Sol° Mi Do♯m Fa♯ Si7 Sol°
Mis pen - sa - mien - tos, prue - ba, oh Se - ñor.
Pues que tú e - res fuen - te de sa - lud.
Pues a tu la - do, mal no te - me - ré.
Da - me po - der pa - ra tes - ti - fi - car;
Mi La Lam Mi Si7 Mi
Ve si en mí per - ver - si - da - des hay;
So - bre la cruz, en me - dio del do - lor,
Guar - da mi fe pa - ra po - der ven - cer
Que tu ver - dad yo pue - da pro - cla - mar;
La Fa♯m Sol° Mi Do♯+ Do♯7 Fa♯ Si7 Mi
Por sen - das rec - tas llé - ve - me tu a - mor.
Bro - tar la hi - cis - te por tu gran a - mor.
Has - ta que al fin tu faz yo pue - da ver.
Ser ben - di - ción a la hu - ma - ni - dad.

LETRA: J. Edwin Orr, 1912-1987; tr. estrofas 1-3, Carlos P. Denyer y Elizabeth Ritchey de Fuller; estrofa 4, Salomón R. Mussiett
MÚSICA: Melodía Maori; arr., John McNeill

MAORI
10.10.10.10.

F15

Search Me, O God

Search me, O God, and know my heart — Psalm 139:23 NIV

C:1
E A Am E B7 E
1. Search me, O God, and know my heart to - day;
2. I praise You, Lord, for cleans - ing me from sin;
3. Lord, take my life, for I would live for You;
4. O Ho - ly Spir - it, re - viv - al comes from You;
A F♯m G° E C♯m F♯ B7 G°
Try me, O Sav - ior, know my thoughts, I pray.
Ful - fill Your Word and make me pure with - in.
Fill my poor heart with Your great love so true.
Send a re - viv - al, my own heart re - new.
E A Am E B7 E
See if there be some wick - ed way in me;
Fill me with fire where once I burned with shame;
Take all my will, my pas - sion, self, and pride;
Your Word de - clares You will sup - ply our need;
A F♯m G° E C♯+ C♯7 F♯ B7 E
Cleanse me from ev - 'ry sin and set me free.
Grant my de - sire to mag - ni - fy Your name.
I now sur - ren - der; Lord, in me a - bide.
For bless - ings now, O Lord, I hum - bly plead.

WORDS: J. Edwin Orr, 1912-1987
MUSIC: Maori melody ; arr., John McNeill

MAORI
10.10.10.10.

157 Buscad primero

Buscad primeramente el reino de Dios y su justicia — Mateo 6:33 RVA

C:1 Re Fa♯m Sol Re Sol

A - le - - - lu - - - - ya, A -

1. Bus - cad pri - me - ro el rei - no de Dios Y su per -
2. Pe - did, pe - did y se os da - rá; Bus - cad y

Re Mim La7 Re Fa♯m

le - - - lu - ya, A - - le - - -

fec - ta jus - ti - cia, Y lo de - más a - ña -
ha - lla - réis. Lla - mad, lla - mad y la

Sol Re Sol Re La(sus) La7 Re

lu - - - - ya, A - le - lu - ya.

di - do se - rá. A - le - lu, a - le - lu - ya.
puer - ta se a - bri - rá. A - le - lu, a - le - lu - ya.

LETRA: Karen Lafferty, 1948-; basado en las Escrituras; es traducción.
MÚSICA: Karen Lafferty, 1948-

LAFFERTY
Irregular

F16

Seek Ye First

157

Seek ye first the kingdom of God, and his righteousness — Matthew 6:33 KJV

C:1
D F♯m G D G
Al - le - - - lu - - - ia, Al -
1. Seek ye first the king - dom of God, And His
2. Ask and it shall be giv - en un - to you, Seek and
D Em A7 D F♯m
le - - lu - ia, Al - - le - - -
righ - teous - ness, And all these things shall be
ye shall find, Knock and the door shall be
G D G D A(sus) A7 D
lu - - - ia, Al - le - lu - ia.
add - ed un - to you— Al - le - lu, al - le - lu - ia!
o - pened un - to you— Al - le - lu, al - le - lu - ia!

WORDS: Karen Lafferty, 1948-; based on Scripture
MUSIC: Karen Lafferty, 1948-

LAFFERTY
Irregular

158 Avívanos, Señor

F17

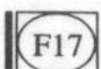

Oh Jehovah,... he considerado tu obra... Avívala en medio de los tiempos — Habacuc 3:2 RVA

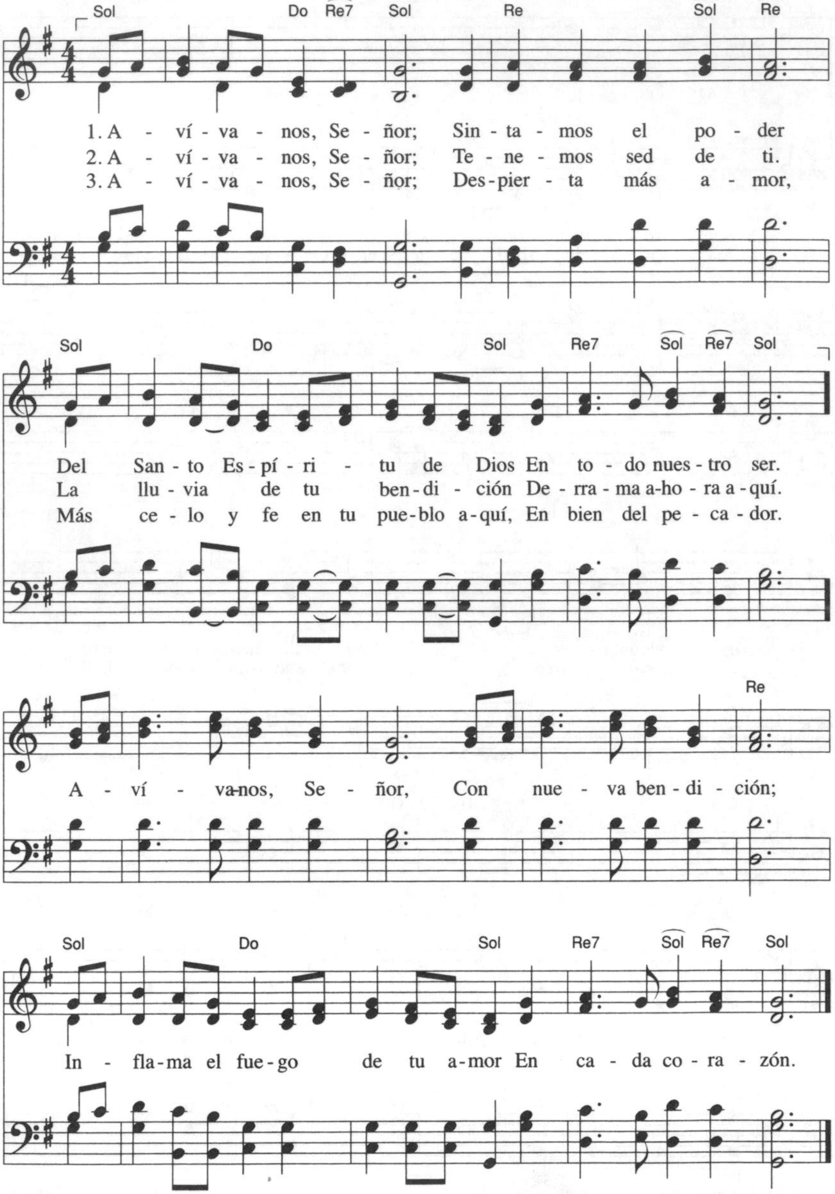

Sol Do Re7 Sol Re Sol Re
1. A - ví - va - nos, Se - ñor; Sin - ta - mos el po - der
2. A - ví - va - nos, Se - ñor; Te - ne - mos sed de ti.
3. A - ví - va - nos, Se - ñor; Des - pier - ta más a - mor,
Sol Do Sol Re7 Sol Re7 Sol
Del San - to Es - pí - ri - tu de Dios En to - do nues - tro ser.
La llu - via de tu ben - di - ción De - rra - ma a - ho - ra a - quí.
Más ce - lo y fe en tu pue - blo a - quí, En bien del pe - ca - dor.
Re
A - ví - va - nos, Se - ñor, Con nue - va ben - di - ción;
Sol Do Sol Re7 Sol Re7 Sol
In - fla - ma el fue - go de tu a - mor En ca - da co - ra - zón.

LETRA: Albert Midlane, 1825-1909; alt. Fanny Crosby, tr., Enrique Turrall
MÚSICA: William H. Doane, 1832-1915

REVIVE THY WORK, O LORD
M.C. con Coro

(F17)

Revive Thy Work

I stand in awe of your deeds, O Lord. Renew them in our day — Habakkuk 3:2 NIV

G C D7 G D G D
1. Re - vive Thy work, O Lord! Thy might - y arm make bare;
2. Re - vive Thy work, O Lord! Cre - ate soul - thirst for Thee;
3. Re - vive Thy work, O Lord! Ex - alt Thy pre - cious name;
G C G D7 G D7 G
Speak with the voice that wakes the dead, And make Thy peo - ple hear.
But hun-g'ring for the Bread of Life, Oh, may our spir - its be!
And, by the Ho - ly Ghost, our love For Thee and Thine in - flame.
D
Re - vive Thy work, O Lord! And give re-fresh-ing show'rs;
G C G D7 G D7 G
The glo - ry shall be all Thine own; The bless - ing shall be ours.

WORDS: Albert Midlane, 1825-1909; alt. Fanny Crosby
MUSIC: William H. Doane, 1832-1915

REVIVE THY WORK, O LORD
C.M. with Refrain

159 Quiero darte gracias

Lord, I Want to Thank You

F18

Dad gracias en todo — 1 Tesalonicenses 5:18 RVA

Give thanks in all circumstances — 1 Thessalonians 5:18 NIV

Unísono / Unison
Lam Sol Lam Fa Sol Lam
Quie - ro dar - te gra - cias Por lo gran - de de tu a - mor.
Lord, I want to thank You, For the great - ness of your love.
Sol Lam Fa Sol 1Lam
Quie - ro dar - te gra - cias, A - mo - ro - so y buen Se - ñor.
Lord, I want to thank You, Pre - cious Sav - ior, Lord, and King.
2Lam Fa Do Fa
ñor. Tan - to tiem - po bus - cas - te, Y mi vi - da to -
King. Lord, you found me and touched me, With your love You have
Do Mim Lam Fa Sol
cas - te. Ya no quie - ro más na - da, Só - lo co - no - cer - te
changed me. Now my on - ly de - sire, oh Lord, Is to know You more and
1Lam 2Lam Fa Sol Lam
más. más, Só - lo co - no - cer - te más.
more. more, Is to love You more and more.

LETRA / WORDS: Autor anónimo / Anonymous; tr., Russell Herrington, Eduardo Steele
MÚSICA / MUSIC: Autor anónimo / Anonymous

QUIERO DARTE GRACIAS
Irregular

F19

Abre mis ojos
Open Our Eyes, Lord

160

Entonces fueron abiertos los ojos de ellos, y le reconocieron — Lucas 24:31 RVA
Then their eyes were opened and they recognized him — Luke 24:31 NIV

Re La7 Re Sol Mim7 La7 Sol Re

A - bre mis o - jos, quie - ro ver a Cris - to,
O - pen our eyes, Lord, we want to see Je - sus,
A - bre mi o - í - do, a - yú - da-me a o - ir - te.
O - pen our ears, Lord, and help us to lis - ten,

Sim Sim7 SolM 1 Mim7 La7 Sol

po - der - le to - car, de - cir - le: "te a -
to reach out and touch Him, and say that we love
— A - bre mis o -
— O - pen our eyes,

Re 2 Mim7 La7 (La7) Mim7 Re

mo." jos, quie - ro ver a Cris - to.
Him. Lord, we want to see Je - sus.

LETRA / WORDS: Bob Cull, 1949-; es traducción.
MÚSICA / MUSIC: Bob Cull, 1949-; arr., David Allen

OPEN OUR EYES
Irregular

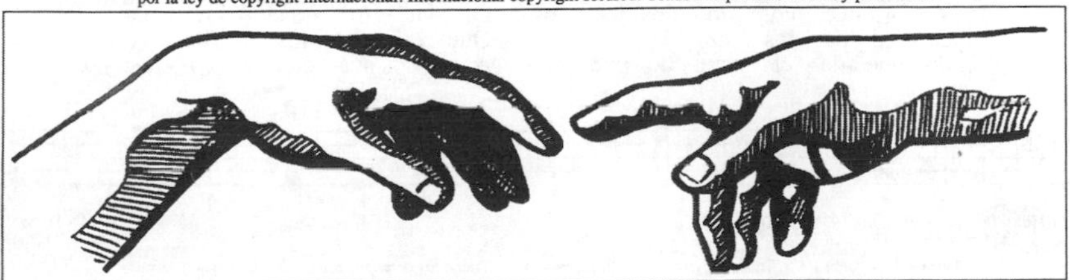

161 Del Señor, el pueblo somos

Para ser un sacerdocio santo, a fin de ofrecer sacrificios... agradables a Dios — 1 Pedro 2:5 RVA

C:1
Re La La7 Re La7 Re Sol Re La7 Re Mim Mi7 La
1. Del Se - ñor el pue - blo so - mos, Lo mos - tra - mos por su a - mor.
2. Del Se - ñor sus sier - vos so - mos, Tra - ba - ja - mos pa - ra él;
3. Del Se - ñor pro - fe - tas so - mos, Y a - nun - cia - mos la ver - dad;
So - mos u - no en es - pí - ri - tu, De es - pe - ran - za la se - ñal.
Su tra - ba - jo rea - li - za - mos O - be - dien - tes a su ley.
La jus - ti - cia de - fen - de - mos Con lim - pie - za, cla - ri - dad.
Re La La7 Re La Fa♯m Mim Sim Mi7 La
De - mos - tre - mos nues - tro cam - bio Que o - pe - ró el Sal - va - dor,
Hoy se - gui - mos su ban - de - ra Y ac - tua - mos con te - són,
Y va - lien - tes a - van - za - mos A cum - plir con el de - ber,
Re Sol Re Sol La7 Re La La7 Re Sol Re La7 Re
Y go - ce - mos to - dos jun - tos De su tro - no al - re - de - dor.
O - cu - pa - dos en la o - bra Que re - cla - ma fiel ac - ción.
Por - que a - sí el mun - do pue - de A Je - sús bien co - no - cer.

LETRA: Thomas A. Jackson, 1931-; tr., Daniel Díaz R.
MÚSICA: Franz Joseph Haydn, 1732-1809

AUSTRIAN HYMN
8.7.8.7.D.

F20

We Are Called to Be God's People 161

You ... are ... a holy priesthood, offering spiritual sacrifices acceptable to God — 1 Peter 2:5 NIV

C:1
D A A7 D A7 D G D A7 D Em E7 A
1. We are called to be God's peo - ple, Show - ing by our lives His grace,
2. We are called to be God's ser - vants, Work - ing in His world to - day;
3. We are called to be God's proph - ets, Speak - ing for the truth and right;
D A A7 D A7 D G D A7 D Em E7 A
One in heart and one in spir - it, Sign of hope for all the race.
Tak - ing His own task up - on us, All His sa - cred words o - bey.
Stand - ing firm for god - ly jus - tice, Bring - ing e - vil in - to light.
D A A7 D A F♯m Em Bm E7 A
Let us show how He has changed us, And re - made us as His own,
Let us rise, then, to His sum - mons, Ded - i - cate to Him our all,
Let us seek the cour - age need - ed, Our high call - ing to ful - fill,
D G D G A7 D A A7 D G D A7 D
Let us share our life to - geth - er As we shall a - round His throne.
That we may be faith - ful ser - vants, Quick to an - swer now His call.
That we all may know the bless - ing Of the do - ing of God's will.

WORDS: Thomas A. Jackson, 1931-
MUSIC: Franz Joseph Haydn, 1732-1809

AUSTRIAN HYMN
8.7.8.7.D.

162 Ser a los pueblos
To Be God's People

Vosotros resplandecéis como luminares en el mundo, reteniendo la palabra de vida — Filipenses 2:15, 16 RVA
You shine like stars in the universe as you hold out the word of life — Philippians 2:15-16 NIV

C:1 Re Mim7 Re Mim7

Unísono / *Unison*

1. Oh Dios e - ter - no vi - sión pe - di - mos
Al - might - y Fa - ther, give us a vis - ion
2. De Dios el pue - blo que - re - mos ser
And when we fal - ter be Thou our com - fort;

Re SolM7 Re Mim7 La7

de un mun - do que per - di - do es - tá sin ti.
of a dy - ing world that needs Your love and care.
y lle - var a o - tros su pre - cio - sa luz.
guide us as Your chil - dren that our lives may be

Re Mim7 Re SolM7 Mim7

Los cam - pos blan - cos es - tán es - pe - ran - do el
We see the need, the yearn - ing for a Sav - ior,
La luz que bri - lla, fa - ro que i - lu - mi - na
A bea - con in this dark - ness that sur - rounds us,

Re Mim7 La7 Re

Coro / *Refrain*

Men - sa - je de la sal - va - ción.
In Je - sus' name, grant this our prayer.
La sen - da de la sal - va - ción.
A light that oth - ers then may see.

Ser a los
To be God's

LETRA / WORDS: Charles F. Brown, 1942-; tr., Salomón R. Mussiett
MÚSICA / MUSIC: Charles F. Brown, 1942-

GOD'S PEOPLE
10.11.11.8. con Coro / with Refrain

Solm
Do
Fa
Sib
pue - blos siem-pre a - quí, el re -
peo - ple in this place, live His
Mim7
La7
Re
fle - jo de tu a - mor. Que pro - cla -
good - ness, share His grace, Pro-claim God's
Solm
Do
Fa
Sib
me - mos sal - va - ción, que a - mas
mer - cy through His Son, be His
Solm
La7
Re(sus)
Re
tú al pe - ca - dor.
love to ev - 'ry - one.

163 Abre mis ojos a la luz

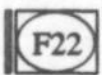

Abre mis ojos, y miraré las maravillas — Salmo 119:18 RVA

F22

C:1 Sol Re7 Sol
1. A - bre mis o - jos a la luz, Tu ros - tro quie - ro ver, Je - sús;
2. A - bre mi o - í - do a tu ver - dad, Yo quie - ro o - ír con cla - ri - dad
3. A - bre mis la - bios pa - ra ha - blar, Y a to - do el mun - do pro - cla - mar
Si7 Mim Si7 Mim La7 Re
Pon en mi co - ra - zón tu bon - dad, Y da - me paz y
Be - llas pa - la - bras de dul - ce a - mor, Oh, mi ben - di - to
Que tú vi - nis - te a res - ca - tar Al más per - di - do
La Re Sol Re7
san - ti - dad, Hu - mil - de - men - te a - cu - do a ti, Por - que tu tier - na
Sal - va - dor. Con - sa - gro a ti mi frá - gil ser; Tu vo - lun - tad yo
pe - ca - dor. La mies es mu - cha, ¡oh Se - ñor! O - bre - ros fal - tan
Sol Sol7 Do Re7 Sol
voz o - í; Mi guí - a sé, Es - pí - ri - tu Con - so - la - dor.
quie - ro ha - cer; Lle - na mi ser, Es - pí - ri - tu Con - so - la - dor.
de va - lor; He - me a - quí, Es - pí - ri - tu Con - so - la - dor.

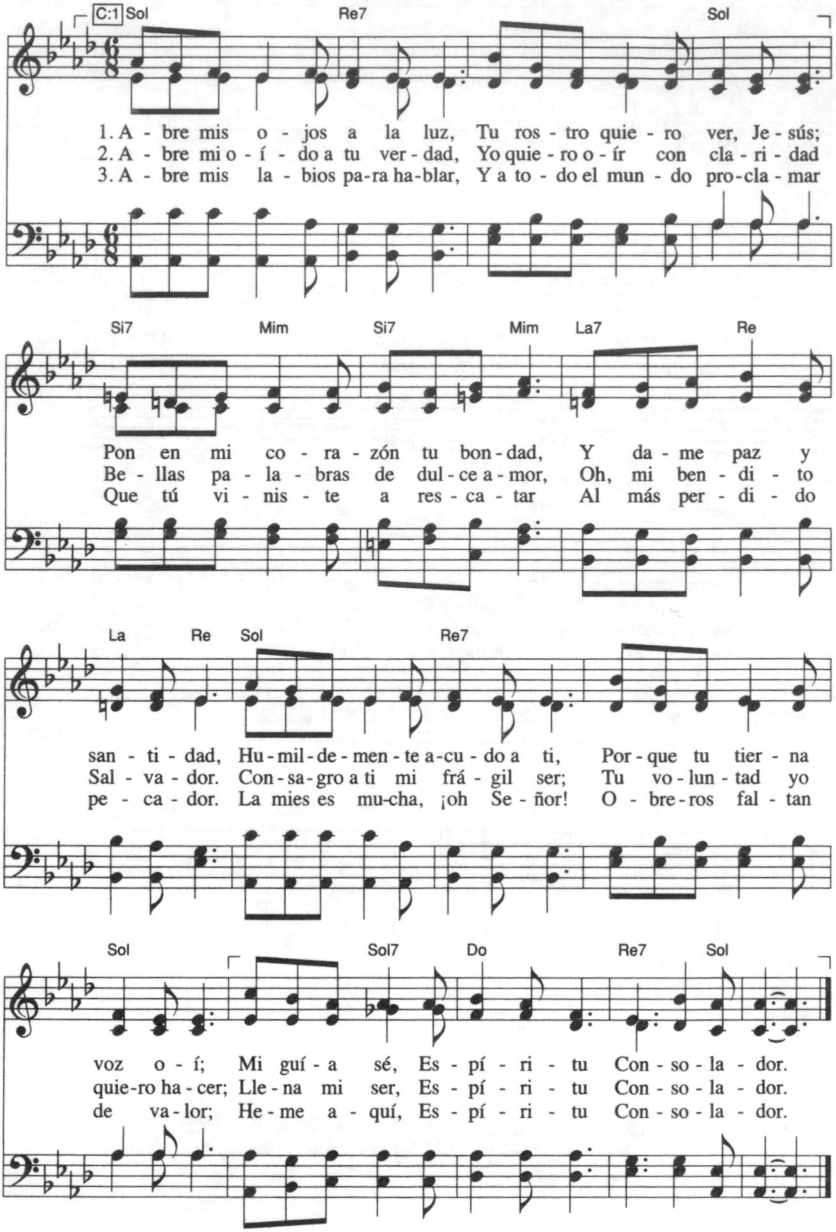

LETRA: Clara H. Scott, 1841-1897; tr., S. D. Athans
MÚSICA: Clara H. Scott, 1841-1897

SCOTT
Irregular

Open My Eyes, That I May See

Open thou mine eyes, that I may behold wondrous things — Psalm 119:18 KJV

C:1

G D7 G

1. O - pen my eyes, that I may see Glimps-es of truth Thou hast for me;
2. O - pen my ears, that I may hear Voic - es of truth Thou send-est clear;
3. O - pen my mouth, and let me bear Glad - ly the warm truth ev - 'ry-where;

B7 Em B7 Em A7 D

Place in my hands the won-der - ful key That shall un - clasp and
And while the wave-notes fall on my ear, Ev - 'ry-thing false will
O - pen my heart, and let me pre - pare Love with Thy chil - dren,

A D G D7

set me free: Si - lent - ly now I wait for Thee, Read - y, my God, Thy
dis - ap - pear: Si - lent - ly now I wait for Thee, Read - y, my God, Thy
thus to share: Si - lent - ly now I wait for Thee, Read - y, my God, Thy

G G7 C D7 G

will to see; O - pen my eyes, il - lu - mine me, Spir - it di - vine!
will to see; O - pen my eyes, il - lu - mine me, Spir - it di - vine!
will to see; O - pen my eyes, il - lu - mine me, Spir - it di - vine!

WORDS: Clara H. Scott, 1841-1897
MUSIC: Clara H. Scott, 1841-1897

SCOTT
Irregular

164 Al Cristo vivo sirvo
He Lives

Id de prisa y decid a sus discípulos que ha resucitado de entre los muertos — Mateo 28:7 RVA
Go quickly and tell ... He has risen from the dead — Matthew 28:7 NIV

C:1 La
1. Al Cris - to vi - vo sir - vo y él en el mun-do es - tá;
I serve a ris - en Sav - ior, He's in the world to - day
Do♯ Fa♯m Si7 Mi7
Aun - que o - tros lo ne - ga - ren yo sé que él vi - ve ya.
I know that He is liv - ing, what - ev - er men may say
La
Su ma - no tier - na ve - o, su voz con - sue - lo da,
I see His hand of mer - cy, I hear His voice of cheer,
Si7 Mi
Y cuan - do yo le lla - mo, muy cer - ca es - tá.
And just the time I need Him, He's al - ways near.
La La7 Re La Mi7
Él vi - ve, él vi - ve, hoy vi - ve el Sal - va - dor; Con - mi - go es - tá y me
He lives, He lives, Christ Je - sus lives to - day He walks with me and
vi - ve, vi - ve,
He lives, He lives,

LETRA / WORDS: Alfred H. Ackley, 1887-1960; tr., George P. Simmonds
MÚSICA / MUSIC: Alfred H. Ackley, 1887-1960

ACKLEY
Irregular

2. En todo el mundo entero
contemplo yo su amor,
Y al sentirme triste consuélame el Señor;
Seguro estoy que Cristo
mi vida guiando está,
Y que otra vez al mundo regresará.

Coro
Él vive, él vive, hoy vive el Salvador;
Conmigo está y me guardará mi amante
Redentor.
Él vive, él vive, imparte salvación.
Sé que él viviendo está porque vive en mi
corazón.

3. Regocijaos, cristianos,
hoy himnos entonad;
Eternas aleluyas
a Cristo el Rey cantad.
La única esperanza es
del mundo pecador,
No hay otro tan amante como el Señor.

Coro

2. In all the world around me
I see His loving care,
And tho' my heart grows weary
I never will despair;
I know that He is leading
thro' all the stormy blast,
The day of His appearing will come at last.

Refrain
He lives, He lives, Christ Jesus lives today!
He walks with me and talks with me
along life's narrow way.
He lives, He lives, salvation to impart!
You ask me how I know He lives:
He lives within my heart.

3. Rejoice, rejoice, O Christian,
lift up you voice and sing
Eternal hallelujahs
to Jesus Christ the King!
The hope of all who seek Him,
the help of all who find,
None other is so loving, so good and kind.

Refrain

165 En pecados y temor

F24

Me hizo subir del... lodo cenagoso... Puso mis pies sobre una roca — Salmo 40:2 RVA

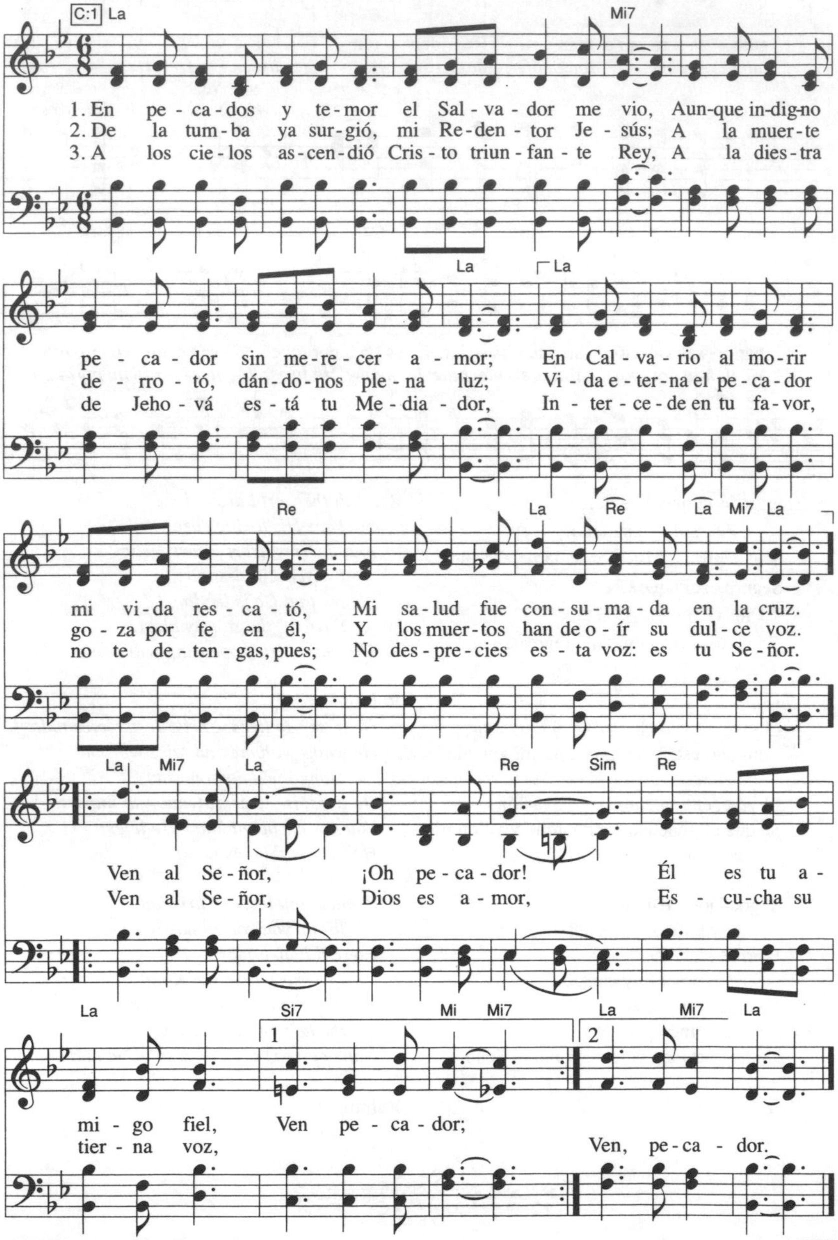

C:1

1. En pecados y temor el Salvador me vio, Aunque indigno pecador sin merecer amor; En Calvario al morir mi vida rescató, Mi salud fue consumada en la cruz.
2. De la tumba ya surgió, mi Redentor Jesús; A la muerte derrotó, dándonos plena luz; Vida eterna el pecador goza por fe en él, Y los muertos han de oír su dulce voz.
3. A los cielos ascendió Cristo triunfante Rey, A la diestra de Jehová está tu Mediador, Intercede en tu favor, no te detengas, pues; No desprecies esta voz: es tu Señor.

Ven al Señor, ¡Oh pecador! Él es tu amigo fiel, Ven pecador;
Ven al Señor, Dios es amor, Escucha su tierna voz, Ven, pecador.

LETRA: H. C. Ball, 1896-1989
MÚSICA: Howard E. Smith, 1863-1918

SAFETY
Irregular

F24

Love Lifted Me

He lifted me out of the slimy pit ... he set my feet on a rock – Psalm 40:2 NIV

C:1
A
E7
D
Bm
B7
E
1
2
1. I was sink-ing deep in sin, far from the peace-ful shore, Ver-y deep-ly stained with-in, sink-ing to rise no more; But the Mas-ter of the sea heard my de-spair-ing cry, From the wa-ters lift-ed me, now safe am I.
2. All my heart to Him I give, ev-er to Him I'll cling, In His bless ed pres-ence live, ev-er His prais-es sing; Love so might-y and so true mer-its my soul's best songs; Faith-ful lov-ing ser-vicc, too, to Him be-longs.
3. Souls in dan-ger, look a-bove, Je-sus com-plete-ly saves; He will lift you by His love out of the an-gry waves; He's the Mas-ter of the sea, bil-lows His will o-bey He your Sav-ior wants to be, be saved to-day.
Love lift-ed me! e-ven me! Love lift-ed me! e-ven me! When noth-ing else could help, Love lift-ed me. Love lift-ed me.

WORDS: James Rowe, 1865-1933
MUSIC: Howard E. Smith, 1863-1918

SAFETY
Irregular

166 ¡Cuán grande amor!

G1

Se asombraron y glorificaron a Dios — Marcos 2:12 RVA

C:1
Sol Re Sol Re7 Sol
1. Que Cris - to me ha - ya sal - va - do Tan ma - lo co - mo yo fui,
2. O - ró por mí en el huer - to: "No se ha - ga mi vo - lun - tad."
3. Por mí se hi - zo pe - ca - do, Mis cul - pas su a-mor lle - vó.
4. Cuan - do al fi - nal con los san - tos Su glo - ria con-tem - pla - ré,
Do Sol Do Sol Re7 Sol
Me de - ja ma - ra - vi - lla - do, Pues él se en-tre - gó por mí.
Y to - do a - quel su - fri - mien - to Cau - sa - do fue por mi mal.
Mu - rió en la cruz ol - vi - da - do, Mas mi al - ma él res - ca - tó.
Con gra - ti - tud y con can - tos Por siem - pre le a - la - ba - ré.
Re Re7 Sol Re
¡Cuán gran-de a-mor! ¡Oh gran-de a-mor! El de Cris - to pa-ra mí.
¡Oh cuán gran - de a - mor! ¡Oh cuán gran - de a - mor!
Sol Do Sol Re7 Sol
¡Cuán gran-de a-mor! ¡Oh gran-de a-mor! Pues por él sal - va - do fui.
¡Oh cuán gran-de a - mor! ¡Oh cuán gran - de a-mor!

LETRA: Charles H. Gabriel, 1856-1932; tr., H. T. Reza
MÚSICA: Charles H. Gabriel, 1856-1932

MY SAVIOR'S LOVE
8.7.8.7. con Coro

I Stand Amazed

166

G1

This amazed everyone and they praised God — Mark 2:12 NIV

C:1 G D G D7 G
1. I stand a-mazed in the pres-ence Of Je - sus the Naz - a - rene,
2. For me it was in the gar - den He prayed, "Not my will, but Thine;"
3. He took my sins and my sor-rows, He made them His ver - y own;
4. When with the ran-somed in glo - ry His face I at last shall see,
C G C G D7 G
And won-der how He could love me, A sin - ner, con-demned, un-clean.
He had no tears for His own griefs, But sweat drops of blood for mine.
He bore the bur - den to Cal - v'ry, And suf - fered and died a - lone.
'Twill be my joy thro' the a - ges To sing of His love for me.
D D7 G D
How mar-vel-ous! how won-der-ful! And my song shall ev-er be;
Oh, how mar - vel - ous! oh, how won - der - ful!
G C G D7 G
How mar-vel-ous! how won - der-ful! Is my Sav-ior's love for me!
Oh, how mar-vel - ous! oh, how won - der - ful!

WORDS: Charles H. Gabriel, 1856-1932
MUSIC: Charles H. Gabriel, 1856-1932

MY SAVIOR'S LOVE
8.7.8.7. with Refrain

167 Cristo es como un cantar

G2

Cantando y alabando al Señor en vuestros corazones — Efesios 5:19 RVA

C:1
Sol Lam7 Re7
1. Mi Sal - va - dor, Se - ñor y Rey Del mun - do es el
2. En mis an - gus - tias y do - lor En - cuen - tro en él con -
3. A mi Se - ñor a - do - ra - ré; Mi al - ma es - tá en
Sol La7
cre - a - dor, Su a - mor en mí pu - so un can - tar de
so - la - ción. Fue por a - mor que él com - pró con
paz con Dios, Y can - ta - ré en la e - ter - ni - dad con
Re7 Do Sol Lam7
ple - no go - zo y paz.
san - gre mi per - dón. Cris - to es co - mo un can - tar,
go - zo mi can - ción.
Re(sus) Re7 Sol Fa Mi(sus) Mi7 Lam7
Can - to ple - no de ver - dad. Mi can - ción es pa - ra él,
Sol Lam Lam7 Sol Sol
1,2 3
Pues me dio la sal - va - ción. ción.

LETRA: David Danner, 1951-1995; tr., Salomón R. Mussiett
MÚSICA: David Danner, 1951-1995

SIMPSON
8.8.8.6. con Coro

G2

Jesus Is the Song

167

Sing and make music in your heart — Ephesians 5:19 NIV

C:1
G
Am7
D7
1. My Sav - ior is the Lord and King, He has con - trol of
2. He calms my hurts and dries my tears, He gives me strength to
3. My Sav - ior, Je - sus, I'll a - dore, My wea - ry soul He
G
A7
ev - 'ry - thing, He loves me and He bids me sing, He
face my fears, He sends His grace thro' all my years, He
will re - store, I'll praise His name for - ev - er - more, He'll
D7
C
G
Am7
gives His song to me.
gives His song to me. Je - sus is the song of life,
give His song to me.
D(sus)
D7
G
F
E(sus)
E7
Am7
Je - sus is the song of joy, Je - sus is the song of love;
G
Am
Am7
G
G
1,2
3
Je - sus gives His song to me. me.

WORDS: David Danner, 1951-1995
MUSIC: David Danner, 1951-1995

SIMPSON
8.8.8.6. with Refrain

168 Compartamos la cena del Señor

Esto es mi cuerpo que por vosotros es partido — 1 Corintios 11:24 RVA

C:1 Re Sol Re Mim7 Re Mim7 La7 Re Sol Re

Unísono

1. Com - par - ta - mos la ce - na del Se - ñor,
2. Com - par - ta - mos el pan en gra - ti - tud:
3. Com - par - ta - mos la co - pa en gra - ti - tud.

Sol Re La Sim7 Mi7 La Re La7

Com - par - ta - mos la ce - na del Se - ñor.
Cuer - po he - ri - do por mí en la cruen - ta cruz.
Re - pre - sen - ta la san - gre del Se - ñor.

Re Re7 Si7 Mim Solm

Re - cor - de - mos a quien por no - so - tros mu - rió en la

La7 (La7) Re Sim Mim7 La7 Re Mim7 Re

cruz. Se - ñor pe - di - mos pie - dad.

LETRA: Canción religiosa de los negros; tr., Salomón R. Mussiett
MÚSICA: Canción religiosa de los negros; arr., William J. Reynolds

BREAK BREAD
Irregular

Let Us Break Bread Together

168

This is my body, which is for you — 1 Corinthians 11:24 NIV

WORDS: Negro Spiritual
MUSIC: Negro Spiritual; arr., William J. Reynolds

BREAK BREAD
Irregular

169 Uno más
One by One

G4

De quien toma nombre toda familia en los cielos y en la tierra — Efesios 3:15 RVA
His whole family in heaven and on earth — Ephesians 3:15 NIV

C:1 Re Mim7 La7 Re

U - no más, u - no más; Com - par -
One by one, one by one, Reach - ing

Mim La7 Re(sus) Re Mim7 La7

tien - do a Je - su - cris - to con a - mor. U - no más, u - no
neigh - bors, reach - ing na - tions one by one. One by one, one by

Re Mim7 La7 Re(sus) Re

más; Com - par - tien - do a Je - su - cris - to con a - mor.
one, Reach - ing peo - ple where we meet them one by one.

LETRA / WORDS: David Justice, 1948-; tr., Russell Herrington
MÚSICA / MUSIC: David Justice, 1948-

ONE BY ONE
Irregular

G5

Pan tú eres, oh Señor
Here, at Your Table, Lord

170

Al atardecer, él estaba sentado a la mesa con los doce — Mateo 26:20 RVA
When the even was come, he sat down with the twelve — Matthew 26:20 KJV

LETRA: Guillermo Blair, 1919- / WORDS: May P. Hoyt
MÚSICA / MUSIC: William F. Sherwin, 1826-1888

BREAD OF LIFE
6.4.6.4.D.

171 Sagrado es el amor

G6

Para que sean una cosa, así como nosotros lo somos — Juan 17:11 RVA

C:1
Mi Si7 Mi Mi7 La Mi Si(7)
1. Sa - gra - do es el a - mor Que nos ha u - ni - do a - quí,
2. A nues - tro Pa - dre Dios, Ro - ga - mos con fer - vor,
3. Nos va - mos a au - sen - tar, Mas nues - tra fir - me u - nión
4. Con - cé - de - nos, Se - ñor, La gra - cia y ben - di - ción
Mi Si7 Mi La Mi La Mi Si7 Mi
A los que o - í - mos del Se - ñor La fiel pa - la - bra, sí.
A - lúm - bre - nos la mis - ma luz, Nos u - na el mis - mo a - mor.
Ja - más po - dra - se que - bran - tar Por la se - pa - ra - ción.
Del Pa - dre, Hi - jo Re - den - tor Y del Con - so - la - dor.

LETRA: John Fawcett, 1740-1817; es traducción.
MÚSICA: Johann G. Nägeli, 1773-1836; arr., Lowell Mason

DENNIS
6.6.8.6.(M.C.)

172 Unidad

Pero no ruego solamente por éstos, sino también por los que han de creer en mí por medio de la palabra de ellos; para que todos sean una cosa, así como tú, oh Padre, en mí y yo en ti, que también ellos lo sean en nosotros; para que el mundo crea que tú me enviaste. Yo les he dado la gloria que tú me has dado, para que sean una cosa así como también nosotros somos una cosa. Yo en ellos y tú en mí, para que sean perfectamente unidos; para que el mundo conozca que tú me has enviado y que los has amado, como también a mí me has amado.

Juan 17:20-23 RVA

G6

Blest Be the Tie

171

That they may be one, as we are — John 17:11 KJV

C:1 E B7 E E7 A E B(7)
1. Blest be the tie that binds Our hearts in Chris - tian love;
2. Be - fore our Fa - ther's throne We pour our ar - dent pray'rs;
3. We share our mu - tual woes, Our mu - tual bur - dens bear;
4. When we a - sun - der part, It gives us in - ward pain;
E B7 E A E A E B7 E
The fel - low - ship of kin - dred minds Is like to that a - bove.
Our fears, our hopes, our aims are one, Our com - forts and our cares.
And of - ten for each oth - er flows The sym - pa - thiz - ing tear.
But we shall still be joined in heart, And hope to meet a - gain.

WORDS: John Fawcett, 1740-1817
MUSIC: Johann G. Nägeli, 1773-1836; arr., Lowell Mason

DENNIS
6.6.8.6.(S.M.)

Unity

172

My prayer is not for them alone. I pray also for those who will believe in me through their message, that all of them may be one, Father, just as you are in me and I am in you. May they also be in us so that the world may believe that you have sent me. I have given them the glory that you gave me, that they may be one as we are one: I in them and you in me. May they be brought to complete unity to let the world know that you sent me and have loved them even as you have loved me.

John 17:20-23 NIV

173 Con alma y voz te alabaré

G7

Todos bebieron la misma bebida espiritual... Cristo — 1 Corintios 10:4 RVA

C:1 Mi
Si(7) Mi La Fa♯m Mi
1. Con al - ma y voz te a - la - ba - ré Y yo tus glo - rias can - ta - ré;
2. Cla - mé a ti por mi sa - lud; Me dio tu ley po - der, vir - tud.
3. Se - ñor, que en luz y glo - ria es - tás, Tu rei - no es de san - ta paz;
4. Tu dies - tra fiel ex - ten - de - rás; A mi ad - ver - sa - rio ven - ce - rás;
Si(7) Mi La Fa♯m Mi
A - do - ro yo tu ma - jes - tad, Te a - la - ba - ré por tu ver - dad.
Los re - yes prez a ti da - rán, Pues tu pa - la - bra es - cu - cha - rán.
Los ma - los no ve - rán el bien, Mas tú al pia - do - so das sos - tén.
Tu o - bra en mi co - ra - zón Ten - drá de ti la per - fec - ción.
La Mi
Ver - dad y gra - cia só - lo son En tu pa - la - bra
Y can - ta - rán con dul - ce son Las glo - rias de tu
En to - da mi tri - bu - la - ción Me das, Se - ñor, con -
Mer - ced y gra - cia hay en ti; Me - mo - ria ten, Se -
Si7 Mi La Mi Si7 Mi
ben - di - ción, En tu pa - la - bra ben - di - ción.
sal - va - ción, Las glo - rias de tu sal - va - ción.
so - la - ción, Me das, Se - ñor, con - so - la - ción.
ñor, de mí, Me - mo - ria ten, Se - ñor, de mí.

LETRA: Juan N. de los Santos, 1876-1944
MÚSICA: William B. Bradbury, 1816-1868

SOLID ROCK
8.8.8.8.8.8.

The Solid Rock

173

They drank from the spiritual rock ... Christ — 1 Corinthians 10:4 NIV

1. My hope is built on noth-ing less Than Je-sus' blood and righ-teous-ness;
2. When dark-ness seems to hide His face, I rest on His un-chang-ing grace;
3. His oath, His cov - e - nant, His blood Sup-port me in the whelm-ing flood;
4. When He shall come with trum-pet sound, Oh, may I then in Him be found;
I dare not trust the sweet-est frame, But whol-ly lean on Je-sus' name.
In ev - 'ry high and storm - y gale, My an-chor holds with-in the veil.
When all a-round my soul gives way, He then is all my hope and stay.
Dressed in His righ-teous-ness a-lone, Fault-less to stand be-fore the throne.
On Christ, the sol - id Rock, I stand; All oth - er ground is
sink - ing sand, All oth - er ground is sink - ing sand.

WORDS: Edward Mote, 1797-1874
MUSIC: William B. Bradbury, 1816-1868

SOLID ROCK
8.8.8.8.(L.M.) with Refrain

174 Tengo paz como un río

Y la paz de Dios... guardará vuestros corazones — Filipenses 4:7 RVA

Sol Do Sol Sol7 Do

1. Ten - go paz co - mo un rí - o, Ten - go paz co - mo un
2. Ten - go a - mor co - mo un rí - o, Ten - go a - mor co - mo un
3. Ten - go go - zo co - mo un rí - o, Ten - go go - zo co - mo un

Re7 Sol Em La7

rí - o, Ten - go paz co - mo un rí - o en mi
rí - o, Ten - go a - mor co - mo un rí - o en mi
rí - o, Ten - go go - zo co - mo un rí - o en mi

Lam7 Re7 La7 Re7 Sol

ser. Ten - go rí - o en mi ser.
ser. Ten - go a - rí - o en mi ser.
ser. Ten - go rí - o en mi ser.

LETRA: Canción religiosa de los negros; tr., Anónimo
MÚSICA: Canción religiosa de los negros; arr., William J. Reynolds

PEACE LIKE A RIVER
Irregular

G8

I've Got Peace Like a River

174

The peace of God ... will guard your hearts — Philippians 4:7 NIV

G C G G7 C

1. I've got peace like a riv - er, I've got peace like a
2. I've got love like a riv - er, I've got love like a
3. I've got joy like a riv - er, I've got joy like a

D7 G Em A7

riv - er, I've got peace like a riv - er in my
riv - er, I've got love like a riv - er in my
riv - er, I've got joy like a riv - er in my

Am7 D7 A7 D7 G

soul. I've got riv - er in my soul.
soul. I've got riv - er in my soul.
soul. I've got riv - er in my soul.

WORDS: Negro Spiritual
MUSIC: Negro Spiritual; arr., William J. Reynolds

PEACE LIKE A RIVER
Irregular

175 Huellas divinas

G9

Lo dejaron todo y le siguieron — Lucas 5:11 RVA

C:1
Re Sol Re La
1. Dul - ce - men - te Je - sús nos lla - ma: "Ven, sí - gue - me."
2. A la bus - ca de los per - di - dos Va - mos a ir,
3. E - llas guí - an al san - to tem - plo Y a pre - di - car
4. Cuan - do ya to - do se ter - mi - ne, Hemos de ir;
Re Sol Re Sim Re La7 Re
Sus pi - sa - das nos guí - an has - ta Do Cris - to es - tá.
Por los rí - os, mon - ta - ñas, va - lles, Nos quie - re a - llí.
A las al - mas ne - ce - si - ta - das, Sir - vien - do a Dios.
Con sus pa - sos nos guí - a al cie - lo Con él vi - vir.
Sol Re Sol Re La
Hue - llas di - vi - nas que dan su res - plan - dor,
Re Sol Re Sim Re La7 Re
Se - gui - re - mos los pa - sos de Je - sús, el Se - ñor.

LETRA: Mary B. C. Slade, 1826-1882; tr., Salomón R. Mussiett
MÚSICA: Asa B. Everett, 1828-1875

FOOTSTEPS
Irregular

Footsteps of Jesus

They ... left everything and followed him — Luke 5:11 NIV

C:1
D G D A
1. Sweet - ly, Lord, have we heard Thee call - ing, "Come, fol - low Me!"
2. Tho' they lead o'er the cold, dark moun - tains, Seek - ing His sheep,
3. If they lead thro' the tem - ple ho - ly, Preach - ing the Word,
4. Then at last, when on high He sees us, Our jour - ney done,
D G D Bm D A7 D
And we see where Thy foot - prints fall - ing, Lead us to Thee.
Or a - long by Si - lo - am's foun - tains, Help - ing the weak.
Or in homes of the poor and low - ly, Serv - ing the Lord.
We will rest where the steps of Je - sus End at His throne.
G D G D A
Foot - prints of Je - sus that make the path - way glow;
D G D Bm D A7 D
We will fol - low the steps of Je - sus wher - e'er they go.

WORDS: Mary B. C. Slade, 1826-1882
MUSIC: Asa B. Everett, 1828-1875

FOOTSTEPS
Irregular

176 Danos un bello hogar

G10

Traigo a la memoria la fe no fingida que hay en ti — 2 Timoteo 1:5 RVA

C:1
Re Re° Re La7 Re La7 Re
1. Da - nos un be - llo ho - gar: Don - de la Bi - blia se
2. Da - nos un be - llo ho - gar: Don - de el pa - dre es
3. Da - nos un be - llo ho - gar: Don - de la ma - dre con
4. Da - nos un be - llo ho - gar: Don - de los hi - jos po -
Mim Si Mim La7 Re La7 Re
pue - da ver; Don - de tu a - mor bien - es - tar nos dé;
fuer - te y fiel; Don - de no ha - ya el sa - bor a hiel,
de - vo - ción, Se - pa mos - trar - nos tu com - pa - sión.
drán sa - ber Có - mo Je - sús los quie - re ver
Sol Re Fa♯7 Si(7) Mim Si Mim
Don - de en ti to - dos ten - gan fe. ¡Da - nos un
Don - de en su am - bien - te ha - ya só - lo miel. ¡Da - nos un
Don - de tú ha - bi - tes con san - ta un - ción. ¡Da - nos un
A su am - pa - ro y a - sí ven - cer. ¡Da - nos un
Re La7 Re La Re Sol Re Fa♯m La7 Re
be - llo ho - gar! ¡Da - nos un be - llo ho - gar!
be - llo ho - gar! ¡Da - nos un be - llo ho - gar!
be - llo ho - gar! ¡Da - nos un be - llo ho - gar!
be - llo ho - gar! ¡Da - nos un be - llo ho - gar!

LETRA: B. B.. McKinney, 1886-1952; tr., Guillermo Blair
MÚSICA: B. B. McKinney, 1886-1952

CHRISTIAN HOME
Irregular

God, Give Us Christian Homes

I have been reminded of your sincere faith — 2 Timothy 1:5 NIV

1. God, give us Christian homes! Homes where the Bible is loved and taught,
Homes where the Master's will is sought,
Homes crowned with beauty Your love has wrought; God, give us Christian homes;
God, give us Christian homes!

2. God, give us Christian homes! Homes where the father is true and strong,
Homes that are free from the blight of wrong,
Homes that are joyous with love and song; God, give us Christian homes;
God, give us Christian homes!

3. God, give us Christian homes! Homes where the mother, in caring quest,
Strives to show others Your way is best,
Homes where the Lord is an honored guest; God, give us Christian homes;
God, give us Christian homes!

4. God, give us Christian homes! Homes where the children are led to know
Christ in His beauty who loves them so,
Homes where the altar fires burn and glow; God, give us Christian homes;
God, give us Christian homes!

WORDS: B. B. McKinney, 1886-1952
MUSIC: B. B. McKinney, 1886-1952

CHRISTIAN HOME
Irregular

177
Ama a tus prójimos
G11
A otros haced salvos, arrebatándolos del fuego — Judas 23 RVA
C:1
La Re La
1. A - ma a tus pró - ji - mos, Pien - sa en sus al - mas,
2. Aun - que re - chá - zan - le, Tie - ne pa - cien - cia
3. Ha - bla a tus pró - ji - mos, Cris - to te a - yu - da;
4. A - mar al pró - ji - mo Fuer - za re - quie - re
Mi La Mi Si7 Mi
Di - les la his - to - ria del buen Sal - va - dor;
Has - ta que pué - da - les dar la sa - lud;
Dios, for - ta - le - za, gus - to - so da - rá;
La fuer - za re - ci - bi - rás del Se - ñor;
La Re La
Cui - da del huér - fa - no, Haz - te su a - mi - go;
Ven - le los án - ge - les Cer - ca del tro - no;
Él te ben - de - ci - rá En tus es - fuer - zos,
Tén - les pa - cien - cia Has - ta al - can - zar - los;
Mi La Sim7 Mi La Mi
Cris - to le es pa - dre y fiel Sal - va - dor.
Vi - gi - la - ran - les con so - li - ci - tud.
A glo - ria e - ter - na él te lle - va - rá.
Di - les que Cris - to por e - llos mu - rió.
Ha - bla al in -
La Mi La Re La Sim7 Mi7 La
cré - du - lo, mi - ra el pe - li - gro; Dios le per - do - na - rá, Dios le a - ma - rá.

LETRA: Fanny J. Crosby, 1820-1915; tr., estrofas 1-3, P. H. Goldsmith; 4, Salomón R. Mussiett
MÚSICA: William H. Doane, 1832-1915

RESCUE
Irregular

G11
Rescue the Perishing
177
Snatch others from the fire and save them — Jude 23 NIV
C:1
A D A E A E B7 E
1. Rescue the perishing, Care for the dying,
2. Tho' they are slighting Him, Still He is waiting,
3. Down in the human heart, Crushed by the tempter,
4. Rescue the perishing, Duty demands it;
Snatch them in pity from sin and the grave;
Waiting the penitent child to receive;
Feelings lie buried that grace can restore;
Strength for thy labor the Lord will provide;
A D A E A Bm7 E A E
Weep o'er the erring one, Lift up the fallen,
Plead with them earnestly, Plead with them gently,
Touched by a loving heart, Wakened by kindness,
Back to the narrow way Patiently win them,
Tell them of Jesus the mighty to save.
He will forgive if they only believe.
Chords that are broken will vibrate once more.
Tell the poor wand'rer a Savior has died.
Rescue the
A E A D A Bm7 E7 A
perishing, Care for the dying; Jesus is merciful, Jesus will save.

WORDS: Fanny J. Crosby, 1820-1915
MUSIC: William H. Doane, 1832-1915

RESCUE
Irregular

178 Consagraos, oh cristianos

Para ser un sacerdocio santo, a fin de ofrecer sacrificios... agradables a Dios — 1 Pedro 2:5 RVA

Sol Lam7 Sol Lam7 Sol Do Re Do Lam7 Sol

1. Con - sa - gra - os, oh cris - tia - nos, Al ser - vi - cio del Se - ñor,
2. Vues - tro tiem - po y ta - len - tos, Do - nes son de nues - tro Dios:
3. Dios nos man - da a - mar a to - dos Sin nin - gu - na dis - tin - ción.
4. Hoy ve - nid con a - la - ban - zas Los que en Cris - to ya cre - éis;

Re7 Sol Lam7 Mim Lam7 Sim Do Sol

Y ar - mo - ni - ce vues - tra vi - da En a - cuer - dos de a - mor.
Pa - ra u - sar - los li - bre - men - te Y a - nun - ciar su a - mor y voz.
Com - pa - sión ha - cia el her - ma - no Es su plan de re - den - ción.
A - do - rad - le, con - sa - gra - dos, Y su a - mor re - ci - bi - réis.

Mim Re Sol Do Re Sol Mim Sim Mim Lam7 Do Mim7

A sus a - trios a - cer - ca - os; Vues - tros vo - tos re - no - vad;
Hoy ser - vid a Je - su - cris - to Y o - fren - das, diez - mos dad;
Je - su - cris - to nos ha da - do De su a - mor, que es di - vi - nal,
Dad - le glo - ria por su gra - cia, Su Pa - la - bra san - ta y fiel;

Re7 Sol Mim7 Lam7 Mim Lam7 Sim7 Do Lam7 Sol

Y a - le - ja - dos del pe - ca - do, Vues - tra vi - da trans - for - mad.
Y él ben - di - ga vues - tra o - bra, Y os dé siem - pre su bon - dad.
Y en la cruz per - dón tu - vi - mos, Paz y go - zo sin i - gual.
Re - pe - tid del e - van - ge - lio Es - ta his - to - ria por do - quier.

LETRA: Eva B. Lloyd, 1912-; tr., Pablo Filós
MÚSICA: The Sacred Harp, 1844; arm., James H. Wood

BEACH SPRING
8.7.8.7.D.

Come, All Christians, Be Committed 178

G12

You ... are ... a holy priesthood, offering spiritual sacrifices acceptable to God — 1 Peter 2:5 NIV

G Am7 G Am7 G C D C Am7 G
1. Come, all Chris - tians, be com - mit - ted To the ser - vice of the Lord.
2. Of your time and tal - ents give Him, They are gifts from God a - bove,
3. God's com - mand to love each oth - er Is re - quired of ev - 'ry - one.
4. Come in praise and ad - o - ra - tion, All who on Christ's name be - lieve.
D7 G Am7 Em Am7 Bm C G
Make your lives for Him more fit - ted, Tune your hearts with one ac - cord.
To be used by Chris - tians free - ly To pro - claim His won - drous love.
Show - ing mer - cy to each oth - er Mir - rors His re - deem - ing Son.
Wor - ship Him with con - se - cra - tion, Grace and love will you re - ceive.
Em D G C D G Em Bm Em Am7 C Em7
Come in - to His courts with glad - ness, Each His sa - cred vows re - new,
Come a - gain to serve the Sav - ior, Tithes and of - f'rings with you bring.
In com - pas - sion He has giv - en Of His love that is di - vine;
For His grace give Him the glo - ry, For the Spir - it and the Word,
D7 G Em7 Am7 Em Am7 Bm7 C Am7 G
Turn a - way from sin and sad - ness, Be trans - formed with life a - new.
In your work, with Him find fa - vor, And with joy His prais - es sing.
On the cross sins were for - giv - en; Joy and peace are ful - ly thine.
And re - peat the gos - pel sto - ry Till the world His name has heard.

WORDS: Eva B. Lloyd, 1912-; alt.
MUSIC: The Sacred Harp, 1844; harm., James H. Wood

BEACH SPRING
8.7.8.7.D.

179 Da amor

Share His Love

No cesaban de enseñar y anunciar la buena nueva — Hechos 5:42 RVA
They never stopped teaching and proclaiming the good news — Acts 5:42 NIV

Unísono / *Unison*

Sol Rem7 Sol Rem7

1. Más gran - de que la tie - rra es el a - mor de Dios, Ex -
The love of God is broad - er than earth's vast ex-panse, 'Tis

Sol Rem7 Sol Rem7 Sol Sol+

ten - so y pro - fun - do más que el mar. La vi - da a - bun - dan - te nos la
deep - er and wid - er than the sea. Love reach-es out to all to bring a -

Lam7 Sol La7 Do(2)

da el Se - ñor; A - mor que Dios en su Hi - jo al mun - do qui - so dar.
bun - dant life, For God so loved the world His on - ly Son He gave.

Lam7 Do(2) Lam7 Re7 Sol Do Sol

Da a - mor con - tan - do lo que Dios hi - zo por ti,
Share His love by tell - ing what the Lord has done for you,

LETRA / WORDS: William J. Reynolds, 1920-; tr., Daniel León Ortiz
MÚSICA/ MUSIC: William J. Reynolds, 1920-

SULLIVAN
Irregular

2. Aquel que confía en el amor de Dios
Mejor tesoro no podrá encontrar.
Dirá al que vive angustiado y en error:
Fue por amor que Dios a su Hijo quiso dar.

Coro

Da amor contando lo que Dios hizo por ti,
Da amor viviendo por la fe,
Demuestra al mundo que Jesús es real en ti,
Cada día vive en ti.

3. Mostremos siempre que Dios es amor,
De Cristo la presencia reflejando;
Y que su Santo Espíritu nos guía hoy
Por el amor que Dios en su Hijo vino a dar.

Coro

Da amor contando lo que Dios hizo por ti,
Da amor viviendo por la fe,
Demuestra al mundo que Jesús es real en ti,
Cada día vive en ti.

2. All those who have trusted in God's only Son,
And hold this precious treasure
in their hearts,
Seek ways to make it known to all
who need to know
That God so loved the world
His only Son He gave.

Refrain

Share His love by telling what the Lord
has done for you,
Share His love by sharing of your faith,
And show the world that Jesus Christ is real
to you ev'ry moment, ev'ry day.

3. We show the love of God each day we live,
Reveal Christ's presence in our lives;
And how the Holy Spirit guides us
day by day,
For God so loved the world
His only Son He gave.

Refrain

Share His love by telling what the Lord
has done for you,
Share His love by sharing of your faith,
And show the world that Jesus Christ is real
to you ev'ry moment, ev'ry day.

180 Grato es contar la historia

Perpetuamente cantaré las misericordias de Jehovah — Salmo 89:1 RVA

C:1 Sol Do Sol

1. Gra - to es con - tar la his - to - ria Del ce - les - tial fa - vor; De
2. Gra - to es con - tar la his - to - ria Que a - yu - da al mor - tal; Que en
3. Gra - to es con - tar la his - to - ria Que an - ti - gua, sin ve - jez, Pa -

Re7 Sol Re

Cris - to y de su glo - ria, De Cris - to y de su a - mor; Me a - gra - da
glo - rias y por - ten - tos No re - co - no - ce i - gual; Me a - gra - da
re - ce al re - pe - tir - la Más dul - ce ca - da vez; Me a - gra - da

Re7 Sol Mim Si7 Do

re - fe - rir - la, Pues sé que es la ver - dad; Y na - da sa - tis -
re - fe - rir - la, Pues me ha - ce mu - cho bien: Por e - so a ti de -
re - fe - rir - la, Pues hay quien nun - ca o - yó Que pa - ra ha - cer - le

Sol Re7 Sol Re Re7 Sol

fa - ce Cual e - lla, mi an - sie - dad.
se - o De - cír - te - la tam - bién. ¡Cuán be - lla es e - sa his - to - ria! Mi
sal - vo El buen Je - sús mu - rió.

Do Sol Do (Do) Sol Re7 Sol

te - ma de vic - to - ria, Es es - ta an - ti - gua his - to - ria De Cris - to y de su a - mor.

LETRA: Katherine Hankey 1834-1911; tr., J. B. Cabrera
MÚSICA: William G. Fischer, 1835-1912

HANKEY
7.6.7.6.D. con Coro

G14

I Love to Tell the Story

180

I will sing of the Lord's great love forever — Psalm 89:1 NIV

C:1
G C G
1. I love to tell the sto - ry Of un - seen things a - bove, Of
2. I love to tell the sto - ry 'Tis pleas - ant to re - peat What
3. I love to tell the sto - ry For those who know it best Seem
D7 G D
Je - sus and His glo - ry, Of Je - sus and His love: I love to
seems each time I tell it, More won - der - ful - ly sweet: I love to
hun - ger - ing and thirst - ing To hear it, like the rest: And when, in
D7 G Em B7 C
tell the sto - ry Be - cause I know 'tis true; It sat - is - fies my
tell the sto - ry, For some have nev - er heard The mes - sage of sal -
scenes of glo - ry, I sing the new, new song, 'Twill be the old, old
G D7 G D D7 G
long - ings As noth - ing else can do.
va - tion From God's own ho - ly Word.
sto - ry That I have loved so long.
I love to tell the sto - ry, 'Twill
C G C (C) G D7 G
be my theme in glo - ry To tell the old, old sto - ry of Je - sus and His love.

WORDS: Katherine Hankey 1834-1911
MUSIC: William G. Fischer, 1835-1912

HANKEY
7.6.7.6.D. with Refrain

181 Aprisa, ¡Sion!

G15

Oh Sion, tú que anuncias buenas nuevas. Levanta con fuerza la voz — Isaías 40:9 RVA

C:1 La Mi7 La Mi7 Fa♯m Re
1. A - pri - sa *¡Sion!, que tu Se - ñor es - pe - ra; Al mun - do en-
2. Ve cuán - tos mi - les ya - cen re - te - ni - dos Por el pe-
3. A to - do pue - blo y ra - za, fiel, pro - cla - ma Que Dios, en
4. Tus hi - jos da, que lle - ven su pa - la - bra; Y con tus
La Mi7 Fa♯m7 Mi7 La Mi7 La Do♯ Fa♯m
te - ro di que Dios es luz; Que el Cre - a - dor no quie - re
ca - do en ló - bre - ga pri - sión; No sa - ben na - da de él que
quien ex - is - ten, es a - mor; Que él ba - jó pa - ra sal-
bie - nes haz - los pro - se - guir. Por e - llos tu al - ma en o - ra-
Do♯7 Fa♯m Si7 Mi Si7 Mi Do♯m LaM7 Fa♯m Mi Si(7) Mi
que se pier - da U - na so - la al - ma, le - jos de Je - sús.
ha su - fri - do En vi - da y cruz por dar - les re - den - ción.
var sus al - mas; Por dar - les vi - da, muer - te él su - frió.
ción de - rra - ma, Que to - do Cris - to te ha de re - tri - buir.
Mi7 Re Mi7 La Mi7 Re Mi7 La La7
Nue - vas pro - cla - ma de go - zo y paz,
Fa♯7 Sim Re (Re) La Mi7 La
Nue - vas de Cris - to, sa - lud y li - ber - tad.

LETRA: Mary Ann Thompson, 1834-1923; tr., Alejandro Cativiela
MÚSICA: James Walch, 1837-1901

* La palabra "Sion", como se usa en el himno, significa el pueblo de Dios.

TIDINGS
11.10.11.10. con Coro

G15

O Zion, Haste

181

O Zion, that bringest good tidings, ... lift up thy voice — Isaiah 40:9 KJV

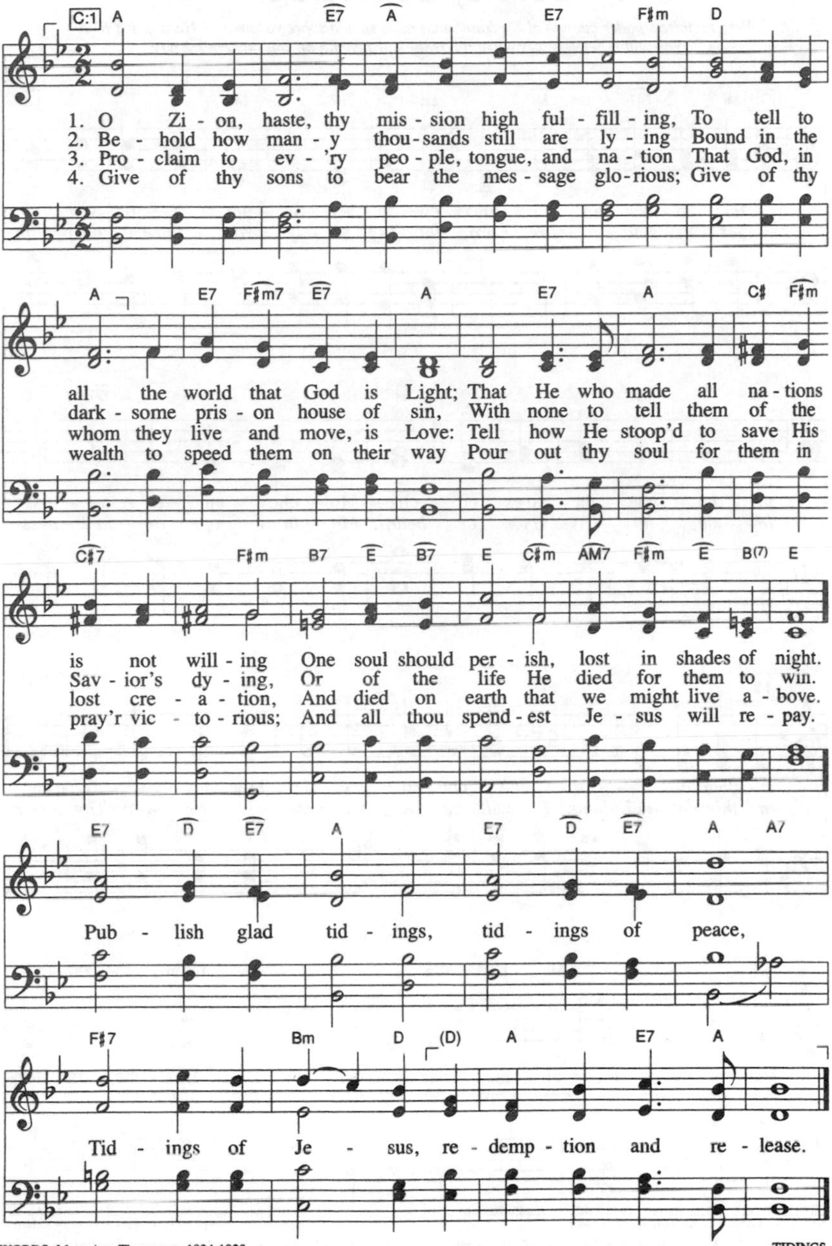

1. O Zion, haste, thy mission high fulfilling,
To tell to all the world that God is Light;
That He who made all nations is not willing
One soul should perish, lost in shades of night.

2. Behold how many thousands still are lying
Bound in the darksome prison house of sin,
With none to tell them of the Savior's dying,
Or of the life He died for them to win.

3. Proclaim to ev'ry people, tongue, and nation
That God, in whom they live and move, is Love:
Tell how He stoop'd to save His lost creation,
And died on earth that we might live above.

4. Give of thy sons to bear the message glorious;
Give of thy wealth to speed them on their way
Pour out thy soul for them in pray'r victorious;
And all thou spendest Jesus will repay.

Publish glad tidings, tidings of peace,
Tidings of Jesus, redemption and release.

WORDS: Mary Ann Thompson, 1834-1923
MUSIC: James Walch, 1837-1901

TIDINGS
11.10.11.10. with Refrain

182 Haz arder mi alma
Set My Soul Afire

G16

Pero recibiréis poder cuando el Espíritu Santo haya venido sobre vosotros — Hechos 1:8 RVA
You will receive power when the Holy Spirit comes on you — Acts 1:8 NIV

C:1
1. Haz ar - der mi al - ma en tu ley, Se - ñor, Y tu voz di -
Set my soul a - fire, Lord, for Thy ho - ly Word, Burn it deep with -
vi - na pue - da yo es - cu - char; Mu - chos en ti - nie - blas
in me, let Thy voice be heard; Mil - lions grope in dark - ness
si - guen el e - rror, Quie - ro con tu gra - cia hoy tes - ti - fi - car.
in this day and hour, I will be a wit - ness, fill me with Thy pow'r.
Haz ar - der mi al - ma, haz - la ar - der, oh Dios; Haz - me un tes -
Set my soul a - fire, Lord, set my soul a - fire, Make my life a

LETRA / WORDS: Gene Bartlett, 1918-1988; tr., Adolfo Robleto
MÚSICA / MUSIC: Gene Bartlett, 1918-1988

SCALES
11.11.11.11. con Coro / with Refrain

2. Haz arder mi alma por el pecador,
Tu pasión yo sienta para trabajar.
Llena hoy mi vida con tu santo amor
Y seré obediente a tu voluntad.

Coro
Haz arder mi alma, hazla arder, oh Dios;
Hazme un testigo de tu salvación.
Muchos en tinieblas claman por tu voz:
Haz arder mi alma con tu compasión.

3. Haz arder mi alma en virtudes hoy,
Pues errante andaba en mi necedad;
Nada es importante más que tú, Señor,
Hazme fiel testigo de tu gran verdad.

Coro

2. Set my soul afire, Lord, for the lost in sin,
Give to me a passion as I seek to win;
Help me not to falter, never let me fail,
Fill me with Thy Spirit, let Thy will prevail.

Refrain
Set my soul afire, Lord, set my soul afire,
Make my life a witness of Thy saving pow'r.
Millions grope in darkness, waiting for
Thy Word,
Set my soul afire, Lord, Set my soul afire.

3. Set my soul afire, Lord, in my daily life,
Far too long I've wandered in this day of strife;
Nothing else will matter but to live for Thee,
I will be a witness, for Christ lives in me.

Refrain

183 Brilla, Jesús
Shine, Jesus, Shine

Aquél era la luz verdadera que alumbra a todo hombre que viene al mundo — Juan 1:9 RVA
The true light that gives light ... was coming into the world — John 1:9 NIV

C:1

Sol Do Sol Re Sol Do

Unísono / *Unison*

1. Dios, la luz de tu a-mor bri-llan-do es-tá, En el me-dio de
Lord, the light of Your love is shin-ing, In the midst of the
2. A tu san-ta pre-sen-cia ven-go De la som-bra a tu
Lord, I come to Your awe-some pres-ence, From the shad-ows in-

Sol Re Do Re7 Sim Mim

las ti-nie-blas, Cris-to, e-res la luz de es-te mun-do,
dark-ness shin-ing; Je-sus, Light of the world, shine up-on us,
luz ra-dian-te, Pue-do en-trar a tra-vés de la san-gre;
to Your ra-diance; By the blood I may en-ter Your bright-ness;

Do Re7 Sim Mim Fa

Tu ver-dad re-ve-la-da nos li-bra. Bri-lla en
Set us free by the truth You now bring us; Shine on
Prué-ba-me y con-su-me mi os-cu-ri-dad. Bri-lla en
Search me, try me, con-sume all my dark-ness; Shine on

LETRA / WORDS: Graham Kendrick, 1950-; tr., Luis Alfredo Díaz y / and Lori Black
MÚSICA / MUSIC: Graham Kendrick, 1950- arr., Tom Fettke

SHINE
Irregular

3. Contemplando tu faz brillante,
Nuestros rostros dan tu imagen;
Transformados de gloria en gloria,
Nuestras vidas reflejan tu historia.
Brilla en mí.
Brilla en mí.

Coro

3. As we gaze on Your kingly brightness
So our faces display Your likeness,
Ever changing from glory to glory:
Mirrored here, may our lives tell Your story;
Shine on me.
Shine on me.

Refrain

184 La historia de Cristo diremos

G18

Y este evangelio... será predicado en todo el mundo — Mateo 24:14 RVA

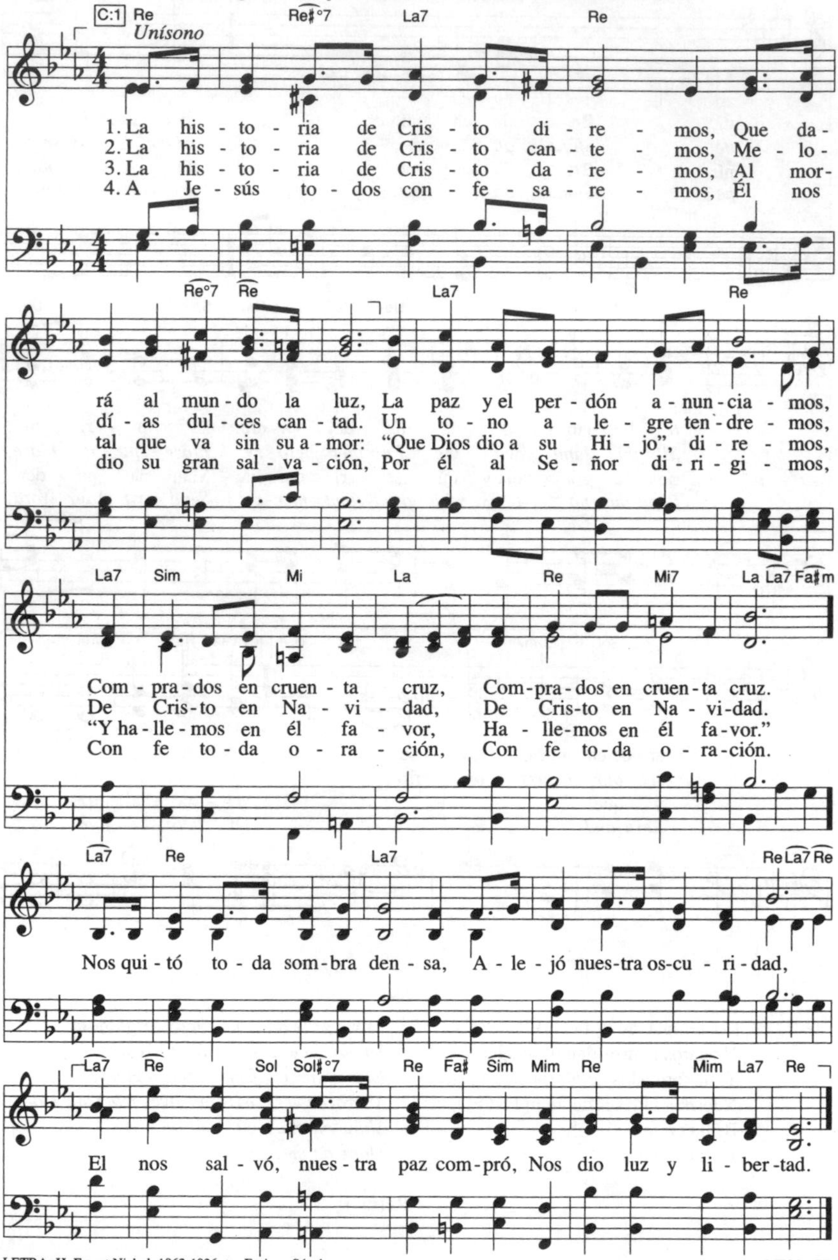

C:1 *Unísono*

1. La historia de Cristo diremos, Que dará al mundo la luz, La paz y el perdón anunciamos, Comprados en cruenta cruz, Comprados en cruenta cruz.
2. La historia de Cristo cantemos, Melodías dulces cantad. Un tono alegre tendremos, De Cristo en Navidad, De Cristo en Navidad.
3. La historia de Cristo daremos, Al mortal que va sin su amor: "Que Dios dio a su Hijo", diremos, "Y hallemos en él favor, Hallemos en él favor."
4. A Jesús todos confesaremos, Él nos dio su gran salvación, Por él al Señor dirigimos, Con fe toda oración, Con fe toda oración.

Nos quitó toda sombra densa, Alejó nuestra oscuridad, El nos salvó, nuestra paz compró, Nos dio luz y libertad.

LETRA: H. Ernest Nichol, 1862-1926; tr., Enrique Sánchez
MÚSICA: H. Ernest Nichol, 1862-1926

MESSAGE
Irregular

We've a Story to Tell

This gospel ... will be preached ... to all nations – Matthew 24:14 NIV

C:1
Unison
D D♯°7 A7 D D°7 D A7 D A7 Bm E A D E7 A A7 F♯m A7 D A7 D A7 D A7 D G G♯°7 D F♯ Bm Em D Em A7 D
1. We've a sto - ry to tell to the na - tions, That shall turn their hearts to the right, A sto - ry of truth and mer - cy, A sto - ry of peace and light, A sto - ry of peace and light.
2. We've a song to be sung to the na - tions, That shall lift their hearts to the Lord, A song that shall con - quer e - vil, And shat - ter the spear and sword, And shat - ter the spear and sword.
3. We've a mes - sage to give to the na - tions, That the Lord who reign - eth a - bove Hath sent us His Son to save us, And show us that God is love, And show us that God is love.
4. We've a Sav - ior to show to the na - tions, Who the path of sor - row hath trod, That all of the world's great peo - ples May come to the truth of God, May come to the truth of God!
For the dark-ness shall turn to dawn-ing, And the dawn-ing to noon-day bright,
And Christ's great king-dom shall come on earth, The king-dom of love and light.

WORDS: H. Ernest Nichol, 1862-1926
MUSIC: H. Ernest Nichol, 1862-1926

MESSAGE
Irregular

185 Envíame a mí

G19

Y yo respondí: Heme aquí, envíame a mí — Isaías 6:8 RVA

Sol Mim Re Sol Si7 Mim Lam Sol Re Sol
1. Dios de po - der, oh Dios de luz, Oh San - to Es - pí - ri - tu,
2. Tu san - to fue - go en - cien - de en mí Y da po - der, y a - sí
3. Haz, oh Se - ñor, que pue - da yo Ser dig - no por - ta - dor
Mim Re Sol Si7 Mim Lam Sol Re Sol
Haz que tu i - gle - sia fir - me es - té Sir - vien - do por do - quier.
Tu san - ta luz ha - ré bri - llar Y som - bras di - si - par.
Del san - to a - mor que al hom - bre das, Hoy y en la e - ter - ni - dad.
Re Sol Lam Re7 Sol Re Sol Lam La7 Re
A quien re - bel - de es aun hoy Ha - cer - lo pue - da Rey, Se - ñor;
Cuan - do o - tros sien - tan gran pe - sar Si pier - den al - go te - rre - nal,
Que se - a es - ta mi can - ción: Mis cul - pas él por mí su - frió.
Re7 Sol Mim Re Sol Re7 Sol Mim Lam Sol Re7 Sol
Y a quie - nes ve - a su - cum - bir, En - ví - a - me a mí.
Ga - nan - cia es mo - rir por ti. En - ví - a - me a mí.
Y al ver su cruz, ex - cla - mé a - sí: En - ví - a - me a mí.

LETRA: Ross Coggins, 1927-; tr., Agustín Ruiz V.
MÚSICA: E. A. Hoffman, 1839-1929; arr., James Bigelow

SURABAJA
Irregular

G19

Send Me, O Lord, Send Me

185

I said, Here am I. Send me! — Isaiah 6:8 NIV

G Em D G B7 Em Am G D G
1. O God of might, O Son of light, O Ho - ly Spir - it sweet,
2. With ho - ly fire my heart in - spire Thy Spir - it's sword to wield;
3. O that in me my Lord may see A bear - er of the name;
Em D G B7 Em Am G D G
Thy church ex - pand till all shall stand At Je - sus' pierc - ed feet.
With bor - rowed might I'll take Thy light, Till dark - ness' doom be sealed.
That all may see His love so free From age to age the same.
D G Am D7 G D G Am A7 D
Let all who once Thy Son dis-owned Re - joice to see Him now en - throned;
If oth - ers stop to count the cost, For fear of earth - ly trea - sures lost,
Be this my ev - er - last - ing song, He took up - on Him - self my wrong,
D7 G Em D G D7 G Em Am G D7 G
Yet while one stray - ing soul there be, Send me, O Lord, send me.
I'll count it gain to die for Thee; Send me, O Lord, send me.
And cried while fac - ing Cal - va - ry, "Send Me, O Lord, send Me."

WORDS: Ross Coggins, 1927-
MUSIC: E. A. Hoffman, 1839-1929; arr., James Bigelow

SURABAJA
Irregular

186 Jesús, Jesús, oh danos tu amor

G20

Que os améis los unos a los otros, como yo os he amado — Juan 15:12 RVA

Re
Unísono
La7
Je - sús, Je - sús, Oh da - nos tu a - mor, En -
Re
Mim
La7
Re
Fine
sé - ña - nos a ser - vir a los pró - ji - mos.
Sim7
Mim
La7
1. A sus a - mi - gos él sir - ve, A sus a - mi - gos él
2. Pró - ji - mos ri - cos y po - bres, Pró - ji - mos de o - tros co -
3. Son e - llos que ne - ce - si - tan Sen - tir el a - mor cris -
4. A - rro - di - lla - dos a - ma - mos, Sir - vien - do co - mo es -
5. La - var los pies de los o - tros, Co - mo lo hi - zo el Ma -
Re
Sim
Mim
La7
Re
D.C. al Fine
a - ma, Due - ño que sir - ve a los sier - vos de él.
lo - res, Pró - ji - mos que cer - ca y le - jos es - tán.
tia - no, To - dos son pró - ji - mos que de - bo a - mar.
cla - vos, A - sí es co - mo de - be - mos ser - vir.
es - tro, A - sí de - be - mos ser - vir cual Je - sús.

LETRA: Tom Colvin, 1925-; tr. estrofas 1-4, Jonathan Aragón; estrofa 5, Salomón R. Mussiett
MÚSICA: Canto ghanés, adapt., Tom Colvin; arr., Charles H. Webb

CHEREPONI
Irregular

G20

Jesu, Jesu, Fill Us with Your Love 186

Love each other as I have loved you — John 15:12 NIV

D
Unison
A7
Je - su, Je - su, fill us with your love, show
D
Em A7 D
Fine
us how to serve the neigh-bors we have from you.
Bm7 Em A7
1. Kneels at the feet of his friends, si - lent - ly wash - es their
2. Neigh-bors are rich and poor, neigh-bors are black and
3. These are the ones we should serve, these are the ones we should
4. Lov - ing put us on our knees, serv - ing as though we are
5. Kneel at the feet of our friends, si - lent - ly wash-ing their
D Bm Em A7 D
D.C. al Fine
feet, Mas - ter who acts as a slave to them.
white, neigh-bors are near and far a - way.
love, all these are neigh-bors to us and you.
slaves, this is the way we should live with you.
feet, this is the way we should live with you.

WORDS: Tom Colvin, 1925-
MUSIC: Ghana folk song, adapt., Tom Colvin; arr. Charles H. Webb

CHEREPONI
Irregular

187 Lo debes compartir
Pass It On

Dominará de mar a mar — Salmo 72:8 RVA / He will rule from sea to sea — Psalm 72:8 NIV

Unísono / *Unison*

Re, Fa♯m, Sol, La, Re, Fa♯m, Sol, La, Re, Sol, Re, Mim, La7, Fa♯m, Sim, Mim, Re, Sol, La, Re

1. Con u - na so - la chis - pa se en-cien-de un fue - go,
Y los de al-re - de - dor ca - lién-tan-se muy lue - go;
A - sí es el a - mor de Dios, Es - to al ex - pe - ri - men-tar,
Y es - te a - mor hay que es-par - cir: Lo de - bes com - par - tir.
2. Las

It on - ly takes a spark to get a fire go - ing,
And soon all those a - round can warm up in its glow - ing;
That's how it is with God's love: Once you've ex - per - i - enced it:
You spread his love to ev - 'ry - one; You want to pass it on.
What a

1, 2 | 3

LETRA / WORDS: Kurt Kaiser, 1934-, tr., Marjorie J. de Caudill
MÚSICA / MUSIC: Kurt Kaiser, 1934-

PASS IT ON
Irregular

2. Las matas al brotar en bella primavera,
Las aves al cantar, las flores al abrirse
Nos hablan del amor de Dios;
Y esto al experimentar,
A todos lo has de repetir:
Lo debes compartir.

3. Deseo para ti, mi amigo, este gozo;
Confía en Dios así, y hallarás reposo;
De las montañas gritaré
El gran mensaje de amor,
Que a todos hay que repetir:
Lo debes compartir.

De las montañas gritaré
El gran mensaje de amor,
Que a todos hay que repetir:
Lo debes compartir.

2. What a wondrous time is spring when all the trees are budding,
The birds begin to sing, the flowers start their blooming;
That's how it is with God's love;
Once you've experienced it you want to sing— it's fresh like spring;
You want to pass it on.

3. I wish for you my friend, this happiness that I've found,
You can depend on him, it matters not where you're bound;
I'll shout it from the mountain top,
I want my world to know; the Lord of love has come to me, I want to pass it on.

I'll shout it from the mountain top,
I want my world to know; the Lord of love has come to me, I want to pass it on.

188 Ven tú, ¡oh Rey eterno!

Yo soy Jehovah tu Dios... que te conduce por el camino en que has de andar — Isaías 48:17 RVA

Do Fa Do Do7 Fa DoM Fa Sol

1. Ven tú, ¡oh Rey e - ter - no! La mar - cha sue - na ya;
2. Ven tú, ¡oh Rey e - ter - no! El mal a com - ba - tir;
3. Ven tú, ¡oh Rey e - ter - no! Mar - cha - mos sin te - mor;

Sol7 Do Do7 Fa Do Sol Re7 Sol

Al cam - po de com - ba - te Tu voz nos en - via - rá;
En me - dio de la lu - cha Tu paz haz - nos sen - tir;
Do - quier tu ros - tro a - lum - bra Hay jú - bi - lo y va - lor.

Sol7 Do Do7 Fa La7 Re Sol

Tu gra - cia, al pre - pa - rar - nos, Nos for - ta - le - ce - rá,
Pues no con las es - pa - das Ni con el dar - do vil,
Tu cruz nos i - lu - mi - na; Am - pá - ra - nos tu a - mor,

Sol7 Do Rem7 Do7 Fa Do Sol7 Do

Y en en - tu - sias - mo san - to Un him - no vi - bra - rá.
Mas con a - mor y gra - cia Tu rei - no ha de ve - nir.
Y ce - les - tial co - ro - na A - guar - da al ven - ce - dor.

LETRA: Ernest W. Shurtleff, 1862-1917; tr., Angel Archilla Cabrera
MÚSICA: Henry T. Smart, 1813-1879

LANCASHIRE
7.6.7.6.D.

G22

Lead On, O King Eternal

I am the Lord ... who directs you in the way you should go — Isaiah 48:17 NIV

C F C C7 F CM F G
1. Lead on, O King E - ter - nal, The day of march has come;
2. Lead on, O King E - ter - nal, Till sin's fierce war shall cease,
3. Lead on, O King E - ter - nal, We fol - low, not with fears;
G7 C C7 F C G D7 G
Hence - forth in fields of con - quest Thy tents shall be our home:
And ho - li - ness shall whis - per The sweet a - men of peace;
For glad - ness breaks like morn - ing Wher - e'er Thy face ap - pears;
G7 C C7 F A7 D G
Thro' days of prep - a - ra - tion Thy grace has made us strong,
For not with swords' loud clash - ing, Or roll of stir - ring drums;
Thy cross is lift - ed o'er us; We jour - ney in its light:
G7 C Dm7 C7 F C G7 C
And now, O King E - ter - nal, We lift our bat - tle song.
With deeds of love and mer - cy The heav'n - ly king - dom comes.
The crown a - waits the con - quest; Lead on, O God of might.

WORDS: Ernest W. Shurtleff, 1862-1917
MUSIC: Henry T. Smart, 1813-1879

LANCASHIRE
7.6.7.6.D.

189 Alcemos hoy la cruz

G23

Yo... atraeré a todos a mí mismo — Juan 12:32 RVA

LETRA: George W. Kitchin, 1827-1912; alt., Michael R. Newbolt; tr., Salomón R. Mussiett
MÚSICA: Sydney H. Nicholson, 1875-1947

CRUCIFER
10.10.10.10.

Lift High the Cross

I ... will draw all men to myself – John 12:32 NIV

C Dm7 G7 F G C F Em D G(sus) G G7
Unison
Lift high the cross, the love of Christ pro - claim, Till
C G C Dm7 CM F G7 F Em Dm7 G7 C(sus) C
Fine
all the world a - dore His sa - cred name.
Em7 F♯m D G Bm C Em Am B(7) Em7
Parts
1. Come, Chris - tians, fol - low where our Sav - ior trod, Our
2. All new - born ser - vants of the Cru - ci - fied Bear
3. O Lord, once lift - ed on the tree of pain, Draw
4. Let ev - ery race and ev - ery lan - guage tell Of
5. So shall our song of tri - umph ev - er be: Praise
Am Bm D7 G Bm C D(sus) D G F Dm Em
D.C. al Fine
King vic - to - rious, Christ, the Son of God.
on their brows the seal of him who died.
all the world to seek you once a - gain.
him who saves our souls from death and hell.
to the Cru - ci - fied for vic - to - ry!

WORDS: George W. Kitchin, 1827-1912; alt., Michael R. Newbolt
MUSIC: Sydney H. Nicholson, 1875-1947

CRUCIFER
10.10.10.10.

190 Canto para las naciones

No cesaban de enseñar... la buena nueva de que Jesús es el Cristo — Hechos 5:42 RVA

C:1 Mi7 La Re La

Unísono

1. U - na luz que a - lum - bre hoy a los pue - blos, Di -
2. U - na voz de es - pe - ran - za lle - ve - mos, De
3. Va - mos a can - tar un can - to de glo - ria A
4. Que tu rei - no ven - ga a los pue - blos to - dos; Tu

Sim7 Mi La La

vi - na luz pa - ra la hu - ma - ni - dad; Que tu
vi - da en Cris - to a la hu - ma - ni - dad; Que el
Cris - to que nues - tras deu - das ya pa - gó; Y que
vo - lun - tad to - dos cum - plan con pla - cer, Y que el

Do♯ Fa♯m

nom - bre pue - dan los pue - blos co - no - cer,
mun - do ve - a de Dios la sal - va - ción,
to - dos se - pan que Cris - to es el Se - ñor,
mun - do se lle - ne de la paz de Dios,

Sim7 Fa♯7 Sim La Mi7 La

Y en no - so - tros pue - da bri - llar.
Su a - mor al mun - do mos - trar.
Él nos sal - va por su a - mor.
Que de to - dos se - as el Rey.

LETRA: Chris Christensen, 1957-; tr., Salomón R. Mussiett
MÚSICA: Chris Christensen, 1957-

SONG FOR THE NATIONS
Irregular

G24

Song for the Nations

190

They never stopped teaching ... the good news that Jesus is the Christ — Acts 5:42 NIV
C:1
E7 A D A
Unison
1. May we be a shin - ing light to the na - tions, A
2. May we bring a word of hope to the na - tions, A
3. May we sing a song of joy to the na - tions, A
4. May Your king - dom come to the na - tions, Your
Bm7 E A A
shin - ing light to the peo - ples of the earth, Till the
word of life to the peo - ples of the earth, Till the
song of praise to the peo - ples of the earth, Till the
will be done in the peo - ples of the earth; Till the
C♯ F♯m
whole world sees the glo - ry of Your name;
whole world knows there's sal - va - tion thro' Your name;
whole world rings with the prais - es of Your name;
whole world knows that Je - sus Christ is Lord;
Bm7 F♯7 Bm A E7 A
May Your pure light shine thro' us.
May Your mer - cy flow thro' us.
May Your song be sung thro' us.
May Your king - dom come on earth.

WORDS: Chris Christensen, 1957-
MUSIC: Chris Christensen, 1957-

SONG FOR THE NATIONS
Irregular

191

Somos uno
We Are One

Para que sean perfectamente unidos — Juan 17:23 RVA
May they be brought to complete unity — John 17:23 NIV

G25

LETRA / WORDS: Daniel Browne López; tr., Russell Herrington
MÚSICA / MUSIC: Daniel Browne López

SOMOS UNO
Irregular

ÍNDICE DE HIMNOS

ÍNDICE DE LECTURAS BÍBLICAS

INDEX OF HYMNS

INDEX OF SCRIPTURE READINGS